Ganz einfach Jesus

MAËLLE HENNOU

Ganz einfach Jesus

Meine Gedanken zu ausgewählten biblischen

Themen mit einem Vorwort zu Corona

Bibliografische Information der Deutschen Nationalbibliothek
Die Deutsche Nationalbibliothek verzeichnet diese Publikation
in der Deutschen Nationalbibliografie; detaillierte bibliografische
Daten sind im Internet über http://dnb.d-nb.de abrufbar.

Umschlagdesign, Satz, Herstellung und Verlag:
BoD - Books on Demand, Norderstedt
ISBN 978-3-7526-8362-2

Referenzen:
(Hoffnung für alle) Version 2015 – (Lutherbibel 2017) – (DELUT Lutherbibel 1912) – (ELB Elberfelder 1905, 2008) – (NBH NeÜ bibel.heute 2019)

Inhalt

Danksagung

Meine tiefe Dankbarkeit gilt allen Personen, die mir irgendwie bei der Verfassung und Herausgabe dieses Werks Gottes geholfen haben.

Ich drücke hiermit in erster Linie meinen vielgeliebten Eltern Léon Hennou und Hortense Houngue all meine Liebe, meinen Respekt und meinen Dank aus. Ich liebe euch sehr. Ohne euch wäre dieses Buch nicht möglich gewesen, denn ich selbst wäre nicht da ohne euch, um dann in der Lage zu sein, es zu schreiben. Ihr habt mich zur Welt gebracht. Ihr habt euch in allen Bereichen meines Lebens um mich gekümmert, bis ich groß geworden bin. Auch mein Studium im Ausland hätte ich nicht ohne euch geschafft. Ihr wart immer für mich da. Ich wünsche euch, Papa und Mama, Gottes Segen und ein sehr langes Leben an der Seite von uns, euren Kindern, Kelly Hennou, Horlen Hennou, Eber Hennou und Maëlle Hennou.

Vielen Dank an Tobias Andrea, der die schönen Zeichnungen für dieses Gottes Werk angefertigt hat. Möge Gott dich und deine ganze Familie immer beschützen.

All mein Dank richtet sich auch an alle Pastoren, deren kraftvollen Gottesdiensten ich mit großem Interesse gefolgt bin. Ihre Gottesdienste haben mich neben meinen eigenen Lebenserfahrungen mit Gott bei der Verfassung dieses Buches auch inspiriert.

Lob und Anbetung dem Heiligen Geist, der unsere gemeinsame Inspirationsquelle ist, dank dem ich jeden Tag über das Wort Gottes nachdenke und ohne den ich diese Zeilen nie geschrieben hätte.

Vorwort

Wie entstand dieses Buch?

Dieses Buch entstand gegen Ende des Jahres 2019. Es ist die Verwirklichung eines Projektes, das mir schon seit Jahren am Herzen lag. Lange habe ich mir Fragen über Gott, die Liebe, das Leben, das Leben nach dem Tod und die Probleme dieser Welt wie Armut, Konflikte und Kriege, Krankheiten usw. gestellt. Ich konnte selbst keine Antwort darauf finden. Ich wusste immer, dass Gott wirklich existiert. Mich empörte aber alles, was in der Welt passierte und es so erscheinen ließ, als gäbe es keinen Gott. Tief in meinem Herzen wusste ich dennoch immer, dass es ihn gibt. Früh am Anfang meines Aufenthaltes hier in Deutschland habe ich angefangen, über existenzielle Fragen nachzudenken. Ich habe mich mit der Bibel beschäftigt, darin gelesen und über Gottes Wort meditiert. Ich habe Gott gebeten, mir manche Sachen zu erklären, zum Beispiel warum in manchen Teilen der Welt Armut herrscht oder warum es Gewalt gibt. Ich habe durch die Antworten, die mir Gott gab und durch Zeichen Gottes Präsenz stark erlebt und bin dadurch zur Überzeugung gekommen, dass Gott keine Legende ist.

Obwohl ich tief in meinem Herzen wusste, dass ich mich für Gott einsetzen würde, musste ich erst einmal in dem Bereich arbeiten, in dem ich studiert hatte. Ich musste mich ja gut vorbereiten und meine Deutschkenntnisse verbessern, bevor ich auf Deutsch über Gott schreiben konnte. Ich habe also nach meinem Studium bis April 2019 DaZ-Kurse für Geflüchtete gegeben. Im April 2019 habe ich meine Arbeit verloren und war darüber ein paar Tage lang sehr enttäuscht, weil meine wirtschaftliche Existenz davon abhing. Ich wurde von der Leiterin der Sprachschule einfach herzlos entlassen, obwohl alle Anzeichen mich glauben ließen, dass mein Vertrag verlängert würde. Mir wurde so rücksichtslos gekündigt, dass ich irgendwann das Gefühl hatte, dass ich einfach nur die Erste war, die sie in der Schule loswerden wollten. Der Grund, warum ich entlassen wurde, wurde mir zwar mitgeteilt, aber das konnte ich anfangs nicht verstehen. Ich bekam aber schnell die Offenbarung, dass Gott die Kündigung zugelassen hatte, damit ich mich ihm mehr widme. Als DaZ-Dozentin arbeitete ich viele Stunden in der Woche und konnte mich nicht genug mit meinen Bibelstudien beschäftigen. Von April bis Oktober 2019 füllte sich mein Alltag mit Bibellesen, der Meditation darüber, dem Hören von Predigten von Gottes Gesandten und ab und zu dem Schreiben. Ich wollte irgendwie schon immer den Leuten von Gott erzählen. Seitdem ich von Gott Antworten auf bestimmte existenzielle Fragen bekommen habe und sicher war, dass er existiert, wollte ich diese Kenntnisse gern mit Menschen teilen, die sich für Gott interessieren, die an ihn glauben, aber Zweifel haben, und mit solchen, die ihn aufgrund ihrer Probleme brauchen.

Im Oktober 2019 wollte ich eine neue Arbeit antreten, habe es letztendlich aber nicht mehr getan, weil der Wunsch in mir viel stärker war, mehr Zeit mit Gott zu verbringen. Außerdem entsprach diese Beschäftigung nicht wirklich meinem Abschluss. Ich ging aber das Risiko ein, meine Lebenshaltungskosten nicht mehr bestreiten zu können, wenn ich diese Arbeit nicht anfing. Trotzdem habe ich auf mein Herz gehört. Ich habe gewusst, dass Gott wollte, dass ich ihm diene und dass ich Menschen über ihn erzähle. Meine Überlegung damals war: Wenn ich sicher bin, dass die Arbeit als DaZ-Lehrerin nicht meine Berufung ist, sondern mein Engagement für Gott, sollte ich schon jetzt die meiste Zeit Gott widmen. Wenn ich Gott liebe und mich für ihn einsetzen möchte, sollte ich so früh wie möglich anfangen, meine Zeit, meine Energie und meine Finanzen für sein Reich zu investieren anstatt für etwas anderes, was ich nicht auf Dauer machen will. Es war mir also egal, ob die Agentur für Arbeit mir die letzten sechs Monate meines Anspruchs auf Arbeitslosengeld I gewährte oder nicht. Die Überzeugung, etwas für Gott zu tun, war in mir stärker als jede finanzielle Existenzsicherung. Mein Mann damals hatte alles getan, um mich zu überzeugen, die Arbeit aufzunehmen, weil die Agentur für Arbeit mir einen Aufhebungsbescheid geschickt hatte. Aber meine Willenskraft hat gesiegt, denn ich habe letztendlich nur zwei Tage gearbeitet und dann doch durch ein Wunder den Änderungsbescheid bekommen, dass ich doch weiter Arbeitslosengeld I erhalte. Denk nicht, dass ich gern Geld vom Staat erhalten habe. Das war nie mein Wunsch! Ich hatte immer richtige Lebensziele. In dieser Saison meines Lebens war es aber nötig.

Ab dieser Zeit – Oktober 2019 – habe ich wirklich mit dem vorliegenden Buchprojekt angefangen. Zuvor hatte ich bereits an diesem Werk geschrieben, aber bloß ein paar Zeilen geschafft. Was daraus entstehen würde, war mir jedoch nicht ganz klar. Ab Oktober wusste ich genau, dass es ein Buch sein würde, das den Menschen auf Grundlage von Beispielen, Veranschaulichungen und einigen meiner eigenen Lebenserfahrungen von Gott und Jesus Christus erzählen wird.

Als das Coronavirus Anfang 2020 zu wüten begann, war mir klar, dass die Idee, dieses Buch zu schreiben, nicht zufällig war. Gott hatte mich dazu gebracht, es zu schreiben und er wusste dabei, dass eine solche Zeit kommen würde. Mein Buch handelt nicht vom Coronavirus, es ist aber eine Waffe für jeden, der in dieser Zeit Angst um sein Leben hat. Ich gebe dir ein paar Tipps, beruhend auf meiner Erfahrung mit Gott, die dir Kraft geben werden, ruhig und gelassen diese Zeit durchzumachen und die Angst vor diesem Virus und generell die Angst um dein Leben zu besiegen.

Vorab ein Auszug aus diesem Buch: Ein paar Worte der Ermutigung in dieser Krisenzeit, die in der Tat ein Anlass für dich sein sollte, die Präsenz Gottes zu suchen:

Wenn du Angst vor dem Coronavirus oder vor irgendwelcher anderen Krankheit oder vor anderen Dingen hast, möchte ich dir sagen, dass es sich bei dir eher um die Angst vor dem Tod und dem, was danach passieren wird, handelt. Dieses Gefühl der Angst, das dich manchmal überkommt, findet seine Erklärung in der Tatsache, dass du nicht weißt, wie es nach dem Tod weitergeht und dich deswegen davor fürchtest. Das einzige Mittel aber, das dir diese Angst nehmen wird, ist die Versöhnung mit Gott, deinem Schöpfer. Kommt diese Versöhnung zustande, wirst du einen unbeschreiblichen Frieden und eine innere Ruhe fühlen. Du wirst automatisch keine Angst mehr haben, denn wenn du nach Gott suchst, wenn du ihn ehrst und achtest, wird er dich von aller Angst befreien, er wird dir seine Engel schicken, die dich mit ihrem Schutz umgeben und retten werden (Psalm 34,5 & 8). Du wirst wissen, dass du Gott, der größer als alles ist, der dich vor allen Listen des Bösen schützen wird, an deiner Seite hast. Denn es steht in der Bibel: »Auch wenn es durch dunkle Täler geht, fürchte ich kein Unglück, denn du, Herr, bist bei mir. Dein Hirtenstab gibt mir Schutz und Trost.« (Psalm

23,4). Und weiter am Ende dieses Kapitels der Psalmen sagt David, dass die Güte und Liebe Gottes ihn Tag für Tag begleiten (Psalm 23,6). Diese von David geschriebenen Zeilen gelten auch für dich, wenn du Gott liebst. In Psalm 91 sind die Segen detailliert, die Gott dir verspricht, wenn du ihn liebst. Er wird dich befreien, schützen und dir ein langes und erfülltes Leben geben (Psalm 91,14–16). Wenn eine Person eine andere liebt, lässt sie sie nie im Stich. So wird auch Gott, der dich über alles liebt, der dich wie seinen Augapfel hütet, dich niemals aufgeben.

Ich möchte dir nun mit einem schönen Beispiel aus der Bibel zeigen, wie Gott seine Schützlinge bewacht und umsorgt.

Das Beispiel der Erlösung des Volkes Gottes in Ägypten zeigt dir, dass die Menschen, die Gott als Stütze haben, von ihm nie allein gelassen werden

Alles, was in der Welt passiert, wurde schon vorhergesagt. Dass wir Menschen diese Corona-Zeit erleben, ist kein Zufall. Und genauso werden auch andere Sachen bis zum Kommen Jesu Christi passieren. Nur wissen wir nicht, was auf uns zukommt, weil wir Menschen sind. Deswegen müssen wir durch Jesus Christus vorbereitet sein. Wir kennen nicht die Zukunft, es sei denn Gott offenbart sie uns. So gibt es viele Menschen Gottes, die die Corona-Zeit schon prophezeit haben. Gott hatte Abraham, unserem Vater im Glauben, auch vorhergesagt, dass seine Nachkommenschaft 400 Jahre in Ägypten in Knechtschaft leben würde. Und das ist wirklich passiert. Gottes Volk, Israel, war tatsächlich in Ägypten und litt unter der Herrschaft der Ägypter, die sie unterdrückten. Sie waren das auserwählte Volk Gottes, trotzdem hatten sie es nicht leicht in ihrem Alltag. Sie mussten hart arbeiten. Von den Ägyptern wurden sie wie Tiere behandelt: Ein ägyptischer Herrscher, ein Pharao, hatte sogar angeordnet, dass alle männlichen Babys unter den Israeliten getötet werden sollten, weil sich die Israeliten trotz der Unterdrückung vermehrten und stark waren. Mose, der aus dem Volk Israel von Gott auserwählte Befreier dieses Volkes, entfloh durch Gottes Wirken dem Tod. Später wurde er von Gott benutzt, um Israel aus den Krallen der tyrannischen Ägypter zu erlösen. Wenn du den Anfang des Buches Exodus bis Kapitel 14 liest, wirst du entdecken, was alles in Ägypten passiert ist, als der Pharao Israel nicht ziehen lassen wollte, damit sie Gott anbeten. Es gab viele Plagen über Ägypten: Hagel, Heuschrecken, Stechmücken, Stechfliegen, Frösche, Geschwüre, Pest usw. Diese Plagen über Ägypten hatte Gott zugelassen, weil der Pharao und seine Verbündeten Gottes Geboten nicht folgen wollten. Sie taten Böses. Sie übten willkürlich ihre Macht über Israel aus. Das Wohlergehen Israels lag ihnen nicht am Herzen. Dabei hat Gott sie durch Mose wiederholt davor gewarnt, was ihnen passieren würde, wenn sie sein Volk nicht befreien. – Du sollst wissen, dass Gott den Menschen durch seine Gesandten Warnungen gibt, bevor er etwas geschehen lässt. Genauso wie er damals dem Pharao die nahenden Plagen angekündigt hatte, bevor diese eintrafen, hat er auch schon durch seine Diener dieser Generation gesprochen und prophezeit, dass die Corona-Zeit kommen würde. Damals hatten der Pharao und seine Leute Gott nicht gehorcht und mussten Plagen über Plagen erleiden. Wenn eine Plage kam, war dies eigentlich ein Appell Gottes an die Übeltäter, ihre bösen Taten aufzugeben. Aber die Ägypter haben es verharmlost und mussten viele Plagen erleben. Dieses Coronavirus nutzt Gott heute auch, um den Menschen so, wie er es schon vor Jahrtausenden in Ägypten getan hat und wie er es immer tut, zu sagen: Kehrt um! Ihr seid nur Menschen. Kehrt um, um sicher und in Frieden zu leben. Viele Menschen verstehen diese Absicht Gottes aber nicht. Viele machen weiter mit ihren bösen Taten, so wie es der Pharao und seine Leute damals taten. Du sollst auch wissen, dass es nicht Gott ist, der das Böse tut. Es ist der Teufel. Gott lässt das nur manchmal zu, weil die Menschen ihn nicht suchen, wenn es ihnen gutgeht. Viele Menschen brauchen schwierige Situationen, vor denen sie machtlos sind, um sich Gott zuzuwenden. Und das ist genau die Botschaft, die Gott uns Menschen durch dieses Virus senden will. Er nutzt Probleme, Krisen, Leid usw., um die Herzen der Menschen zu erweichen, um das Gefühl der Ewigkeit, die die Menschen nach dem Tod bei ihm erleben können, in den Menschen zu erwecken, weil wir die Ewigkeit entweder bei Gott oder beim Teufel verbringen werden. Ich hoffe, dass du lieber ewig bei Gott sein willst als beim Teufel in der Hölle!

Die gute Nachricht aber ist, dass alle, die damals Gott vertrauten, das heißt das Volk Israel, und auch andere Menschen, die nicht Teil des Volkes Israel waren, aber Gott gefolgt sind, gar nicht von den Plagen betroffen waren. Gott hatte sie durch seinen Diener Mose dazu aufgerufen, seine Weisungen zu befolgen, sich mit dem Blut von reinen Tieren zu reinigen und zu schützen. Das reine Blut steht symbolisch für ein reines Herz, für die Zugehörigkeit zu Gott. Alle Menschen, die sich zu jener Zeit zu Gott bekannt hatten, waren unter seinem Schutz. Sie waren Gott gehorsam, und aus diesem Grund wurde niemand von den Israeliten und diesen anderen Menschen von den Plagen vernichtet. Kein Übel hat sich ihren Türen angenähert. Und du? Wem gehörst du? Zu wem bekennst du dich? Dem allmächtigen, einzigen, barmherzigen und guten Gott oder den Götzen oder Gottheiten, denen die bösen Menschen folgen? Eine Sache ist sicher: Wenn du den einen nicht als Gott hast, hast du den anderen als Gott. Wenn du nicht an Gott glaubst, bekennst du dich zum Teufel, ohne es zu wissen. Flehe Gott an, dir deinen Unglauben zu vergeben. Bete zu ihm, dass er dich durch Jesus Christus rettet, dessen Blut dich reinigen wird – durch Worte sollst du Jesu Christi Blut über dich aussprechen. Wenn du wirklich an ihn glaubst, wirst du in der geistlichen Welt ein Zeichen tragen, mit dem nur Jesu Christi Nachfolger das Privileg haben, gekennzeichnet zu werden. Mit diesem Zeichen hebst du dich von der Welt ab, auch wenn du in der Welt bist. Dieses Zeichen an dir zeigt der Welt der Geister, dass du dich zu Gott bekennst, dass niemand, auch keine Krankheit, kein Virus oder Ähnliches dich angreifen darf und kann. Sei nicht mehr ungläubig. Glaube an Gott, und er wird dich aus jeder Situation befreien, die dir Sorgen macht. Sei mutig und lass Gott dich zu einem neuen Menschen machen, damit er dich an den Schätzen seines Himmelreiches teilhaben lassen kann.

Diese Prüfzeit sei für dich, der nicht an Jesus Christus glaubt, die Gelegenheit, zurück zu deinem Schöpfer, deinem Gott und deinem Vater zu kehren. Er wartet nur darauf.

Du, der schon an ihn glaubt, sei tapfer, lerne deinen Retter noch besser kennen und geh aus dieser Krise positiv verändert und noch stärker denn je im Glauben heraus.

<u>Diese Krisenzeit kann für dich positiv sein</u>

Sieh das Positive an der Corona-Krise – die Zeit mit deiner Familie, die sonst wegen deiner Arbeitszeiten kurz war, solltest du genießen. Die Zeit, die du früher nutzlosen Aktivitäten wie Verleumdungen, Ehebruch, dem Besuch von Diskotheken, Bordellen, Spielotheken usw. widmetest, solltest du nun eher für Gott nutzen. Nutze auch das Geld, das du sonst immer für diese Dinge ausgegeben hast, für Gottes Reich. So wirst du Schätze bei Gott sammeln. Diese Aktivitäten verschaffen dir vielleicht Genüsse für eine kurze Zeit, sie werden dich aber auf die Dauer zerstören. Deine Seele wird nur bewahrt, wenn du deine freie Zeit für Gott verbringst. Gott schenkt dir diese Krisenzeit, damit du ihn suchst und die Freuden seiner Nähe und seiner Präsenz entdeckst. So wirst du auch nach dem Ende des Coronavirus weiter in ihm bleiben.

Alle Menschen haben zurzeit Angst, entweder um ihr Leben oder um ihre finanzielle Lage, wenn eine Wirtschaftskrise wegen des Coronavirus ausbricht. Worauf werden sich diese Menschen stützen, die ihr Hab und Gut vergöttern, wenn sie es plötzlich verlieren? Jeder sollte also eher Angst davor haben, Gott nicht zu kennen.

Denn es kommt für unsere Erlösung nicht auf unser Vermögen oder auf unser Leben und unseren Tod an. Unsere Erlösung hängt vielmehr davon ab, ob wir Jesus Christus angenommen haben oder nicht. Und im Gegensatz zu den materiellen Gütern und den Dingen dieser Welt, die vergehen, existiert Gott immer. Er ist ewig.

Sowohl für alle Personen, die schon vor der Corona-Krise Jesus Christus als ihren Retter und Erlöser angenommen haben, als auch für die, die es während der Krise tun werden, ist diese Zeit eher ein Segen.

Einleitung

Dieses Buch erklärt und zeigt dir – egal ob du Christ bist oder nicht – einige Wahrheiten über Gott, Jesus Christus, den Menschen, deine Existenz und das Leben mit Gott. Es beschreibt, wie du durch Jesus Christus wieder zu Gott, deinem Schöpfer und Vater zurückkehren kannst und was für unglaubliche und einzigartige Schätze für dich in der Schatzkammer Gottes im Himmel aufbewahrt sind. Es behandelt und erklärt verschiedene Themen der Bibel, mit denen sich ein Christ beschäftigen sollte, die manchmal aber nur oberflächlich wahrgenommen werden.

Wenn du schon Jesus Christus als deinen Retter empfangen hast, wird dich dieses Buch auf jeden Fall in deinem geistlichen Leben noch bereichern. Bist du ungläubig oder schwankst du noch in deinem Glauben, ist es sicher die Gelegenheit für dich, auf eine Entdeckungsreise nach der Güte und dem Segen zu gehen, die Jesus Christus dir durch sein Werk der Erlösung am Kreuz eigentlich schon gegeben hat. Es kann sein, dass du manches in diesem Buch nicht verstehst, wenn du gar nicht an Gott glaubst und dich noch nie mit dem Glauben und Gott beschäftigt hast. In diesem Fall möchte ich dir empfehlen, dir selbst eine Bibel anzuschaffen und den Heiligen Geist zu rufen, damit er dir beim Verständnis seines Wortes hilft. Er ist für jeden Menschen erreichbar, der Gott sucht. Dann wirst du das vorliegende Buch besser verstehen.

Du wirst beim Lesen dieses Buches merken, dass einige äußerst wichtige Gedanken und Wahrheiten in den Kapiteln immer wieder vorkommen. Ein paar Beispiele sind: »Gott den ersten Platz in unseren Herzen geben«, »Die Führung deines Gebets zu Gott durch den Heiligen Geist ist wichtig«, »Komm heute schon zu Jesus Christus. Solange du noch lebst, hast du diese Chance, nach deinem Tod wird es zu spät sein.«, »Die Wichtigkeit, immer im Wort Gottes zu bleiben«, »Gott lässt manchmal Schwierigkeiten und Leid zu, um uns im Glauben zu stärken«, »Immer geduldig und ohne Klagen im Glauben warten«, »Das Wissen befreit«, »Das Leid ist die Folge der Sünde« oder auch »Ohne Jesus Christus kann niemand zu Gott kommen und friedlich leben«. Achte auf diese Wahrheiten, meditiere über sie und präge sie dir ein. Werde des »immer-wieder-Lesens« also nicht müde. Ich empfehle dir, alle Kapitel des Buches langsam und mehrmals zu lesen, um dir die Wahrheiten, die hinter ihnen stecken, anzueignen. Wiederholung ist pädagogisch sinnvoll. Nur so kannst du wirklich von diesem Buch profitieren. Denn es soll deine Denkweise über dich selbst ändern und dich ein anderes (bis jetzt verborgenes) Potenzial in dir entdecken lassen. Du wirst dich sehen, wie Gott dich sieht. Es schläft, ohne dass du unbedingt etwas davon weißt, vieles von Gott in dir, was deinen Mitmenschen von Nutzen sein kann. Lies dieses Buch bitte nicht hastig, in einem Zug, als würdest du innerhalb von ein paar Tagen ein Exposé darüber schreiben wollen, sondern mit Interesse und mit dem Durst, mehr über und von Gott zu erfahren. Die Bibelverse und Bibelkapitel, die ich immer in Klammern gesetzt habe, solltest du gründlich lesen und darüber meditieren. Am besten hältst du deine Bibel neben das Buch, um darin nachzuschlagen. So wirst du dieses Buch noch besser verstehen und maximal davon profitieren können.

Viele meiner Ideen in diesem Buch wurden in Form von längeren Texten geschrieben, aber ich habe auch manche Wahrheiten einfach in kurzen und prägnanten Sätzen formuliert.

Ich habe dieses Buch zwar mit meinen Händen geschrieben und mich dabei teilweise auf meine persönlichen Erlebnisse berufen, aber es wurde in erster Linie vom Heiligen Geist geleitet. Nur ganz allein, ohne die Zeit, die ich mit Gott in der Intimität verbringe und ohne die Meditation über sein Wort, hätte ich es nicht geschafft, dieses Buch zu schreiben. Aus diesem Grund ist es auch besonders für Menschen geeignet, die Gott lieben und/oder mehr über ihn erfahren wollen. Denn schließlich kommt man nicht darauf, Gott zu suchen und ein von ihm inspiriertes Buch zu lesen, wenn man ihn nicht liebt und nicht von seinem Geist beeinflusst wird.

Ich habe einen ersten wertvollen Ratschlag für dich: Wenn du noch nicht die Bibel liest, möchte ich dir Ansporn geben, anzufangen, es zu tun. Schränke dich nicht ein, nur das vorliegende Buch zu lesen oder dich nur auf die Bibelverse in den Verweisen zu begrenzen, weil es dir nur einen Teil der Wahrheit über Gott vermitteln wird. Die gesamte göttliche Wahrheit kann in keinem Buch außer der Bibel selbst und in Gott enthalten sein. Also lies jeden Tag in der Heiligen Schrift und nimm dir auch die Zeit, darüber zu meditieren. Das wird deine Seele erquicken und dich ebenso in deinem Glauben und deinem täglichen Leben stärken. Es wird dir dabei helfen, zurück zu Gott, der Quelle deines Lebens, zu kommen. Lies die Bibel mit bedingungsloser Liebe. Stell Gott Fragen, die für dich offen geblieben sind und warte geduldig, bis er dir durch seinen Heiligen Geist antwortet (Johannes 16,13 & Johannes 14,26). Vom Heiligen Geist wirst du aber erst bei deiner Neugeburt getauft, das heißt, nachdem du Jesus Christus als deinen Retter und Erlöser angenommen hast. Nur als »Neugeborener Mensch« kannst du das Reich Gottes sehen (Johannes 3,5). Wenn dies nicht der Fall ist und du Jesus Christus noch nicht als deinen Erlöser empfangen hast, solltest du dich bewusst dafür entscheiden. Nachdem du diese Entscheidung getroffen hast, solltest du dir dessen bewusst werden, dass es die Sünde ist, die dich von Gott trennt. Du solltest also wissen, dass manche Probleme in deinem Leben wegen der Sünde weiterbestehen und du deswegen keinen Frieden im Herzen hast. Du solltest deine Sünden bereuen, sie bekennen und gestehen, dass du ein Sünder/eine Sünderin bist. Bitte dann Jesus Christus für deine Sünden um Vergebung und fass aufrichtig den endgültigen Entschluss, nicht mehr zu sündigen. Die Bibel sagt zum Thema »Sünde« in den Sprüchen, im ersten Johannesbrief und in den Psalmen diese Worte:

Wer seine Sünden vertuscht, hat kein Glück; wer sie aber bekennt und meidet, der wird Erbarmen finden. (Sprüche 28,13)

Im Neuen Testament bestätigt der Apostel Johannes diese Wahrheit. Er sagt Folgendes:

Wenn wir behaupten, sündlos zu sein, betrügen wir uns selbst. Dann lebt die Wahrheit nicht in uns. Wenn wir aber unsere Sünden bekennen, dann erweist sich Gott als treu und gerecht: Er wird unsere Sünden vergeben und uns von allem Bösen reinigen. Doch wenn wir behaupten, wir hätten gar nicht gesündigt, dann machen wir Gott zum Lügner und zeigen damit nur, dass seine Botschaft in uns keinen Raum hat. (1.Johannes 1,8–10)

Lies auch Psalm 32,1–5.

Sei also ehrlich und bekenne aufrichtig vor Gott, dass du gesündigt hast, dass du aber seine Vergebung brauchst und gerettet werden möchtest. Denn alle Menschen haben gesündigt und Gottes Ruhm verloren (Römer 3,23). Es gibt nicht einen einzigen Menschen, der rein und gerecht ist, der immer Gutes tut und nie sündigt (Römer 3,10/Prediger 7,20).

Wenn dieses Gebet für die Vergebung deiner Sünden wirklich von ganzem Herzen kommt, wird der Heilige Geist zu dir kommen und dir helfen, ein reines und heiliges Leben zu führen. Den Heiligen Geist kannst du auch im Gebet rufen, wenn du ihn nicht fühlst. Nachdem du den Heiligen Geist empfangen hast, wirst du merken, dass sich etwas in dir geändert hat. Du wirst die Sünde verabscheuen und nichts mehr damit zu tun haben wollen. Sogar wenn es andere Personen in deinem Umfeld gibt, die sündigen, zum Beispiel lästern, verleumden, schimpfen usw., wirst du das nicht mehr ertragen können. Sei dann sicher, dass es der Heilige Geist ist, der in dir wirkt. Versuchungen werden aber kommen. Wenn du irgendwie versucht wirst, hab keine Panik, sondern sprich gleich mit dem Heiligen Geist, bitte Jesus Christus um Vergebung, vergiss es und pass beim nächsten Mal auf, dem Bösen keine Gelegenheit mehr zu geben, dich zu versuchen. Wenn du neugeboren bist, hast du ein neues Leben angefangen – ein Leben mit Gott, mit Jesus Christus in dir. Dieses Leben soll nicht wie dein früheres Leben sein. Du solltest jeden Tag im Wort Gottes lesen, um ihn besser kennenzulernen und die Dinge zu entdecken, die ihm nicht gefallen. So wirst du ein Leben führen können, das ihm wohlgefällig ist.

Ich wiederhole noch einmal: Such Gott in seinem Wort.

Hier zusätzlich noch einige Wahrheiten, die dich auf dem Weg deines Glaubenslebens unterstützen werden:

- Allein dass du in die Gemeinde Gottes gehst, bezeugt nicht, dass du ein echter Christ bist. Viele Personen gehen in die Kirche oder Gemeinde, sind dort sehr engagiert, unterstützen finanziell das Haus Gottes, tun viele andere Sachen, um das Werk Gottes voranzubringen, sind aber nicht neugeboren, das heißt sie haben Jesus Christus nicht wirklich empfangen. Die Liebe und die Gerechtigkeit, die von Jesus Christus kommen, sind nicht in ihnen. Diese Leute sind auf dem falschen Weg, weil sie sich eine eigene Gerechtigkeit durch ihre Werke schaffen wollen. Sie sind von sich selbst eingenommen. Niemand wird aber durch seine eigenen Werke gerechtfertigt, sondern allein durch den Glauben an Jesus Christus (Römer 3,28) und somit an sein Erlösungswerk am Kreuz. Diese Leute müssen also von Gott ihre Herzen beschneiden lassen (ihre Herzen von Gottes Liebe erweichen lassen), sodass ihr ganzes Leben, ihre Arbeit, ihre Beschäftigungen und alles, was sie unternehmen, in Jesus Christus und durch ihn geschehen, damit sie ihm allein den Ruhm geben.

- Auch einmal in der Bibel lesen oder sie sogar ganz von der Genesis bis zur Offenbarung gelesen zu haben, ist kein Zeichen, dass eine Person eine Gläubige ist. Etliche Menschen kennen die ganze Bibel: Manche glauben nicht daran; andere interpretieren sie, wie sie wollen; viele Personen praktizieren sie nicht, obwohl sie behaupten, daran zu glauben. Gott braucht keine Bibelausleger. Er sucht auch nicht nur Bibelkenner, die in seinem Wort bewandert sind, sondern Bibelkenner, die auch nach den in der Bibel aufgeführten Prinzipien, Weisungen und Ordnungen leben. Denn erst, wenn Menschen so leben, wie Gott es sich wünscht, können Friedenstifter entstehen, die der Welt ein gesünderes Gesicht verschaffen können.

- Sich »Christ« zu nennen oder neugeboren zu sein, bedeutet auch nicht unbedingt, dass man wirklich Jesus Christus nachfolgt. Jesus Christus hat selbst gesagt, dass nicht alle, die ihn »Herr, Herr« rufen, ins Himmelreich kommen werden, sondern diejenigen, die den Willen Gottes, seines Vaters im Himmel tun (Matthäus 7,21). Dieser Vers sagt dir deutlich, dass es sich bei Gott nicht um Scheinheiligkeit handelt. Christen müssen diesen Namen zu Recht tragen und entsprechend handeln (Epheser 4,1/1. Thessalonicher 2,12). Jesus Christus ist selbst auch bis zum Ende seines irdischen Lebens Gott gehorsam geblieben, und wenn wir uns nach ihm nennen, sollten wir auch in seine Fußstapfen treten.

- Immer im Kontext »Gott gehorchen« liest du in Matthäus 7,22–23, wie Jesus Christus Menschen am Tag des Gerichts verwerfen wird, die glauben, ihm gefolgt zu sein und in den Himmel kommen zu können. Diese Menschen werden behaupten, in seinem Namen prophetisch geredet, Dämonen ausgetrieben und Wunder vollbracht zu haben. Jesus Christus wird ihnen aber erwidern, dass er sie nicht kennt, weil sie seine Gebote verachtet haben. Du siehst, wie wichtig es für Gott ist, dass du nach seinen Weisungen lebst. Es sind nicht die Gaben, die Gott selbst dir gegeben hat, die dich am Tag des Gerichts erretten werden. Es sind vielmehr dein Glauben an Jesus Christus und dein liebevolles und sündloses Wandeln in ihm während deines irdischen Lebens, die dir die Hölle ersparen und das ewige Heil geben werden. Wenn du also Gott gefallen und am Ende mit ihm im Himmel sein willst, solltest du mit der Kraft des Heiligen Geistes daran arbeiten, ihm zu gehorchen. Die Glieder auf dieser Erde wie die Unmoral unter allen Aspekten (die sexuelle Unmoral, die Unmoral im Verhalten), die Unreinheit, Leidenschaften, die Laster, die Habsucht usw. sollst du töten (Kolosser 3,5–6/Römer 6,12) und dich Gott als ein lebendiges und heiliges Opfer und ein Instrument der Gerechtigkeit ganz zur Verfügung stellen (Römer 6,13 & 12,1). Das kannst du aber nicht allein schaffen, sondern nur mit Jesu Christi Hilfe.

• Schließlich ist das allerwichtigste Merkmal eines Jüngers Jesu die Liebe. Das ganze Kapitel 1.Korinther 13 schildert die echte Liebe, die von Gott kommt und Gott ist. Lies dir das durch und meditiere darüber. Es erklärt, dass irdische Dinge wie prophetisches Reden, die ganze Erkenntnis, der stärkste, größte und tiefste Glauben, die größte Großzügigkeit usw. sich nicht lohnen, wenn die Liebe ihnen nicht vorangeht, wenn die Liebe zu Gott nicht ihr Fundament ist.

Ich wünsche dir viel Freude beim Lesen und dass Gott dein Herz mit seiner Liebe, seiner Gnade, seiner Erkenntnis und dem Hunger nach seinem Wort erfüllt.

Ich lade dich dazu ein, über die folgenden biblischen Verse zu meditieren, die ich sehr mag, weil sie uns Menschen zeigen, dass wir nur mit Jesus Christus ein vorbildliches Leben führen können. Diese Verse ermöglichen uns ebenso, uns selbst nicht mehr negativ einzuschätzen, uns nicht schuldig zu fühlen oder zu verurteilen. Außerdem verstehen wir auch durch diese Verse, dass kein Mensch prahlen darf, dass er gut ist, weil niemand vor Gott gerecht ist außer durch Jesus Christus

Das Gesetz ist von Gottes Geist bestimmt. Das wissen wir genau. Ich aber bin nur ein Mensch und der Herrschaft der Sünde ausgeliefert. Ich verstehe ja selbst nicht, was ich tue. Das Gute, das ich mir vornehme, tue ich nicht; aber was ich verabscheue, das tue ich. Bin ich mir aber bewusst, dass ich falsch handle, dann stimme ich Gottes Gesetz zu und erkenne an, dass es gut ist. Das aber bedeutet: **Nicht ich selbst tue das Böse, sondern die Sünde, die in mir wohnt, treibt mich dazu.** Ich weiß wohl, dass in mir nichts Gutes wohnt. **Zwar habe ich durchaus den Wunsch, das Gute zu tun, aber es fehlt mir die Kraft dazu. Ich will eigentlich Gutes tun und tue doch das Schlechte; ich verabscheue das Böse, aber ich tue es dennoch.** Wenn ich also immer wieder gegen meine Absicht handle, dann ist klar: Nicht ich selbst bin es, der über mich bestimmt, sondern die in mir wohnende Sünde. Ich mache also ständig dieselbe Erfahrung: Das Gute will ich tun, aber ich tue unausweichlich das Böse. Ich stimme Gottes Gesetz aus tiefster Überzeugung und mit Freude zu. Dennoch handle ich nach einem anderen Gesetz, das in mir wohnt. Dieses Gesetz kämpft gegen das, was ich innerlich als richtig erkannt habe, und macht mich zu seinem Gefangenen. Es ist das Gesetz der Sünde, das mein Handeln bestimmt. Ich unglückseliger Mensch! **Wer wird mich jemals aus dieser tödlichen Gefangenschaft befreien? Gott sei Dank! Durch unseren Herrn Jesus Christus bin ich bereits befreit.** So befinde ich mich in einem Zwiespalt: Mit meinem Denken und Sehnen folge ich zwar dem Gesetz Gottes, mit meinen Taten aber dem Gesetz der Sünde. (Römer 7,14–25)

Antworte nach der Lektüre dieser Verse auf die folgenden Fragen:
- Wenn du eine Sünde begehst, passiert es manchmal, dass du im Nachhinein deine Handlung, deine Taten oder deine Gedanken reflektierst und bereust?
- Fällt es dir oft schwer, wenn du in einer Sünde – schlechtes Benehmen, böse Gedanken, Absichten oder Eigenschaften, Sucht, Abhängigkeit usw. – gefangen bist, dich davon zu trennen?

Wenn du diese Fragen nicht gleich beantworten kannst, nimm dir dafür Zeit.

Gott hat den Menschen nicht sündhaft geschaffen. Deswegen kannst du nicht sündigen und dich so fühlen, als hättest du nichts Schlimmes getan. Du wirst dich unbedingt schuldig fühlen, auch wenn du versuchst, diese Schuldgefühle zu verdrängen oder zu verleugnen. Am besten ist es aber, deine Sünden zu gestehen, damit du befreit wirst. Denn das Böse, das dich zur Sünde geführt hat, wird nur weggehen, wenn du sie ans Licht bringst:

> Viele aber von denen, die gläubig geworden waren, kamen und bekannten und verkündigten ihre Taten. (Apostelgeschichte 19,18)

Lies auch Epheser 5,8–14.

Wenn du das Böse – deine Fehler – vertuschst, wird es nicht fortgehen und du wirst weiter zur Sünde verführt.

Auf der anderen Seite können die Schuldgefühle in dir nur unter dem Einfluss der Kraft des Heiligen Geistes stark sein und dich zum Schuldbekenntnis und zur Reue bringen. Du kannst dich selbst auch nicht von deinen schlechten Angewohnheiten befreien. Wenn du das tun könntest, hättest du der Sünde nicht erlaubt, in dich zu kommen und du würdest in der Lage sein, sie, nachdem sie dich in Besitz genommen hat, mit einem Wort zu vertreiben. Du brauchst also unvermeidlich den Heiligen Geist – Jesus Christus –, der dir die Erkenntnis schenkt, dass du ein Sünder bist. Du sollst ihn um Hilfe für deine Erlösung rufen und ihm dafür vertrauen.

Übungen zu den Kapiteln

Ich empfehle dir, die Kapitel dieses Buches zwei- bis dreimal zu lesen.
Notiere am Ende jedes Kapitels, was du gelernt hast.

Falls du das Buch nicht mehrmals lesen willst/kannst, schlage ich dir vor, es folgendermaßen zu lesen. So wirst du mehr daraus lernen können:

Vor dem Lesen

Lass dich dabei vom Heiligen Geist leiten. Ruf ihn und bitte ihn einfach vor jedem Kapitel, dich beim Lesen zu führen und dich verstehen zu lassen, wie er versteht.

Beim Lesen

Markiere zuerst beim Lesen wichtige Stellen (Hauptgedanken) in Farben und merke dir, wofür jede Farbe steht – mehr über die Kategorien der Farben entnimmst du den untenstehenden Fragen der Übung. Das wird dir am Ende jedes Kapitels beim Notieren von dem, was du gelernt hast, die Arbeit erleichtern.

Die folgenden Fragen werden dir dabei helfen, das, was du gelernt hast, später nach dem Lesen z. B. in eine Tabelle einzutragen:

- Was wusstest du schon über das Thema des Kapitels? Unterstreiche oder markiere die Stellen oder Zeilen in grün.
- Was hast du vorher über das behandelte Thema gar nicht gewusst und jetzt entdeckt? Unterstreiche oder markiere die Stellen oder Zeilen in rot.
- Was wusstest du schon, das du jetzt aber anders, unter einem anderen Blickwinkel verstehst? Unterstreiche oder markiere diese Stellen oder Zeilen in blau.
- Was sind die Wahrheiten, die immer wieder auftauchen und die dir auffallen? Unterstreiche oder markiere diese Wahrheiten in einer anderen Farbe deiner Wahl, die du magst.
- Welche Offenbarungen hast du beim Lesen bekommen? Notiere sie gleich – in ein Heft oder ins Buch, damit du es nicht vergisst.

Wenn du bei einer Frage keine Stelle zum Unterstreichen findest, ist es nicht schlimm. Du solltest deswegen nicht zu viel Zeit mit einem Kapitel verbringen. Lies weiter.

Nach dem Lesen

Mach nun nach dem Lesen und Markieren der wichtigsten Stellen eine Tabelle mit den fünf Kategorien in den jeweiligen Farben:

Gewusst – Nicht gewusst – bisher anders verstanden – immer wiederkehrende Wahrheiten – Offenbarungen

Notiere – in Stichpunkten – die dazugehörigen Stellen aus dem Buch in die Spalten.

Lies mehrmals die Stellen, die du nicht kanntest und auch die, die du unter einem anderen Blickwinkel verstanden hast sowie die Wahrheiten, die immer wieder vorkommen und eigne sie dir an.

Selbstreflexion am Ende des Buches

Beantworte dann diese Fragen für dich selbst:

- Wie ist dein Verständnis von Gott nach dem Lesen des ganzen Buches geworden?
- Was nimmst du dir vor bezüglich deiner Meinung über und deiner Beziehung zu Gott?
- Wie reflektierst du dich, deine Art und Weise zu denken, dein Benehmen nach dem Lesen?
- Wie betrachtest du dich selbst nach dem Lesen?
- Willst du irgendetwas an dir ändern? Was genau?

Meditiere über alles, was du gelernt hast und über die Offenbarungen, die du bekommen hast. Denk auch über die Bibelverse im Buch nach.

Kapitel 1: Die Erlösung durch Jesus Christus

Die Sünde hat dich von Gott getrennt, was dir zum Verhängnis geworden ist. Aber: Glaub an Jesus Christus. Er ist die Lösung

Was erlebst du gerade in deinem Leben? Vielleicht siehst du keinen Sinn mehr in deinem Leben. Bist du krank? Hast du keine Arbeit oder kein fröhliches und erfülltes Arbeitsleben? Bist du der ständigen Streitigkeiten und Problemen mit deinem Mann/deiner Frau müde? Kommst du mit der Erziehung deiner Kinder nicht zurecht? Bist du arm, verlassen und ratlos? Bist du depressiv? Bist du besessen? Stiehlst du und kannst dich nicht von diesem Laster trennen? Bist du ein Mörder? Begehst du irgendwelche Verbrechen? Bist du eifersüchtig oder neidisch? Bist du träge und hast keine Lust, etwas zu tun? Hast du alles im Leben, was du brauchst, und fühlst trotzdem eine innere Leere in dir? Egal mit welchen Problemen du konfrontiert bist, solltest du wissen, dass deine Situation sich ändern kann. Wenn eine Stimme in dir sagt, dass du ein Verlierer bist und dass nichts gegen deine Schwierigkeiten getan werden kann, ist es eine Lüge vom Teufel, denn du selbst kannst nicht in Problemen stecken bleiben wollen. Aber die Änderung deiner Situation kann nicht aus deinen eigenen Kräften zustande kommen. Nur eine Person kann dir helfen. Sein Name ist **Jesus Christus**:

> Und es ist in keinem anderen das Heil; denn auch kein anderer Name unter dem Himmel ist den Menschen gegeben, in dem wir gerettet werden müssen. (Apostelgeschichte 4,12)

> Jesus sah sie an und sprach: Bei den Menschen ist's unmöglich, aber nicht bei Gott; denn alle Dinge sind möglich bei Gott. (Markus 10,27)

Diese Probleme und Schwierigkeiten, die dir in deinem Leben begegnen, kommen nicht zufällig. Vergiss diese Lüge in dir, oder dass jemand dir gesagt hat, dass deine Probleme normal sind und dass die Probleme dieser Welt etwas Normales für die Menschheit sind. Das ist wieder eine Lüge des

Teufels, um dich in dieser erbärmlichen Lage gefangen zu halten. Denn er ist der Verursacher des Leides auf dieser Erde und er versucht alles zu machen, um die Menschen in der Gefangenschaft und der Knechtschaft zu halten. Es ist nämlich eine Knechtschaft, wenn jemand krank ist oder arm oder irgendetwas Schlechtes hat, aber keine Lösung für seine Situation finden kann. Wenn du dich für Jesus Christus entschieden hast, sollst du ab heute – vertraue diesen Worten – glauben, dass keine Situation für ihn so schwierig ist, dass er sie nicht lösen kann.

Fällt es dir schwer, an diese Worte zu glauben? Erscheint es dir nur als eine Geschichte, wenn jemand dir von Gott und Engeln, dem Teufel und Dämonen erzählt?

Wenn die Tatsache, dass der Teufel und Gott existieren, für dich unglaublich erscheint, möchte ich dir sagen, dass sie Realität sind. Es gibt wirklich eine sichtbare und eine unsichtbare Welt. Die sichtbare Welt besteht aus allem, was deine physischen Augen sehen können, zum Beispiel Menschen, Tieren, Gegenständen usw. Die unsichtbare Welt aber umfasst alles, was du nicht sehen kannst, zum Beispiel die Geister: Gott und seine Engel einerseits und den Teufel und seine Dämonen andererseits. Gott und der Teufel sind keine Menschen, die du mit deinen physischen Augen sehen kannst, sie sind eher Geister. Der Geist Gottes (Heiliger Geist) führt dich dazu, Gutes zu tun. Der Geist des Teufels mit seinen Dämonen bringt dich eher dazu, Böses zu tun, gegen Gott zu sündigen, indem du seine Gebote nicht befolgst. All diese Geister sind also in der Luft, in der unsichtbaren Welt. Diese Wahrheiten verstehst du besser, wenn du den Vers Epheser 6,12 liest, der zum Beispiel von bösen Geistern in der Luft oder in der Himmelswelt spricht. Du siehst die Geister nicht, deswegen hast du Schwierigkeiten zu glauben, dass sie existieren. Jesus Christus sagte aber zu Thomas:

Du glaubst, weil du mich gesehen hast. Glücklich zu nennen sind die, die mich nicht sehen und trotzdem glauben. (Johannes 20,29)

Jesus Christus sprach in diesem Vers zwar davon, an ihn zu glauben, aber jemand, der an Jesus Christus glaubt, weiß auch, dass es in der Luft eine

Welt des Lichts und eine Welt der Finsternis gibt, und dass die Welt der Finsternis alles tut, um die Menschen dazu zu verleiten, Gott zu missfallen. So wie du die Luft nicht sehen kannst, kannst du auch die Geister nicht sehen, es sei denn, Gott gibt dir diese Fähigkeit.

<u>Wie konnte der Teufel Einfluss auf diese Welt haben?</u>

Die Sünde Adams und Evas war der Anlass für das Eingreifen des Teufels im Leben der Menschen. Adam und Eva hatten den Wesen – Geistern – in dieser Welt der Finsternis vertraut und gehorcht. Wären sie Gott treu geblieben und hätten sie dem Teufel keine Aufmerksamkeit geschenkt und nicht gegen Gott gesündigt, würden wir alle jetzt in einer friedlichen Welt leben. Wusstest du das? Lies dazu die Schöpfungsgeschichte in <u>Genesis 3</u>.

<u>Du sagst dir sicher – wenn du noch nicht zu Gott gefunden hast –, dass du aber nicht gesündigt hast. Oder stellst du dir die Frage, ob du gesündigt hast?</u>

Als die ersten Menschen gesündigt hatten, war dies ausreichend, um die anderen Menschen, die alle aus ihnen entstanden sind, in die Sünde zu führen. Gott sagt, dass das Leben der Menschen in ihrem Blut ist:

Denn des Leibes Leben ist im Blut [...] (<u>Levitikus 17,11</u>)

Da die Kinder und somit die Nachkommenschaft Adams und Evas ihr sündiges Blut – das sündige Blut von Adam und Eva – getragen haben, ist die Sünde in ihnen geblieben. Alle Menschen stammen von Adam und Eva ab. Daher haben alle Menschen gesündigt.

Wenn du ehrlich mit dir selbst bist und in dein Inneres schaust, weißt du wohl, dass du schon mehrmals Sünden begangen hast, sei es in Gedanken, in Worten oder in Taten. Du hast sicher schon gelogen oder geschimpft, verleumdet, gestohlen, Leute nicht respektiert usw. Die Sünde in jeder Form ist Gott zuwider. Die Menschen versuchen, sich zu verteidigen, indem sie ihre Sünden verharmlosen. So hörst du ständig: »Ach, das ist nur eine kleine Notlüge, das tut doch niemandem was«, »Lästern ist nicht so schlimm, die anderen reden auch schlecht über mich«, »Wir verleumden doch nicht! Außerdem ist die verleumdete Person nicht einmal da«, »Gott wird mir doch vergeben, ich bin nur ein Mensch« usw. Die Menschen haben viele Ausreden, um ihre Verbrechen gegen Gott zu begründen, ohne zu wissen, dass diese Sünden ihrem Leben schaden. Gott sieht aber alles und kann mit Menschen, die sündigen, nicht zusammen sein, weil er rein und heilig ist (Levitikus 19,2/1.Petrus 1,15–16/Levitikus 20,26) und keinen gemeinsamen Weg mit Sündern möchte. Lies die Bibelverse:

> Der heilige Gott hat euch schließlich dazu berufen, ganz zu ihm zu gehören. Nach ihm richtet euer Leben aus! Genau das meint Gott, wenn er sagt: ›Ihr sollt heilig sein, denn ich bin heilig.‹ (1.Petrus 1,15–16)

Wenn die Menschen also dem Willen Gottes folgen, ist es nicht vorrangig in Gottes Interesse, sondern vor allem im Interesse der Menschen selbst.

Um zurück zum Thema »Verwandtschaft der Menschen mit Adam und Eva zu kommen«: Nur wenn Menschen Jesus Christus angenommen haben, werden sie nicht mehr als Kinder von Adam und Eva angesehen, sondern als Kinder Gottes:

> Wie viele ihn aber aufnahmen, denen gab er Macht, Kinder Gottes zu werden, die an seinen Namen glauben. (Johannes 1,12)

Jesus Christus hat nämlich nie gesündigt und ist Kind Gottes geblieben. Willst du Kind Adams und Evas bleiben oder willst du Kind Gottes werden? Wenn du Kind Gottes werden willst, brauchst du nur an Jesus Christus zu glauben.

Die Sünden und ihre Konsequenzen werden in Familien von Generation zu Generation übertragen. Versuche, über die folgenden Fragen nachzudenken und darauf zu antworten:

Warum gibt es Ähnlichkeiten zwischen dir und deinen Eltern? Warum ähneln Kinder ihren Eltern physisch? Warum haben sie manche ihrer Charaktereigenschaften? Warum werden Krankheiten über Generationen übertragen? Deine Biologie-Lektionen können dir hier helfen.

Man hört in vielen Familien, dass manche Angehörigen über Generationen an den gleichen Krankheiten tragisch gestorben sind. Oder es passieren Familienangehörigen, egal ob positiv oder negativ, die gleichen Sachen über Generationen. Genauso kommen auch viele Sünden und Konsequenzen dieser Sünden immer wieder über Generationen vor, bis jemand aus der Familie Jesus Christus angenommen hat, um diesem Fluch ein Ende zu machen. Nur so kann der göttliche Segen in die Familie zurückkehren, den Gott Abraham – unserem Vater im Glauben – und all denjenigen versprochen hat, die an seinen Sohn Jesus Christus glauben werden (Genesis 28,14/Galater 3,14).

Der Segen, den Gott Abraham zugesagt hatte, sollte durch Jesus Christus allen Völkern geschenkt werden. Und durch den Glauben an Christus empfangen wir alle den Geist Gottes, wie Gott es versprochen hat. (Galater 3,14)

Ohne **Jesus Christus** gibt es keine Befreiung, weil niemand vor ihm jemals die Sünde, den Teufel und den Tod besiegt hat. Und niemand wird es nach ihm oder ohne ihn jemals tun können.

Jesus Christus kam auf Erden mit seinem reinen Blut, das vor Gott gefällig war, um uns die Vergebung unserer Sünden zu gewähren, unser Blut von den Sünden zu reinigen, und uns von dem Fluch, der aufgrund der Sünde kam, zu befreien (Galater 3,13).

Du, der du noch nicht zum Glauben an Jesus Christus gefunden hast: Diese Befreiung gilt sowohl für mich als auch für dich. Nimm Jesus Christus an. Er ist deine einzige Lösung, um zurück zu Gott zu gehen. Ohne ihn bist du verloren. Mit ihm hast du das ewige Leben. Komm mit einem schuldbewussten Herzen zu ihm, bitte ihn um die Vergebung deiner Sünden und versprich ihm, sie nicht mehr zu begehen. Dann wirst du den Heiligen Geist empfangen (Apostelgeschichte 2,38–39), der dir helfen wird, Kraft zu haben, um Gott zu folgen und ihm treu zu bleiben.

Die Sünde ist das Hindernis zwischen dir und Gott. Jesus Christus hat aber die Sünde überwunden und lädt dich auch dazu ein. Allein Jesus Christus bringt dich zurück zu Gott.

Zu Gott gehen wir nur durch Jesus Christus – Du kannst auch ein Mittler zwischen Jesus Christus und den Menschen sein

Der Geist und die Seele sind am wichtigsten im Menschen.

Durch Adam und Eva, die gesündigt und somit die Gebote Gottes übertreten hatten, wurden dein Geist und deine Seele verführbar und tot – weil du tatsächlich ein Nachfahre der beiden bist. Der Teufel hatte sie verführt, und sie dazu geführt, Gottes Anweisung im Garten Eden nicht zu beachten. Als Folge wurde ihre Gemeinschaft mit Gott gebrochen. Du kannst mit einem toten Geist noch in deinem Körper leben und denken, dass alles gut bei dir läuft. Aber im Sinne Gottes, deines Schöpfers sind der Geist und die Seele tot, wenn sie gesündigt haben. Wenn du gegen Gott sündigst, sind es dein Geist und deine Seele, die diese Sünde begehen. Und dein Geist und deine Seele sind in dir am wichtigsten. Sie stellen dein »ich« dar. Nach dem Tod bleibt dein Körper leblos, aber wie verhält es sich mit deinem Geist und deiner Seele? Hast du dich bereits mit dieser Thematik auseinandergesetzt? Dein Geist und deine Seele, das heißt, der Teil von dir, der denkt, der will, der handelt, der liebt oder hasst, der bestimmte Sachen entscheidet, der Gutes oder Böses tut, der Gott folgt und seine Gebote befolgt oder nicht, wird nach dem Tod weiter existieren. Dieser Teil wird nach dem jüngsten Gericht entweder zurück zu Gott, in den Himmel oder zum Teufel, in die Hölle gehen, je nachdem ob du hier auf Erden Jesus Christus als deinen Erlöser und Retter angenommen hast oder nicht (Johannes 3,17–19).

Dies bedeutet, dass der Geist und die Seele sich nach dem Sündenfall von Gott getrennt haben. Und dies hat zur Konsequenz, dass der Mensch mit Qual und Leid konfrontiert ist. Lies in Ruhe noch einmal das ganze Kapitel Genesis 3 und meditiere darüber. Du wirst verstehen, dass der Mensch verflucht wurde, weil er Gott nicht gehorcht hatte. Ungehorsam ist vor Gott sehr verwerflich. Jedes Mal, wenn du Gott nicht gehorchst, schaffst du eine Distanz zwischen dir und ihm. Es ist die Sünde, die eine Distanz und Kluft zwischen dir und Gott bewirkt (Jesaja 59,1–4).

Diese Distanz hat aber Jesus Christus überwunden, indem er, der Gott ist, in der Gestalt eines Menschen auf Erden kam, um all die Sünden, die seit Adam und Eva begangen wurden, auf sich zu nehmen und ihre negative Kraft zu beseitigen. Weißt du, was das bedeutet? Es heißt, dass er auch deine

Sünden auf sich genommen hat – egal ob du gläubig oder ungläubig bist! Er ist trotz dieser Sünden und ihrer Konsequenzen, die er getragen und ertragen hat, Gott gehorsam geblieben. Er selbst hat nie gesündigt. Er hat vielmehr unsere Sünden getragen. Er hat sein Blut und seine Seele tadellos gehalten, damit Gott ihn als vollkommenes Opfer für uns annimmt.

Durch Jesus Christus wurde somit die Beziehung des Menschen zu Gott, Gott sei Dank, wiederhergestellt. Er hat die Menschen mit Gott versöhnt (2.Korinther 5,18–19). Er hat uns den Weg zu Gott wieder frei gemacht. Es handelt sich um den sündenfreien Weg, also den Weg ohne böse Geister. Er selbst ist dieser Weg, der zu Gott führt und ohne den du nicht zu Gott gehen kannst:

> Jesus antwortete: »Ich bin der Weg, ich bin die Wahrheit, und ich bin das Leben! Ohne mich kann niemand zum Vater kommen. [...]« (Johannes 14,6)

Lies auch aufmerksam die folgenden Verse dieses Kapitels Johannes 14,3–11.

Jesus Christus ist das Fleisch gewordene Wort Gottes (Johannes 1,14), das am Anfang war, durch das alle Dinge im Himmel sowie auf Erden geschaffen wurden und ohne das nichts gemacht worden wäre (Johannes 1,1–3). Das heißt, dass du nichts ohne dieses Wort oder ohne Jesus Christus bist. Diese Wahrheit kennst du nicht, deswegen lehnst du sie ab. Du glaubst nicht an Jesus Christus oder du zweifelst manchmal an ihm, weil du nicht neugierig bist, mehr über ihn zu erfahren und keine Forschungen über das Thema des Glaubens unternimmst. Würdest du dich für Jesus Christus interessieren, dann würdest du anfangen, dich mit seinem Wort, der Bibel zu befassen und dich seriösen Menschen anzunähern, die wirklich Gott kennen und dienen, um dich zu bilden. All deine Zweifel ändern aber nichts daran, dass er dein Schöpfer und Retter ist. Und nur, wenn du an ihn glaubst und ihn als deinen Retter und Erlöser annimmst, wirst du gerettet. Jesus Christus – und niemand anderes – ist der einzige Vermittler zwischen Gott und den Menschen, der für uns alle den Preis, das Lösegeld bezahlt hat:

Es gibt nur einen einzigen Gott und nur einen Einzigen, der zwischen Gott und den Menschen vermittelt und Frieden schafft. Das ist der Mensch Jesus Christus. Er hat sein Leben als Lösegeld hingegeben, um uns alle aus der Gewalt des Bösen zu befreien. Diese Botschaft soll nun verkündet werden, denn die Zeit, die Gott festgelegt hat, ist gekommen. (1.Timotheus 2,5–6)

Nur wer an Jesus Christus glaubt, in ihm und somit im Vater (Gott) bleibt, wird das ewige Leben ererben (1.Johannes 2,23–25) und kommt nach dem Tod nicht ins Gericht Gottes, sondern ist vom Tod zum Leben hindurchgedrungen (Johannes 5,24). Wenn du dein Herz schließt und dir selbst keine Gelegenheit gibst, ihn durch sein Wort kennenzulernen, bist du dabei, dich selbst zu verdammen:

Wer an ihn glaubt, der wird nicht verurteilt. Wer aber nicht an ihn glaubt, über den ist das Urteil damit schon gesprochen. Denn er weigert sich, Gottes einzigem Sohn zu vertrauen. (Johannes 3,18)

Denn du wirst ohne ihn kein erfülltes Leben hier auf Erden haben und nach deinem Tod nicht zu ihm in den Himmel kommen.

Jesus Christus hat den Herrschaften, den Mächten, den Autoritäten ihre Macht am Kreuz genommen (Kolosser 2,15), was uns Menschen vor seinem Kommen auf Erden unmöglich war. Hätte er gegen Gottes Willen verstoßen, hätte der Teufel den Kampf gewonnen. Indem er gehorsam und treu das Leid bis zum Ende ertrug, konnte er das Böse überwinden und Gott verherrlichen und ehren. Dadurch konnte er sein Blut für uns rein halten. Was für eine Liebe ist das? Das ist die Liebe, die von Gott kommt.

Jesus Christus will auch dich nutzen, um diese Liebe zu verbreiten und Menschen die frohe Botschaft zu verkündigen

Jesus Christus sagt selbst, dass es keine größere Liebe gibt, als wenn einer sein Leben für seine Freunde hingibt (Johannes 15,13). So ruft er dich auf, auch wie er zu handeln. Er will nicht, dass du am Kreuz stirbst, wie er es getan hat. Er war der einzige, der dieses Werk der Erlösung am Kreuz vollziehen konnte und vollzogen hat. Sein Wunsch ist also nicht, dass du sein Schicksal erlebst, sondern du sollst deinen Nächsten lieben, wie er dich geliebt hat. Jeder Mensch, der neugeboren ist, Jesus Christus angenommen hat und seinen Fußstapfen folgt, soll auch bereit sein, sein Leben für seine Mitmenschen zu opfern. Dieses Opfern bedeutet so viel wie eine kurze Zeit auf sein komfortables Leben zu verzichten und Leid durchzumachen, um dann ein wertvolles Instrument in Gottes Händen zu sein:

> Danach sagte Jesus zu seinen Jüngern: »Wer zu mir gehören will, darf nicht mehr sich selbst in den Mittelpunkt stellen, sondern muss sein Kreuz auf sich nehmen und mir nachfolgen. Denn wer sich an sein Leben klammert, der wird es verlieren. Wer aber sein Leben für mich aufgibt, der wird es für immer gewinnen. [...]« (Matthäus 16,24–25)

Denn es steht in der Bibel geschrieben, dass wer fleischlich leiden musste, die Sünde überwunden hat (1.Petrus 4,1–2). Unter »fleischlich leiden« sind nicht irgendwelche physischen Schmerzen oder Geißelung gemeint, die du dir zufügen sollst, sondern es geht vielmehr um das Auslöschen der fleischlichen Begierden oder der Gelüste, wie der Unkeuschheit, der Unzucht, der (sexuellen) Unmoral, der Boshaftigkeit, der Lüge, der Dieberei, der Verleumdung, der Lästerung, der falschen Zeugnisse, der bösen Gedanken, der Geldgier, des Mordes, der Schwelgerei usw. (Matthäus 15,18–20). Es handelt sich hier darum, das Fleisch zu kreuzigen, um nach dem Geist Gottes zu wandeln und zu leben. Der Geist Gottes führt dich dazu, in Liebe, Demut, Keuschheit, Reinheit, Heiligkeit, Wahrheit und Sanftmut zu leben. Nur so kannst du auf dieser Erde wie Jesus Christus leben und durch ihn für andere Menschen ein Segen sein.

Dieser Prozess der Kreuzigung des Fleisches – das heißt des Verzichtes auf deine menschlichen Interessen, die Sünde, alles, was Gott nicht ehrt, ist aber mit viel Schmerz verbunden. Es ist nicht leicht, sich von seinen schlechten Angewohnheiten, Neigungen und Charaktereigenschaften zu trennen. Aus diesem Grund wollen viele Menschen nicht zu Gott kommen. Ich unterstreiche »wollen ... nicht«, denn bevor eine Person etwas machen kann, muss sie es »wollen«. Nur so kann sie sich selbst in die Lage versetzen, zu schaffen, was sie sich selbst vornimmt.

Glaub mir, dass es sich aber lohnt und dass es möglich ist, die Sünde zu überwinden, wenn wir Jesus Christus an unserer Seite haben. Jesus Christus sagt:

Ich bin der Weinstock, und ihr seid die Reben. Wer mit mir verbunden bleibt, so wie ich mit ihm, der trägt viel Frucht. Denn ohne mich könnt ihr nichts ausrichten. (Johannes 15,5)

Jesus Christus annehmen

Menschen können ihr Schicksal nicht allein zu einem guten und fröhlichen Ende in Gott führen oder wenden. Nachdem sie die Sünde akzeptiert und somit gegen Gottes Regeln verstoßen haben, sind sie nicht mehr in der Lage, ihr ohne Hilfe zu widerstehen. Die Sünde ist aber der einzige Grund für das ganze Leid auf dieser Erde. Was für ein Elend hat der Mensch auf sich genommen!

Da es das Böse (die Sünde) – vom Teufel kommend – ist, das den Menschen im Leid gefangen hält und der Mensch sich allein nicht befreien kann, braucht er das Gute in sich, das **Jesus Christus** ist. Mit, in und durch Jesus Christus hat das Böse keine Macht mehr über ihn.

So wie wir alle durch einen einzigen Menschen, Adam, in die Fesseln der Sünde gefallen sind, werden wir jetzt auch allein durch einen einzigen Menschen, **Jesus Christus**, unseren Retter von der Sünde befreit und gerettet (Römer 5,18–19).

Jesus Christus reicht dir seine Hände und wartet darauf, dass du sie nimmst. Sonst bekommst du auch nichts von ihm. Wenn du nichts von ihm bekommst, heißt es also, dass du seine Hand noch nicht genommen hast. Die Frage, die du dir wahrscheinlich stellst, ist:

Wie kann ich seine Hand nehmen?

Indem du ihn vom Herzen liebst, auf ihn hörst, ihm vertraust und seinem Weg folgst.

»Jesus Christus anzunehmen« geht über das einfache Bekennen unseres Glaubens an ihn hinaus. Der echte Glaube kommt **vom Herzen**:

Denn wenn du mit deinem Mund bekennst, dass Jesus Christus der Herr ist, und glaubst in deinem Herzen, dass ihn Gott von den Toten auferweckt hat, so wirst du gerettet. Denn wer mit dem Herzen glaubt, wird gerecht; und wer mit dem Mund bekennt, wird selig. (Römer 10,9–10)

Die Menschen, die behaupten, an Jesus Christus zu glauben und gleichzeitig sein Wort oder ein Teil seines Wortes verleugnen oder nicht nach seinem Wort handeln (leben), täuschen sich sehr. Sie bekennen ihn leichtfertig, werden aber nicht von ihm bekannt.

Seinen Weg mit Jesus Christus zu gehen heißt so viel wie auf die scheinbaren Vorteile seines gegenwärtigen Lebens zu verzichten und mit der Hoffnung auf ein erfolgreiches und ewiges Leben neben Gott zu leben.

Mit und in Jesus Christus zu leben bedeutet zwar auch leiden, aber dieses Leid endet mit einer Belohnung, mit Ruhm und Ehre. (1.Petrus 1,11/Jesaja 53,11)

Wenn er dieses schwere Leid durchgestanden hat, sieht er wieder das Licht und wird für sein Leiden belohnt. […] (Jesaja 53,11)

In diesem Vers handelt es sich um Jesus Christus, aber das Gleiche gilt für dich, wenn du an ihn glaubst.

Jesus Christus anzunehmen sollte keine Option für dich sein, sondern eine Gelegenheit oder eine Chance, die du zu jedem Preis ergreifen solltest.

Es ist ein großes Privileg, Jesus Christus nachzufolgen und das Heil zu erlangen – Es ist kein Verdienst

Sogar wir Christen wissen oft nicht zu schätzen, wie groß und wundervoll es ist, Jesus Christus empfangen zu haben. Ich stelle mir vor, in welcher Angst die Ungläubigen sich kurz vor dem Tod befinden. Wahre Christen freuen sich eher wie Jesus Christus vor ihrem Tod, Gott ihren Geist anzuvertrauen:

[…] »Vater, in deine Hände lege ich meinen Geist!« […] (Lukas 23,46)

Ein richtiger neugeborener Christ zu sein ist so viel wert wie einen großen Schatz oder eine wertvolle Perle entdeckt zu haben (Matthäus 13,44–46). Das ist eine Gnade. Kein Mensch verdient es, weil die ganze Menschheit in der Sünde gefangen, und bevor Jesus Christus gekommen ist, verloren war. Sie würde ohne sein Erlösungswerk am Kreuz in die Verdammnis gehen (Römer 3,23–24). Aber jetzt ist Jesus Christus gekommen und hat uns dank seiner so großen Liebe zu uns mit Gott, dem Vater versöhnt. Wir schuldeten Gott reines Blut, das wir seit dem Sündenfall von Adam und Eva im Garten Eden verloren hatten. Da die ganze Menschheit von diesen beiden ersten Menschen abstammt, trägt sie ihr von der Sünde beflecktes Blut und ist vor Gott schuldig. Jesus Christus ist deswegen auf Erden gekommen, er, der Gott ist, um uns sein reines und wertvolles Blut zu schenken. Dieses Blut reinigt uns von all unseren Sünden und macht uns wieder gerecht vor Gott (Römer 3,24), wenn wir von ganzem Herzen an Jesus Christus und dieses Erlösungswerk glauben. Diese Worte richten sich besonders an dich, wenn du noch nicht an Jesus Christus glaubst. Ich möchte dich ermutigen, diesen Schritt zu wagen, weil du selbst dich nicht retten kannst.

Wir werden also ohne Verdienst, aus Gnade, aber durch den Glauben an Jesus Christus von unseren Sünden befreit und selig gesprochen. Wir werden nicht durch das Vertuschen unserer Verfehlungen oder weil wir irgendwie durch unsere Werke versuchen, unsere Fehler wiedergutzumachen, vor Gott gerechtfertigt:

Denn nur durch seine unverdiente Güte seid ihr vom Tod gerettet worden. Das ist geschehen, weil ihr an Jesus Christus glaubt. Es ist ein Geschenk Gottes und nicht euer eigenes Werk. Durch eigene Leistungen kann ein Mensch nichts dazu beitragen. Deshalb kann sich niemand etwas auf seine guten Taten einbilden. (Epheser 2,8–9)

Der Dienst und das Engagement in der Gemeinde, der Besuch des Gottesdienstes jeden Sonntag, das Geben der Opfergaben und die Zahlung des Zehnten, die Hilfe für deine Mitmenschen, zum Beispiel für die Armen, der Respekt vor Gott und vor Übergeordneten, die Einhaltung der ganzen Gebote oder Ähnliches machen uns nicht gerecht vor Gott. Wenn das alles reichen würde, um das Heil zu erlangen, hätte Jesus Christus nicht auf diese Erde zu kommen brauchen. Wir können unsere Vergehen niemals durch irgendwelche

Taten wiedergutmachen. Nur Jesus Christus konnte es für uns tun, und er hat es wirklich getan. Ohne sein Werk am Kreuz würden wir alle nach unserem Tod in die Hölle kommen, egal was für gute Werke wir auf dieser Erde getan hätten. Ohne Jesus Christus in dir bist du also verloren. Niemand soll also denken, dass er das Heil verdient und stolz darauf sein.

Jeder Mensch sollte eher, wie die Männer mit dem Schatz und der Perle (Matthäus 13,44–46), alles, was er hat und alles, was sein Herz begehrt, als wertlos schätzen, um für Jesus Christus Platz in seinem Herzen zu machen.

Die Christen, die zu dieser Erkenntnis und Offenbarung des Erlösungs-werkes durch Jesus Christus gekommen sind, haben die Pflicht, für das Heil der ganzen Menschheit zu beten, denn alle Menschen brauchen Gott, viele leben aber im Unglauben und mit einem Schleier vor dem Gesicht, der ihnen diese Wahrheit verbirgt. Lies die folgenden Verse:

Am wichtigsten ist, dass die Gemeinde beständig im Gebet bleibt. Betet für alle Menschen; bringt eure Bitten, Wünsche, eure Anliegen und euren Dank für sie vor Gott. Betet besonders für alle, die in Regierung und Staat Verantwortung tragen, damit wir in Ruhe und Frieden leben können, ehrfürchtig vor Gott und aufrichtig unseren Mitmenschen gegenüber. So soll es sein, und so gefällt es Gott, un-serem Retter. Denn er will, dass alle Menschen gerettet werden und seine Wahrheit erkennen. (1.Timotheus 2,1–4)

Wenn alle Menschen auf dieser Erde den Glauben hätten und ihr Leben Jesus Christus geben würden, würden Frieden, Freude und Liebe in dieser Welt herrschen.

Die freie Wahl

Gott hat dich geschaffen und vor dich einerseits das Gute (das Leben und den Segen) und andererseits das Böse (den Tod und den Fluch) gestellt:

»Und nun hört gut zu! Heute stelle ich euch vor die Entscheidung zwischen Glück und Unglück, zwischen Leben und Tod. Ich fordere euch auf:

Liebt den HERRN, euren Gott! Geht den Weg, den er euch zeigt, und beachtet seine Gebote, Weisungen und Ordnungen! Dann werdet ihr am Leben bleiben und zu einem großen Volk werden. Der HERR, euer Gott, wird euch segnen in dem Land, das ihr jetzt einnehmen wollt. Ganz anders wird es euch ergehen, wenn ihr dem Herrn den Rücken kehrt und eure Ohren vor ihm verschließt, wenn ihr euch dazu verführen lasst, anderen Göttern zu dienen und sie anzubeten. Dann werdet ihr nicht lange in dem Land bleiben, in das ihr jetzt kommt, wenn ihr den Jordan überquert. Das sage ich euch klar und deutlich. Ihr werdet zugrunde gehen. Himmel und Erde sind meine Zeugen, dass ich euch heute vor die Wahl gestellt habe zwischen Leben und Tod, zwischen Segen und Fluch. Wählt das Leben, damit ihr und eure Kinder nicht umkommt! Liebt den HERRN, euren Gott, und hört auf ihn! Haltet ihm die Treue! Dann werdet ihr am Leben bleiben und in dem Land wohnen, das der HERR euren Vorfahren Abraham, Isaak und Jakob versprochen hat. « (Deuteronomium 30,15–20)

Er empfiehlt dir wie ein guter Vater, das Leben zu wählen, denn er weiß, dass du schlimme Konsequenzen wegen deines Ungehorsams seinem Wort gegenüber erleiden wirst. Aber er zwingt dich nicht dazu, denn er will dir lieber die freie Wahl lassen. Ich bitte dich meinerseits, auch aufgrund meiner Lebenserfahrungen, die sich auf meinen Glauben an Gott (Jesus Christus) stützen, dich für ihn, das heißt für das Leben zu entscheiden. Wären Adam und Eva dem Weg des Lebens gefolgt, würden wir kein Leid auf Erden erleben. Gott zu folgen heißt nämlich Heil, Leben, Frieden, Freude und alle Schönen und göttlichen Dinge in Fülle, aber nur durch Gehorsam zu Gott zu haben. Nach dem Sündenfall ist das alles verloren gegangen, weil Adam und Eva die Wahl getroffen haben, dem Teufel zu gehorchen, der von Anfang an ein Räuber und ein Mörder ist (Johannes 10,10). Er hat den Menschen das Heil, den Frieden, die Freude usw. geraubt, die sie am Anfang in Gott, ihrem Schöpfer hatten.

Nun ist Jesus Christus gekommen und hat, was Adam und Eva durch ihren Ungehorsam der Menschheit verursacht hatten, sprich die Trennung von Gott, vernichtet. Er hat, was sie zerstört hatten, nämlich die Verbundenheit mit Gott, wiedergutgemacht. Mit ihm und in ihm bist du mit Gott versöhnt

(Römer 5,10) und hast das Leben wieder in Fülle (Johannes 10,10). Er ist der Weg, die Wahrheit und das Leben (Johannes 14,6).

Es bleibt dir allein die Wahl, ob du ihm folgst und deine Identität in Gott wiederfindest oder nicht. Niemand kann es an deiner Stelle entscheiden.

Wähle das Gute (Jesus Christus). Du wirst es nicht bereuen.

Die Schuld ist also nicht bei Gott, sondern bei dem Menschen.

Verurteile aber niemanden – Auch der schlimmste Mörder erhält das Leben in Jesus Christus

Beschuldige Gott nicht mehr – Indem wir leiden, büßen wir manchmal für unsere Fehler oder die unserer Vorfahren

Niemand sollte auf Gott schimpfen und sagen: »Er existiert nicht, sonst hätte diese Welt nicht so viele Probleme!«. Indem ein Mensch so spricht, richtet er sich unbewusst selbst. Was auch jeder glauben und sagen mag, ändert nichts an der Existenz und Souveränität Gottes. Die Menschen tendieren dazu, zu vergessen oder zu ignorieren, dass sie Verantwortung hinsichtlich der Übel tragen, die diese Welt ruinieren. Die Menschen sollten besser sich selbst betrachten und zur Erkenntnis kommen, dass die Welt krank ist und allmählich zugrunde geht, weil sie sich von Gott getrennt hat und nicht, weil Gott sie verlassen hat. Stattdessen schieben sie die Schuld auf Gott und stellen seine Existenz infrage.

Glaubst du, dass die Menschen Böses säen können und als Ergebnis Gutes ernten?

Der Bibel ist klar zu entnehmen, dass wir wegen unserer Verbrechen und Ungerechtigkeiten Gottes Angesicht nicht sehen:

> Ihr meint wohl, der HERR sei zu schwach, um euch zu helfen, und dazu noch taub, so dass er eure Hilferufe gar nicht hört. O nein! Eure Schuld – sie steht wie eine Mauer zwischen euch und eurem Gott! Eure Sünden verdecken ihn, darum hört er euch nicht. An euren Händen klebt Blut, sie sind besudelt von all dem Unrecht, das ihr tut. Ihr lügt und betrügt bei jeder Gelegenheit. (Jesaja 59,1–3)

Jeder Mensch sollte zunächst die Schuld bei sich selbst suchen, seine Sünden aufrichtig bereuen und Gott zu Hilfe rufen. Der Vers 2 aus der oben zitierten Bibelstelle sagt, dass Gott uns wegen unserer Sünden nicht hört. Ich würde eher sagen, dass er uns hört. Er will aber nicht antworten, wenn wir das Gegenteil von dem tun, was er von uns erwartet. Wenn er unsere Gebete trotz unseres Verfehlens erhören würde, würde das unverantwortlich seinerseits und für uns selbst zerstörend, ja sogar fatal sein. Wir würden alles haben, was wir wollen und dabei denken, dass es nichts an uns zu ändern gibt. Wir würden uns nicht darum kümmern, daran zu arbeiten, unsere schlechten Angewohnheiten zu ändern. Wir würden sogar Gott vergessen. Gott ist aber mehr daran interessiert, unsere Charaktereigenschaften nach seinem Abbild zu gestalten und aus uns gute und heilige Menschen zu machen.

Ist Gott schuld, wenn die Menschen lügen oder stehlen? Hat Gott den Menschen geraten, intim zu werden, bevor sie heiraten? Ist es Gott, der manchen Menschen empfiehlt, okkulte Mächte auf Kosten von hilflosen Personen zu konsultieren, um sich zu bereichern? Ist es Gott, der die Menschen zu Konflikten und zum Krieg anstiftet? Will Gott, dass die Menschen arm sind? Ist es Gott, der die Menschen krank macht? Bei Weitem nicht. Alle Probleme, die diese Welt ins Wanken bringen, sind die Konsequenzen der Machenschaften der Menschen, die Gottes Gebote nicht beachten. Wenn jemand lügt und/oder stiehlt und bei seinen Geschäften scheitert – warum sollte man Gott anklagen? Wenn sich einige Menschen auf Kosten von anderen in der Gesellschaft bereichern – wieso behaupten manche Menschen, dass es Gott nicht gibt? Warum sagen sie, dass es keine Armut gäbe, wenn er existieren würde? Wenn die Menschen sich gegenseitig umbringen, was hat Gott damit zu tun? Ist es Gott, der die Menschen tötet? Hat er in seinen zehn Geboten nicht gesagt, dass der Mensch nicht töten soll? Hören wir nun bitte auf, Gott töricht und übereilt anzuklagen! Stattdessen sollten wir eher darüber nachdenken, wie wir mit seiner Hilfe diese Probleme lösen können.

Gott hat im Alten Testament zum wiederholten Male die Menschen gewarnt, dass Unwesen und Plagen sie zerstören werden, wenn sie seine Gebote nicht praktizieren und seine Gesetze nicht respektieren. Deuteronomium 28 beschreibt eindeutig einerseits den mit dem Gehorsam zu Gott einhergehenden Segen und andererseits den mit dem Ungehorsam verbundenen Fluch. Um zu verstehen, was »Gott gehorchen« bedeutet, solltest du das Gesetz Gottes lesen, das Jesus Christus auf dieser Erde erfüllt hat, damit wir in Frieden leben können, wenn wir ihm folgen. Diese Gesetze findest du in Exodus 20–24, Levitikus 11 & 13–19, Numerus 15, 27 & 30, Deuteronomium 12 und auch in anderen Kapiteln des Pentateuchs. Nachdem du diese Gesetze gelesen hast, wirst du die Prinzipien und Regeln, nach denen das Volk Gottes leben sollte, kennenlernen und verstehen. Du wirst entdecken, was Gott von seinem Volk erwartet, wie er sich wünscht, dass es lebt. Die Lektüre dieser Gesetze und von Deuteronomium 28 wird dich über die Ursache des Übels in der Welt aufklären. Bittet Gott sein Volk, ihm zu gehorchen, dann hat er seine Gründe. Manchmal lohnt es sich nicht, alles über Gott verstehen zu wollen. Du solltest ihm dein uneingeschränktes Vertrauen schenken und ihm gehorchen, auch wenn du ihn, da du nur ein Mensch bist, nie ganz in der Komplexität seines Handelns verstehen wirst. Denn er ist souverän, er ist die Wahrheit. Was er sagt, kann nicht falsch sein. Wenn ein Vater seinem Kind sagt, es soll den Herd nicht anfassen, weiß er warum. Er kann natürlich dem Kind den Grund für dieses Verbot sagen. Wenn er es ihm aber nicht sagt, ändert es nichts daran, dass die Gefahr besteht, dass das Kind sich die Hand verbrennt, wenn es seinem Vater nicht gehorcht. Eine Sache steht also fest: Unseren Handlungen folgen immer Konsequenzen, derer wir uns oft vorher nicht bewusst sind:

Meint nur nicht, ihr könntet euch über Gott lustig machen! Denn was der Mensch sät, das wird er auch ernten: (Galater 6,7)

Denke also stets nach, bevor du handelst.

Ich möchte diese Idee kurz an einem Beispiel erläutern

Im Alten Testament sind die zehn Gebote angeführt. Eins dieser Gebote ist: »Du sollst nicht töten.« (Exodus 20,13). In Genesis 9,6 warnt Gott uns: Wenn ein Mensch das Blut eines anderen Menschen vergießt, wird ihm dasselbe passieren. Exodus 21,12 sagt auch Folgendes: Wer einen Menschen schlägt und ihn so schwer verletzt, dass er stirbt, der muss mit dem Tod bestraft werden. Als Simon Petrus Jesus Christus verteidigen wollte, indem er einem der Soldaten, die ihn verhaften wollten, das Ohr abhieb (Johannes 18,10/Matthäus 26,51), sagte Jesus Christus zu ihm: »Steck dein Schwert an seinen Ort! Denn wer das Schwert nimmt, der wird durchs Schwert umkommen. « (Matthäus 26,52). Lies ebenso Offenbarung 13,10.
Nehmen wir nun an, dass ein Mann einen anderen aus einem beliebigen Grund getötet hat. Die Art und Weise, wie das Opfer getötet wurde, ist nicht wichtig. Eine Person, die einen Mord in Auftrag gegeben hat, ist genauso schuldig wie der Auftragsmörder, der den Mord mit seinen Händen begangen hat. Es wird nicht von »direkt töten« oder »indirekt töten« gesprochen. Töten ist töten. Auch die Personen, die an der Spitze der gesellschaftlichen Hierarchie stehen und Verantwortungsposten innehaben, die willkürliche Entschlüsse fassen, welche die Gerechtigkeit, das heißt die Bedürfnisse und Rechte der Völker verhöhnen, und die als Folge wirtschaftlicher oder machtpolitischer Entscheidungen sogar den Tod dieser Völker verursachen oder in Kauf nehmen, sind in Gottes Augen Mörder. Der Mörder, der eine solche Tat begeht, weiß generell nicht, in welche Gefahr er sich bringt. Er

denkt, dass er es nach seiner bösen Tat leicht haben und davonkommen wird, ohne zu büßen. Aber das Blut des Opfers schreit zu Gott nach Rache, wie das Blut Abels in Genesis 4,8–10, und wird auch früher oder später gerächt. Denn Gott ist ein Gott der Gerechtigkeit. Es kann sein, dass die Rache direkt an dem Täter verübt wird. Das ist aber nicht immer der Fall. In dem Fall, dass der Mörder die Rache nicht erfahren hat, kann die Rache später eine Person seiner Nachkommenschaft treffen. Diese an der Tat auf den ersten Blick unbeteiligte Person wird dann für die Schuld des Vorfahrens büßen, denn der Nachkomme des Mörders trägt dasselbe Blut wie der Mörder in sich. In der spirituellen Welt betrachtet man die Menschen mit demselben Blut als »eins«. Als Gott uns also warnte, dass wer tötet, auch getötet wird, meinte er nicht zwingend den Mörder direkt, sondern generell die Personen, die dasselbe Blut wie er in sich tragen. Nach einer solchen Erkenntnis wundert es einen nicht mehr, wenn man an die vielen Todesfälle denkt, die jeden Tag registriert werden, und wegen der man sich fragt, was diese Menschen getan haben, um ein solches Schicksal zu erleiden. Die Opfer der Rache brauchen keinen Mord begangen oder irgendetwas anderes Böses getan zu haben, bevor Gottes Rache über sie hereinbricht. Sie tragen das Blut ihrer Ahnen, die in der Vergangenheit Morde oder andere schlimme Verbrechen und Sünden begangen haben. In diesem Leben gibt es keinen Zufall. Unter diesen Opfern, von denen man jeden Tag in den Nachrichten hört – Morde, schlimme Unfälle und manchmal medizinisch unerklärliche Krankheiten oder plötzliche Todesfälle usw. –, gibt es Fälle, bei denen es sich um göttliche Rechtsprechung handelt. Denk also sehr gut darüber nach, bevor du handelst. Welche Zukunft und welches Schicksal willst du deinen Nachkommen hinterlassen? Möchtest du, dass sie leiden, indem sie für deine begangenen Fehler oder bösen Taten büßen? Egal welche Tat du begangen hast, solltest du wissen, dass die Konsequenzen darauf zweifellos folgen werden – sie werden für dich und deine Nachfahren positiv sein, wenn deine Handlungen und Taten positiv waren, und negativ im entgegengesetzten Fall. Dies gilt natürlich nicht nur im Fall eines Mordes: Wenn du jemanden belügst, wirst du auch belogen; lügst du über jemanden, wird auch über dich gelogen; wenn du eine Person beraubst, wird man auch dich berauben; vergewaltigst du eine Person, wird man auch dich oder vielleicht deine Tochter oder Urenkelin ebenso vergewaltigen; wenn du das Volk ausraubst, wirst du genauso ausgeraubt; wenn du die erlassenen Gesetze übertrittst, wirst du die Konsequenzen tragen müssen; verleumdest du, so wirst auch du verleumdet; wenn du einen Menschen verletzt, wird ein anderer Mensch auch dich oder einen deiner Nachfahren verletzen usw. (Levitikus 24,19–20). Jedes Ereignis und alles auf der Welt hat seine Zeit. Auch Steine werfen und Steine sammeln hat seine Zeit (Prediger 3,5). Das heißt, dass nichts ungesühnt bleibt.

Es gibt aber eine gute Nachricht. Jesus Christus ist auf die Erde gekommen, um dem Fluch, der die Menschen zerstört und der tatsächlich die Konsequenz ihrer Sünden ist, ein Ende zu bereiten. Nach der ersten Sünde Evas und Adams im Garten Eden wurde ein Fluch von Gott selbst ausgesprochen. Er sagte Adam, dass der Ackerboden wegen ihm verflucht sei und Dornen und Disteln produzieren solle, dass er sich sein ganzes Leben abmühen werde, um sich davon zu ernähren, dass er sich sein Brot mit Schweiß verdienen müsse, weil er auf seine Frau gehört hat. Zur Frau sagte Gott, dass sie ihr Kind mit Mühe, Schmerzen und Leid zur Welt bringen werde und dass ihr Mann über sie herrschen werde (Genesis 3,16–19). Jesus Christus ist also gekommen, um diesen Fluch zu vernichten, der über dem Menschen schwebte. Eine Person, die Sünden begangen und das Gesetz Gottes übertreten hat, ihre Fehler aber bedauert und Jesus Christus aufrichtig angenommen hat, ist automatisch von diesem Fluch befreit und gerettet. Die Sünden, die sie begangen hat und ihre Konsequenzen wurden vor über 2000 Jahren von Jesus Christus getilgt und ans Kreuz genagelt. Wer ihn annimmt und seine Sünden aufrichtig bereut, wird von seinem Blut gereinigt, welches das alte, sündige Blut hinfort spült, und empfängt den Heiligen Geist, um ein neues, sündenfreies, reines und heiliges Leben in Jesus Christus zu führen.

Die Gnade Jesu Christi für dich sollst du auch für deine Mitmenschen haben

Da Jesus Christus mit seiner unendlichen Liebe das Gesetz erfüllt hat, das wir Menschen nicht erfüllen konnten, und da er uns befiehlt, einander zu lieben, wie er uns geliebt hat, hast du kein Recht, deinen Nächsten zu verurteilen, auch wenn er gestohlen oder getötet hat. Die Rache gehört nur Gott:

Liebe Freunde, verschafft euch nicht selbst Recht. Überlasst vielmehr Gott das Urteil, denn er hat ja in der Heiligen Schrift gesagt: »Es ist meine Sache, Rache zu üben. Ich, der Herr, werde ihnen alles vergelten.« (Römer 12,19)

Im Neuen Bund kann jeder Jesus Christus empfangen und sein altes sündiges Leben aufgeben. Wenn du also einen Mörder tötest, lädst du in Gottes Augen ebenfalls eine große Schuld auf dich. Durch das Gesetz eines Staates, das die Todesstrafe erlaubt, denkst du vielleicht einem Mörder das Leben auf rechtlicher Grundlage zu nehmen. Aber du solltest wissen, dass du bezüglich des göttlichen Gesetzes ohne Mitleid verurteilt werden wirst. Denn wer unbarmherzig ist, wird auch ohne Erbarmen von Gott verurteilt:

> Gott wird nämlich kein Erbarmen haben mit dem, der selbst unbarmherzig ist. Er wird das Urteil über ihn sprechen. Wer aber barmherzig ist, braucht sich nicht zu fürchten: Bei ihm triumphiert das Erbarmen über das Gericht. (Jakobus 2,13)

Das Erbarmen, das du mit einem Mitmenschen haben musst, gilt nicht nur für den Fall, dass dieser getötet hat. Gott erwartet von dir Erbarmen für deinen Mitmenschen mit all seinen Verfehlungen. Stell dir vor, du tust etwas gegen deinen Nächsten und bereust es im Nachhinein. Würdest du ihm nicht dankbar sein, dass er es dir vergibt? Deine Antwort lautet sicher »Ja«. So sollst du auch in der Lage sein, anderen Menschen, die etwas gegen dich getan haben, diese Gnade und dieses Erbarmen zu zeigen.

Du, der du einen Gesetzesübertreter tötest, solltest wissen, dass du selbst mit dieser Tat das Gesetz Gottes übertrittst, das besagt, dass man nicht töten soll. Außerdem führt es zu nichts, wenn der Körper des Mörders stirbt. Der böse Geist (Dämon), der ihn zu einer solchen Tat geführt hat, besteht fort, auch wenn der Körper des Mörders vernichtet wird. Dieser Dämon wird versuchen, in einen anderen Menschen einzudringen, um diesen zu nutzen, weiter sein Unwesen zu treiben. Am Tag des Jüngsten Gerichts wird dann der betreffende Dämon mit allen Seelen, die er zum Morden verführt hat, in die Hölle geschickt. Und auch du, solltest du in der Position sein, die Todesstrafe zu vollziehen (oder dies auch nur in Gedanken an persönliche Rache tun), wirst in der Hölle enden. Wenn du selbst aber Jesus Christus empfangen hast, wirst du dem Mörder sein Leben lassen. Du wirst sogar darum beten, dass Gott ihm dabei hilft, sein Leben Jesus Christus zu geben. Hat er Jesus Christus in sich, wird er nicht mehr töten. So hättest du deine Seele und die des Mörders gerettet, der zu Jesus Christus konvertiert wäre. Und genau das ist die von unserem Retter Jesus Christus gelehrte Liebesbotschaft. Mit einem weiteren praktischen Beispiel aus dem Zweiten Weltkrieg möchte ich noch diese Wahrheit über die Dämonen, und wie sie handeln, veranschaulichen:

Du weißt, dass der »Führer« im Zweiten Weltkrieg Homosexuelle töten ließ. Da diese Homosexuellen nicht selbst, sondern durch externe Einflüsse – böse Geister – ihre gottlose Sexualität ausgelebt hatten, war es keine gottgewollte Lösung, sie zu töten. Es ist stattdessen grausam, einen Menschen zu töten, weil Gott selbst gesagt hat, nicht zu töten. Sie getötet zu haben, hat nichts geändert, weil die Geister, die sie dazu geführt hatten, so zu leben, sicher nach ihrem Tod in andere Menschen gegangen sind. Oder ihre Geister, die nicht erlöst wurden, irren nach ihrem Tod umher und verführen andere Menschen. Der Beweis ist: Gibt es nicht immer noch Homosexuelle? »Ja.«. Der homosexuelle Geist, der einen Menschen dazu bringt, auf diese Art zu leben, ist in der Luft, in der Umgebung dieses Menschen. Entweder ist dieser Geist schon präsent seit den Lebzeiten der Vorfahren, der Großeltern, der Eltern usw. dieses Menschen oder dieser Mensch hat irgendwie gegen Gott in seiner Sexualität gesündigt. So hatte er, ohne es zu wollen, dem bösen Geist die Tür zu seinem Herzen geöffnet. Er selbst weiß nicht, dass er unter einem äußeren Einfluss handelt. Deswegen akzeptiert er seine Lage und findet sich damit ab, homosexuell zu bleiben. Er denkt sogar, dass es einfach seine Natur ist. Er könnte aber nie befreit werden, wenn er sich nicht vom ganzen Herzen wünscht, sich davon zu trennen. Das, was wir in uns akzeptieren, kann uns nicht verlassen. Durch das Blut Jesu Christi ist aber alles möglich für die Person, die vom bösen Joch erlöst werden will. Jesus Christus befreit alle Menschen, die zu ihm kommen, ihre Sünden bekennen, und aufrichtig ändern wollen. Sein Blut reinigt jeden Menschen, der es will, von seinen Sünden.

Du, der du diese Gedanken liest, hör auf, Gott zu beschimpfen und an seiner Existenz zu zweifeln. Kehr also zurück zu Gott, deinem Schöpfer, bitte ihn aufrichtig und von ganzem Herzen um Vergebung für deine Sünden. Er wird dir vergeben und dir Jesus Christus schicken, damit du die Herrlichkeit

Gottes erfährst, ein besseres Leben führen darfst (<u>Apostelgeschichte 3,19–20</u>) und deinen Mitmenschen dabei helfen kannst, auch das Erlösungswerk Jesu Christi zu genießen, statt ihn zu verurteilen.

Das Blut Christi befreit jeden Menschen von der Sünde,
der ihn annimmt, egal was er vorher in seinem Leben gemacht hat.

(Jesus Christus war Gottes Versprechen schlechthin für das Volk Israel und für alle Menschen, die an ihn (Jesus Christus) glauben werden. Gott hat für dich aber noch viele andere heilvolle Versprechen.)

Kapitel 2: Gottes Versprechen

Die Verheißungen Gottes für dich

Gott hat Abraham, unserem Vater im Glauben versprochen, ihn groß zu belohnen. Er war schon alt und hatte keine Kinder, sondern einen Verwalter und fragte sich, wie Gott ihn belohnen könnte. Aber Gott beruhigte ihn, indem er ihm versicherte, ihm viele Nachkommen zu schenken. Abraham glaubte an Gottes Versprechen und dies gefiel Gott (Genesis 15,1–6). Er schenkte Abraham und seiner Frau Sara tatsächlich ein Kind.

Auf die gleiche Art und Weise hat Gott nicht nur Abraham, sondern auch uns allen anderen Menschen vieles versprochen. Seit dem Sündenfall hatte er bereits Adam und Eva versichert, dass ihre Nachkommenschaft auf den Kopf der Schlange treten werde. Diese Verbildlichung bedeutet, dass die Menschen am Ende wieder Macht über das Böse erlangen werden (Genesis 3,15). Die Folge für jenen Sieg der Menschen über den Teufel, der dank Jesus Christus tatsächlich auch geschah, ist, dass die Menschen nach einer mehr oder weniger langen Zeit des Leidens wieder gesegnet sein werden. Sie können dann mit Jesus Christus wieder Frieden, Freude, Gesundheit, Wohlstand und ihr ersehntes Heil erlangen. Sie können wieder Zugang zum Baum des Lebens erhalten. Gott wird sie ins Land führen, in dem Milch und Honig fließen. Sie werden nach ihrem Tod wieder zu Gott kommen. Das sind die allgemeinen und wichtigsten Verheißungen Gottes für dich, wenn du sein Kind bist.

Auch wenn du noch nicht an Jesus Christus glaubst, solltest du wissen, dass dieses Versprechen auch für dich gegeben ist, wenn sich dein Herz für ihn öffnet. Gott macht keinen Unterschied zwischen Menschen. Alles, was er von dir erwartet, ist, dass du an ihn glaubst. Und das ist möglich. Denn auch der jetzige Christ war ungläubig, bevor er zum Glauben gekommen ist.

Es ist wichtig, dass ich dir eine Wahrheit sage: Sogar alles, was du als Nicht-Christ hast, kommt von Gott. Nur weißt du das sicher nicht und denkst, dass du es dir erarbeitet hast, dass du es verdienst oder dass es das Werk des Zufalls ist. Es gibt aber keinen Zufall. Und wir schaffen es im Leben auch nicht nur aufgrund unserer Anstrengungen. Es gibt Menschen, die viel arbeiten und alles machen, um sich ein gutes Leben zu ermöglichen, aber es niemals schaffen. Besser für sie wäre es aber, sich nicht mehr nur auf sich selbst und ihre eigenen Stärken und Fähigkeiten zu verlassen, sondern auf die Macht Gottes. Lies Sprüche 10,22.

Aber, warum siehst du – auch wenn du gläubig bist – manchmal nichts von der Verwirklichung der Verheißungen Gottes in deinem Leben?

Abraham wurde sein Vertrauen auf Gott nicht als Gerechtigkeit angerechnet, ohne dass er an Gott und an sein Versprechen geglaubt hat. Aufgrund seines Glaubens an Gott wird Abraham der Vater des Glaubens genannt. Er wird auch zu deinem Vater des Glaubens werden, wenn du wie er glaubst. Das gilt auch für dich – Nicht-Christ –, nachdem du Jesus Christus angenommen hast. Gott hat zu Abraham gesagt, dass alle Menschen der Erde – nicht nur Israeliten oder Christen oder vermeintlich gute Menschen, sondern alle Völker – in ihm (in seinem Nachkommen) gesegnet werden (Genesis 22,18). Da es sich bei diesem Nachkommen um Jesus Christus (Galater 3,16) handelt, wirst du also nur in Jesus Christus gesegnet. So wirst du nichts von Gott bekommen, wenn du nicht an ihn glaubst oder wenn du daran zweifelst, dass er das Unmögliche ins Mögliche verwandeln kann. Stell dir also die Frage, ob du tatsächlich an Jesus Christus glaubst. Nur zu behaupten, dass wir an ihn glauben, heißt noch lange nicht, dass wir uns 100 Prozent auf ihn verlassen.

Ohne ihn kannst du dich auch nicht vor Gott rechtfertigen und erlangst keinerlei Anspruch auf seine Güte. Nur mit dem Glauben an Jesus Christus wirst du den Sieg über das Böse erlangen und zu einem Erbe Gottes werden. Der Glaube an das Erlösungswerk Jesu Christi am Kreuz ist also eine unerlässliche Bedingung, um die Verheißungen Gottes in deinem Leben verwirklicht zu sehen (Römer 4,20–25). Mit anderen Worten: Was die Zusagen Gottes dir gegenüber anbelangt, ist das »Ja« nur in Jesus Christus zu finden:

Auch Jesus Christus, der Sohn Gottes, den Silvanus, Timotheus und ich euch verkündet haben, war nicht gleichzeitig »Ja« und »Nein«. Er selbst ist in seiner Person das Ja Gottes zu uns, denn alle Zusagen Gottes erfüllen sich in ihm. Und auf das, was Christus für uns getan hat, antworten wir zur Ehre Gottes mit »Amen«. (2.Korinther 1,19–20)

Gott hat dir zwar gesagt: Die Verheißungen werden in Erfüllung gehen. Dies bedeutet aber nicht unbedingt, dass dies sofort geschehen wird. Mit dem Lesen seiner Schriften erkennst du, dass er auch Abraham, Isaak, Jakob und David Verheißungen bezüglich des Kommens von Jesus Christus als Retter gemacht hat. Er erfüllte dieses Versprechen jedoch erst Generationen, sogar Jahrtausende später. Sei also auch du geduldig, wenn du an Gott glaubst.

Die Realisierung des Versprechens Gottes für dich hängt auch von der gegenseitigen Liebe zwischen ihm und dir ab, von deiner Beziehung zu ihm wie auch von deinem Gehorsam ihm gegenüber. Kurz gesagt hängt es von seinem Bund mit dir ab.

Wenn Gott dir etwas versprochen hat, wird er es erst dann erfüllen, nachdem du seine Liebe wirklich empfangen hast, nachdem du ihm die erste Stelle in deinem Herzen gegeben hast und sein Reich zu deiner Priorität gemacht hast:

> Setzt euch zuerst für Gottes Reich ein und dafür, dass sein Wille geschieht. Dann wird er euch mit allem anderen versorgen. (Matthäus 6,33)

Seine Liebe für dich ist sowieso präsent und sie ist wahr. Er liebt dich über alles. Aber die Frage ist: Liebst du ihn? Oder liebst du eher die Dinge, die du von ihm bekommen willst? Ist es eher Letzteres, dann sei nicht enttäuscht, wenn du ihn um etwas fragst, es aber nie bekommst. So wie er dich bedingungslos liebt, erwartet er dasselbe von dir.

Stell dir vor, dass du eine Person liebst. Du willst sicher auch, dass auch diese Person dich liebt. Wenn diese Person dich aber ignoriert und zu dir nur kommt, weil sie irgendetwas von dir bekommen will, wie würdest du dich dann fühlen? Würdest du gern ihre Wünsche erfüllen? Wahrscheinlich nicht. Genauso geht es Gott, wenn du ihm nicht dein ganzes Herz gibst, sondern nur versuchst, deine eigenen Interessen durch ihn zu verwirklichen. Er will, dass du dich an die Regeln des Bundes hältst, den ihr geschlossen habt.

Gott weiß, dass es dich innerlich zerstören wird, wenn er dir aus seinen Schätzen etwas gibt, ohne dass du ihn wie verrückt liebst. Du würdest sein Geschenk, das er dir machte, für die Interessen des Bösen nutzen, und dies würde für dich selbst nachteilig sein. Es kann sogar sein – wenn deine Beziehung zu Gott nicht eng ist, – dass du denkst, dass du verdienst, was er dir gegeben hat, dass du es aus deinen eigenen Kräften heraus erarbeitet hast. So kannst du ihm nicht die ganze Ehre geben, die ihm zusteht.

Wenn du das Versprechen Gottes für dich nicht erfüllt siehst, hinterfrage deine Beziehung zu ihm:

• Liebst du ihn wirklich, verbringst du jeden Tag wertvolle Zeit mit ihm?
• Folgst du seinen Geboten? Tust du, was er von dir erwartet?
• Ist deine Beziehung zu ihm wichtiger als das, was du von ihm erwartest und als alles andere? (Matthäus 22,37)
• Bist du geduldig? Die Geduld ist eine der Früchte des Geistes (Galater 5,22/Römer 8,25).
• Kennst du ihn wirklich – seine Prinzipien, seine Wünsche, seine Erwartungen dir gegenüber, seine Gebote, wie er handelt usw.? Denn wenn du eine Person nicht kennst, kannst du nicht plötzlich zu ihr gehen, um sie zu bitten, dir etwas zu geben.

Hast du auf diese Fragen mit »Ja« geantwortet, dann suche ihn weiter und sei dabei geduldig. Sein Versprechen wird sich früher oder später in deinem Leben verwirklichen (Hebräer 11,11). Vielleicht möchte er zuerst etwas an dir ändern oder er findet, dass du jene Dinge, um die du ihn gebeten hast, noch nicht wirklich brauchst.

Geduld bis zur Verwirklichung der Verheißungen – Beispiel der Ausdauer Josephs

Gott will seinen Kindern weder Steine noch Schlangen noch Skorpione geben. Deswegen nimmt er sich Zeit, uns für den Empfang des Heiligen Geistes vorzubereiten, bevor er uns etwas schenkt. Denn allein durch den Heiligen Geist haben wir Anspruch auf unser Erbe in Jesus Christus:

Durch eure Verbindung mit Christus gelten diese Zusagen auch für euch, die ihr erst jetzt das Wort der Wahrheit gehört habt, die gute Botschaft von eurer Rettung. Nachdem ihr diese Botschaft im Glauben angenommen habt, gehört ihr nun Gott. Er hat euch sein Siegel aufgedrückt, als er euch den Heiligen Geist schenkte, den er jedem Glaubenden zugesagt hat. Ihn hat Gott uns als ersten Anteil an unserem himmlischen Erbe gegeben, und dieser Geist verbürgt uns das vollständige Erbe, die vollkommene Erlösung. Dann werden wir Gott in seiner Herrlichkeit loben und preisen. (Epheser 1,13–14)

Die Worte »auch für euch« in dem Vers 13 stehen für dich, der erst jetzt die Botschaft deiner Rettung annimmt. Der Heilige Geist, den Jesus Christus uns nach seiner Himmelfahrt geschickt hat, ist dein erster Anteil an deinem Erbe. Es gibt nichts Schöneres als ihn zu empfangen. Das irdische Erbe, das deine Eltern dir hinterlassen werden, ist nichts verglichen mit dem Heiligen Geist, den Jesus Christus dir hinterlassen hat. Durch ihn kommst du zum ewigen Leben. Der Heilige Geist ist der Geist Jesu Christi, der Geist, der uns alles schenken kann – Liebe, Hoffnung, Gesundheit, Frieden, Erfolg usw.

Wir müssen also viel Geduld bis zum Empfang des Heiligen Geistes beweisen und genauso in unserem Wandern mit ihm – dem Heiligen Geist –, bis wir zur rechten Zeit die Verwirklichung unserer Verheißung genießen können. Ohne den Heiligen Geist in uns sind wir noch nicht richtig auf dem Weg der Verwirklichung der Versprechungen Gottes in unserem Leben.

Wenn du denkst, alles von Gott erhalten zu können, gleich nachdem du zu ihm gekommen bist, rate ich dir, dich nicht zu täuschen. Denn indem du diese Lüge in dir wachsen lässt, wirst du unbewusst vom Weg Gottes abweichen. Du wirst vielleicht nicht mehr an ihn glauben wollen, weil er dir nichts gegeben hat. Aber schätze dich eher glücklich, dass du dir der Verheißungen Gottes für dich bewusst bist. Es gibt nämlich zahlreiche Menschen auf der Welt, denen die Verheißungen Gottes nicht offenbart wurden, obwohl sie für alle Menschen der ganzen Welt gelten. Diese Menschen leben ohne Hoffnung auf Gott und ohne Vision von Gott, weil sie weit entfernt von ihm und von seinen Wegen bleiben und ihn nicht suchen. Du hast wenigstens dieses Privileg, Gott zu kennen, die Vision Gottes für dein Leben entdeckt zu haben und auf ihn zu hoffen. Erinnere dich daran, dass du, bevor du über Gottes Versprechen für dich in seinem Wort gelesen hast, auch wie die meisten Menschen ohne Gott, ohne Glauben, ohne Vision, ohne Erwartung und ohne Hoffnung lebtest. Genauso wie es nach deiner Geburt

Zeit gebraucht hat, bis du über die Verheißungen Gottes für dich erfahren hast, wirst du auch geduldig und mit Ausdauer bis zur Verwirklichung dieser Verheißungen warten müssen. Lies den folgenden Vers:

Aber ihr müsst standhaft bleiben und tun, was Gott von euch erwartet. Er wird euch alles geben, was er zugesagt hat. (Hebräer 10,36)

Das zweite Warten wird dir schwieriger fallen, weil du dir diesmal der Verheißungen bewusst bist. Gott wird dir aber die Kraft geben, damit du durchhalten kannst (Kolosser 1,11).

Was kannst du aber von Gott erwarten, das größer ist als das Heil, das er dir schon geschenkt hat?

Ich persönlich möchte dir sagen, dass jede Person sich so sehr freuen sollte, dass sie erlöst ist und durch Jesus Christus das Heil erlangt hat, dass sie nichts anderes braucht, um glücklich zu sein. Nichts anderes kann diesem Erlebnis und Geschenk gleichkommen. Meine Hoffnung und Erwartung Gott gegenüber ist, dass er Wege schafft, um dir zu zeigen, dass du schon alles hast, wenn du das Heil hast.

Es ist zwar schwierig, Gott zu suchen, darauf zu warten, dass er seine Versprechen hält und zu sehen, dass nichts in Erfüllung geht. Aber beantworte die Frage in dem nächsten Absatz und meditiere über die Beispiele, die von der Ausdauer handeln

Als du mit der Schule angefangen hast und mit Schwierigkeiten beim Lernen konfrontiert wurdest, hast du deswegen plötzlich die Schule abgebrochen? Das denke ich nicht. Wenn du die Schule aufgegeben hättest, dann hättest du bestimmt etwas verpasst. Manche andere deiner Klassenkameraden hätten den Prüfungen und Schwierigkeiten getrotzt und wären mit guten Abschlusszeugnissen belohnt worden und hätten sich einen guten Platz in der Gesellschaft verschafft. Du kannst ohne Ausdauer und ohne die nötigen Schritte gegangen zu sein das Ende von deinem Unternehmen nicht sehen. Stell dir vor, wie es wäre, wenn du während eines Wettrennens schon sehr früh aufgeben würdest, weil die Distanz dich ängstigt: Du würdest mitten im Wettlauf stehenbleiben und die anderen Teilnehmer, die deine Gegenspieler sind – die aber entschlossen sind bis zum Ende durchzuhalten, – würden dich allesamt überholen. Am Ende würdest du enttäuscht dastehen. Genauso wird es sein, wenn du dich entschieden hast, Gott zu suchen, und dich dann von den Schwierigkeiten überwinden lässt. Es wäre dann besser gewesen, den Weg mit Gott nicht angefangen zu haben, als ihn zu akzeptieren und dich letztendlich von ihm zu trennen. Lies diesbezüglich den folgenden Vers im Alten Testament:

> Das Ende einer Sache ist besser als ihr Anfang; Geduld zu haben, bringt weiter als Überheblichkeit. (Prediger 7,8)

Sogar die Teilnehmer, die den Wettlauf nicht gewonnen haben, hätten wenigstens an Erfahrung gewonnen, was sie wachsen lassen und ihnen während ihrer Karriere von großem Nutzen sein wird. Die Lehre, die ich dir mit diesen Beispielen geben möchte, ist: Trotz der vielen Widerstände, Enttäuschungen und Zweifel, die manchmal kommen werden, hör nie auf, dein Leben von Gott führen zu lassen, nachdem du dich für ihn entschieden hast. Geh keinen Schritt zurück, wie es manche Israeliten in der Wüste nach ihrer Befreiung aus Ägypten taten und sterben mussten (Numeri 14,22–23 & 29–30), weil sie Gott wegen ihres Ungehorsams nicht gefielen. Sie murrten und sündigten somit gegen Gott, weil sie in der Wüste an Mangel litten. Irgendwann hatten sie zum Beispiel weder Fleisch noch Brot:

> Bald fingen die Leute wieder an, sich über Mose und Aaron zu beschweren. Sie stöhnten: »Ach, hätte der HERR uns doch in Ägypten sterben lassen! Dort hatten wir wenigstens Fleisch zu essen und genug Brot, um satt zu werden. Ihr habt uns doch nur in diese Wüste gebracht, damit wir alle verhungern! « (Exodus 16,2–3)

Gott testet aber oft über Schwierigkeiten wie zum Beispiel Mangel in deinem Leben deinen Glauben. Er will dich damit nicht zerstören. Deine Standhaftigkeit wird ihm zeigen, dass du ihm wirklich folgen willst. Nach der Lektüre der Verse Deuteronomium 8,2–6 wirst du diese Wahrheit besser verstehen.

Das Licht am Ende des Tunnels ist da. Du wirst dieses Licht nur sehen können, du wirst Gott nur sehen können, wenn du dein Ziel immer vor Augen hast, wenn du nach einem Holpern immer wieder aufstehst, um weiter zu kämpfen. Die Schätze Gottes sind da und warten auf dich. Du sollst nur unermüdlich weiter graben, bis du sie gefunden hast.

<u>Nun möchte ich dir ein paar Ratschläge geben, denen du beim Leben mit Gott folgen solltest, bevor du beginnst die Hoffnung zu hegen, etwas Spezielles von ihm zu bekommen:</u>

Du kennst sicher den Bibelvers: »Bittet, so wird euch gegeben; suchet, so werdet ihr finden; klopfet an, so wird euch aufgetan.« (<u>Matthäus 7,7</u>) Der erste Teil des Versprechens »Bittet, so wird euch gegeben« allein wirkt aber nicht. Das reicht nicht, um Zugang zum von Gott versprochenen Erbe zu haben. Wir müssen, wie es in dem Bibelvers zu lesen ist, auch suchen und klopfen. Sonst wäre es für jeden Menschen einfach, alles zu haben, was er von Gott will. Du kannst nicht Gott um irgendetwas bitten, ihn aber ignorieren, nicht suchen und einfach erwarten, dass er es wie mit einem Zauberstab herbeizaubert. Wäre es möglich, auf diese Art und Weise alles von Gott durch ein sofortiges Wunder zu bekommen, dann gäbe es bestimmt keine Probleme mehr auf dieser Welt. Jeder würde aufstehen und Gott bitten: »Gib mir dies, gib mir das«, und alles würde einem bewilligt. Deswegen ist es auch sehr wichtig zu suchen, alles zu durchsuchen und die Dinge umzugraben. Wenn du im **Wort Gottes** suchst, wirst du viele Wahrheiten entdecken, die dich Schritt für Schritt dazu bringen werden, zu bekommen, was du dir von Gott wünschst. Du wirst übrigens erst beim Studieren seines Wortes erkennen können, ob das, wovon du träumst, auch seinem Willen entspricht. Lass dich von seinem Wort lenken, lass dich vom Heiligen Geist leiten, und nicht von deinen persönlichen Wünschen und Begierden, so wirst du durch die Gnade Gottes ihm auch gehorchen können. So wirst du Gott gefallen und er wird anfangen, sich konkreter in deinem Leben zu zeigen. Auch wird dir dann klar werden, ob das, was du von ihm erwartest, sein Willen ist. Das Wort Gottes beschreibt ebenfalls, dass du von **Geduld** bekleidet wirst, sodass du bis zur Realisierung der Versprechen warten kannst. Lies die Geschichte Josephs in <u>Genesis 37, 39, 40–50</u>. Sie wird die Hoffnung in dir wachsen lassen und du wirst danach die Macht und die Kraft verstehen, die in der Geduld und im Glauben an Gott stecken. Ich gebe dir hier schon einen Vorgeschmack von der schönen Geschichte Josephs:

Joseph war ein geliebtes Kind von Jakob. Leider mochten ihn seine Halbbrüder aber nicht, weil er einen großen und sehr schönen Traum hatte. Sie wollten nicht an seinen Traum glauben, weil sie sich nicht vorstellen konnten und sich nicht wünschten, dass er mächtiger als sie werden könnte. Sie lachten über ihn und verkauften ihn aus Eifersucht an ismaelitische Händler. Joseph musste viel leiden und verschiedene schwierige Situationen und Ereignisse von seinem Verkauf an die Ismaeliter bis zur Realisierung seines Traums durchmachen. Alle Drangsale und das ganze Leid, die er erlitten hat, waren Teil von Gottes Plan für sein Schicksal. Seine Brüder wussten aber nicht, dass Gott ihre Eifersucht als ein Mittel nutzte, um im Leben Josephs zu wirken. Die Verwirklichung seines Traums verdankte Joseph seiner eigenen Geduld und seines behaltenen Vertrauens auf Gott. Der Glaube ohne Geduld ist leer. Hätte Joseph mitten in den Schwierigkeiten des Lebens den Mut verloren, dann hätte er seinen Traum aufgegeben und die Realisierung dieses Traums wäre nie zustande gekommen. Seine Ausdauer und seine Zielstrebigkeit hatten am Ende als erfreuliches Ergebnis die Gunst des Pharaos ihm und seiner Familie gegenüber. Denn dieser ernannte Joseph zu seinem Stellvertreter über sein ganzes Land und lud auch seine Familie dazu ein, sich in Ägypten niederzulassen (Genesis 41,39–44/45,17–20). So wurde Joseph der Retter seiner Familie, die der Hungersnot entfliehen konnte, welche in Kanaan wütete (Genesis 42,5). Da er Gott fürchtete, bewies er keine Rache, sondern Liebe für seine Brüder, auch wenn diese ihn verkauft hatten. Joseph wusste durchaus, dass Gott die Bosheit seiner Halbbrüder genutzt hatte, um seinen Plan auszuführen (Genesis 45,3–8). Ihm war auch bewusst, dass die rettende Hand Gottes ihn immer unterstützt hatte und dass Gott ihm bei all seinen Erlebnissen beigestanden hatte.

Du hast den Traum und spürst das Bedürfnis, dich durch gute Taten für das Wohlbefinden deiner Mitmenschen zu engagieren, weil du dich ganz nach Gott und seinem Wort verzehrst? Dann ist es egal, was du auch versuchst, um diesen Traum aufgrund von Schwierigkeiten zu ignorieren – er wird immer wieder hochkommen, denn dieser Traum verharrt im tiefsten Grund deines Herzens. Gib ihn nie auf, verfolge ihn weiter, denn es ist Gott selbst, der diesen Traum in dein Herz gelegt hat. Früher oder später wird sich dieser Traum verwirklichen, denn was Gott angefangen hat, das führt er auch zu Ende. Hör auch nicht auf, zu Gott für die Führung in deinem Leben und für deine Pläne – oder eher für seine Pläne für dich – zu beten.

Zusätzlich zum täglichen **Gebet**, geleitet **vom Heiligen Geist** (Judas 1,20), soll also, wie bereits im Abschnitt vor dem Joseph-Beispiel erwähnt, jedes Kind Gottes das Wort Gottes lesen, wenn es seine Träume und seinen Lebenstraum verwirklicht sehen will. Auch soll über das Wort Gottes meditiert werden. Dazu kommt das **Fasten**. Es bringt uns Gott näher und hilft uns die Wirkung des Fleisches zu dämpfen oder gar zu vernichten, damit der Heilige Geist die Übermacht bekommt und unser Leben führt – denn Gott will den Menschen, die sich von seinem Gegner, dem Teufel führen lassen, keine seiner Schätze geben. Wenn der Heilige Geist bei unserer Neugeburt in uns kommt, sollen wir ihn fühlen können. Es wäre aber fatal, wenn wir ihn ignorieren und unser Leben so wie früher führen. Aus diesem Grund sollten wir uns seiner Präsenz bewusst sein und wissen, dass er wie eine Person ist, mit der wir jeden Augenblick unseres Lebens wandeln und leben sollen (Galater 5,25 & 16–17). Wir sollten ihn in all unsere Angelegenheiten, Gedanken, Worte und Taten miteinbeziehen und lernen, ihn zu befragen und zu hören.

Nachdem wir Gott in Gebeten, durch sein Wort und den Heiligen Geist um etwas gefragt haben und für ein besseres geistliches Leben gefastet haben, sollten wir, wie Joseph, geduldig auf seine Antwort warten. Denn was er versprochen hat, das tut er auch:

Deshalb dürfen wir uns auch darauf verlassen, dass Gott unser Beten erhört, wenn wir ihn um etwas bitten, was seinem Willen entspricht. Und weil wir wissen, dass Gott all unsere Gebete hört, dürfen wir sicher sein, dass er uns gibt, worum wir ihn bitten. Es ist, als hätten wir es schon erhalten. (1. Johannes 5,14–15)

Ungeduldig sein heißt das Böse bekennen und sein Schicksal erzwingen wollen. Wenn wir klagen und nicht mehr an sein Versprechen glauben, frustrieren wir Gott und hindern ihn daran, in unserem Leben zu handeln. Die Offenbarung deines Traums gleicht einem Samen in dir. Wenn du die Ungeduld für die Materialisierung dieses Traums ernährst, solltest du wissen, dass diese Ungeduld deinen Traum ersticken wird. Der Bauer, der ein Samenkorn in der Erde sät, wartet geduldig, bis es anfängt zu wachsen und letztendlich Früchte trägt. Er wird nicht ungeduldig, weil er weiß, wie viel Zeit bis zur Ernte vergehen muss. Er arbeitet eher daran, das Samenkorn mit der nötigen Pflege für sein Wachstum zu umgeben. Und er lässt Gott seinen Teil erfüllen, der darin besteht, der Erde den Frühregen und Spätregen zu geben (Jakobus 5,7). Genauso verhält es sich auch mit deinem Traum, der nicht von heute auf morgen Früchte hervorbringen wird. In der Wartezeit musst du deinen Traum mit Glauben, Geduld, Arbeit, Ausdauer, Durchhaltevermögen und allem, was er für sein Wachstum braucht, pflegen.

Die Geduld geht der Verwirklichung unserer Gebete an Gott voran.
Die Ungeduld ist die Mutter der Verzweiflung.

Schließlich: Während wir auf die Erfüllung unserer Gebete zu Gott warten, sollen wir tun, was wir können, um das, was wir wollen, zu erlangen; wir müssen **uns** für unseren Traum und unser Lebensziel **einsetzen**, dafür arbeiten und **Gott gehorchen**. Denn, so wie der Psalm 119,56 sagt, ist es jedes Menschen Pflicht, sich an die Befehle Gottes zu halten. Er selbst kämpft für uns und wird sich um den Rest kümmern. Er wird tun, was wir nicht tun können. Wenn ein Mensch aber Gottes Gesetze übertritt, braucht er nichts von ihm zu erwarten. Es wäre in diesem Fall nur eine Zeitverschwendung, Gott um etwas zu bitten. Sein Gebet wäre sogar vor Gottes Augen ein Gräuel:

Wer auf Gottes Gesetz nicht hören will, den will auch Gott nicht hören – sein Gebet ist Gott zuwider! (Sprüche 28,9)

(Tu, was Gott dir empfiehlt zu tun. Warte geduldig auf seine Hand in deinem Leben, indem du ständig und unermüdlich sein Antlitz suchst. Denn nur er kann dir durch seinen Sohn Jesus Christus aus schwierigen Situationen wie der Armut heraushelfen. Konzentriere dich nicht auf die Versprechungen Gottes für dich, sondern auf den Versorger, Jesus Christus.)

Kapitel 3: Der Reichtum vergeht – Die Liebe Gottes zählt – Jesus Christus, die Seele der Armen

Gib Gott den ersten Platz in deinem Herzen!
Nur Jesus Christus hilft Gerechten aus der Armut.

Der Gerechte wird nicht so einfach reich. Die Gierigen leben unbesorgt auf seine Kosten und er schafft es nur in enger Zusammenarbeit mit Jesus Christus aus dem Abgrund der Armut herauszukommen.

Gott lässt gierige Menschen vorsätzlich ungerechtes Geld anhäufen. Sie werden immer reicher und die armen Leute immer ärmer. Wie es den Armen geht, ist ihnen egal. Hauptsache ist für sie, dass sie schnell so viel Geld wie möglich sowie Ruhm und Ansehen haben. Sie wissen nichts von dieser Wahrheit Gottes, die sagt, dass wer selbst ruhig und langsam Geld sammelt, immer mehr haben wird. Wer aber hastig Geld haben will, ohne sich dafür zu bemühen, wird es schnell wieder verlieren. Wer bösartig und ungerecht Besitz hortet, wird diesen Besitz nicht genießen können, weil es zu seinem Verderben führen wird. Wer im Gegensatz dazu ehrlich handelt, wird vor dem Tod gerettet:

Erschwindelter Reichtum schwindet schnell wieder; doch was man sich langsam erarbeitet, wird immer mehr. (Sprüche 13,11)

Unrecht erworbener Besitz ist zu nichts nütze, aber Ehrlichkeit rettet vor dem Verderben. (Sprüche 10,2)

Sie sammeln und sammeln Materielles mithilfe okkulter Mächte und denken, es gäbe keinen allmächtigen Gott, der allen Dingen zusieht und jeden zu seiner Zeit richten wird. Sie wissen nicht, dass Gott existiert und dass das, was sie heimlich treiben, nicht ohne Konsequenzen bleiben wird. Wenn Gott aber aufsteht, um Gerechtigkeit zu üben, sind die gierigen Menschen machtlos, weil der Reichtum am Tag des Zorns Gottes nicht hilft, sondern nur Gehorsam vom Tod errettet (Sprüche 11,4). Ihr ganzes Geld und ihre Habe fliegen Richtung Himmel (Sprüche 23,5) und werden den Armen zuteil (Sprüche 28,8/Prediger 2,26).

Deswegen solltest du, auch wenn du arm bist, Gott immer treu bleiben und dich nie von der Liebe zum Geld bestimmen lassen, sondern Gottes Gebote und Verordnungen achten. Es ist besser, Gott zu gehorchen und arm zu sein, als den ganzen Reichtum dieser Welt ungerecht besitzen zu wollen und dabei seine Seele zu verlieren:

> Lieber arm sein und ehrlich leben als reich sein und krumme Wege gehen! (Sprüche 28,6)

Jesus Christus warnt dich davor, habgierig zu sein, weil du dein Leben (deine Seele) auch mit dem ganzen Reichtum dieser Welt nicht kaufen kannst:

Dann wandte er sich an alle: »Hütet euch vor der Habgier! Wenn jemand auch noch so viel Geld hat, das Leben kann er sich damit nicht kaufen. « (Lukas 12,15)

Lies auch die Verse 16–21 dieses Kapitels. Hast du daraus eine neue Erkenntnis gewonnen? Oder wenn du die Wahrheit in diesem Gleichnis schon kennst, setzt du sie um?

Gott weiß es sehr zu schätzen, wenn du gute Taten und Werke mit deinem Besitz tust, anstatt es für nutzlose Sachen zu verschwenden oder es bloß zu bewundern oder zu stolz darauf zu sein. Wenn du einen Teil deiner Habe für deine bedürftigen Mitmenschen nutzt, wirst du in und vor Gott reich sein.

> »Reich sein« misst sich nicht an den vielen Gütern, die du besitzt.
> »Reich sein« bedeutet vielmehr gute Werke mit diesen Gütern zu tun.

Der Apostel Paulus gebietet den Reichen dieser Welt, nicht stolz auf den unsicheren Reichtum zu sein und nicht darauf zu hoffen, sondern auf Gott zu hoffen, der uns alles reichlich darbietet, es zu genießen (1.Timotheus 6,17). Der größte und wertvollste Reichtum, den ein Mensch haben kann, ist Gott – Jesus Christus – empfangen zu haben und ihn das Zentrum seines Lebens sein zu lassen. Wir entstammen ihm, er ist unsere Quelle. Aus diesem

Grund sind wir ohne ihn verloren. Er ist die Fülle der Liebe, und diese Liebe brauchen wir, damit wir friedlich leben. Wenn diese Liebe in dir ist, bist du ein erfüllter Mensch und hast alles: Weisheit, Bescheidenheit, Besonnenheit, Genügsamkeit, Integrität, Intelligenz, Gottesfurcht usw. Versuch einmal eine Umfrage über die reichsten Menschen dieser Welt zu machen. Du wirst herausfinden, dass viele von ihnen gottlos sind und kein friedliches Leben in Gott genießen. Menschen ohne Gott sind den Begierden dieser Welt, den schlechtesten Lastern, kurz gesagt, dem Teufel ausgeliefert. Das Schlimme ist, dass sie diese Wahrheit nicht kennen und denken, mit ihrem Reichtum alles zu besitzen. »Was hat ein Mensch denn davon, wenn ihm die ganze Welt zufällt, er selbst dabei aber seine Seele verliert?« (Markus 8,36/Matthäus 16,26), fragte Jesus Christus seine Jünger.

Wenn du Gott liebst und folgst, wenn du ihm dein Leben – inklusive dem, was du hast – widmest, wird er nie zulassen, dass dir etwas Schlimmes passiert. Er wird deine Seele bewahren, er wird dich vor den Angriffen des Feindes, vor den vielen Versuchungen dieser Welt schützen.

Der Reichtum dieser Welt vergeht. Deine Häuser werden vergehen. Deine Kleider werden verrotten. Dein Geld wirst du nicht mit ins Grab nehmen können. Deine Arbeit, deine Hobbys und alles, was dein Herz hier auf Erden begehrt, sind vergängliche Eitelkeiten. Hör auf, diese Sachen zu vergöttern (Exodus 20,23) und gib dein Herz nur Gott, denn nur wer Gott liebt und seinen Willen tut, wird das ewige Leben haben. Lies und meditiere über diese Bibelverse:

> Liebt nicht diese Welt und hängt euer Herz nicht an irgendetwas, das zu dieser Welt gehört. Denn wer die Welt liebt, kann nicht zugleich Gott, den Vater, lieben. Was gehört nun zum Wesen dieser Welt? Selbstsüchtige Wünsche, die Gier nach allem, was einem ins Auge fällt, das Prahlen mit Wohlstand und Macht. All dies kommt nicht von Gott, unserem Vater, sondern gehört zur Welt. Die Welt aber mit ihrer Unersättlichkeit wird vergehen. Nur wer tut, was Gott will, wird ewig leben. (1.Johannes 2,15–17)

Denk über diese Worte und Frage nach: Warum soll der Mensch prahlen, wenn er nackt zur Welt gekommen ist – und vorher sogar versteckt im Bauch seiner Mutter war – und wenn er am Ende seines irdischen Aufenthalts zurück ins Grab muss und niemand ihn mehr sehen wird?

Wenn du – egal ob Christ oder Nicht-Christ – gegen Egoismus, Prahlen und Hochmut zu kämpfen hast, dann möchte ich dich bitten, dies vor den Gnadenthron Gottes zu bringen und jeden Tag gegen diese Gefühle zu beten, bis sie aus deiner Seele verschwinden. Du könntest mehrmals ein ähnliches Gebet zu Gott sagen, es dabei wirklich denken und fest daran glauben:

>Mein Gott, mein Vater, ich bin nichts ohne dich. Ich bin, was ich bin und kann alles, was ich kann nur durch dich, mit und in dir. Gib mir ein demütiges Herz, damit ich das immer erkenne. Und hilf mir, nur von deiner Gnade abzuhängen. «

Liebe Gott von ganzem Herzen, von ganzer Seele, von ganzer Kraft und mit all deinen Gedanken, und liebe deinen Nächsten wie dich selbst. Teile mit den Armen. Besuch die Kranken und die Bedürftigen und hilf ihnen, aus ihrer Not herauszukommen. Nutze deine Zeit, dein Geld und deine Energie, um Gott zu dienen und ihm zu gefallen (Matthäus 22,36–40 & 6,19–21). So wird dir an nichts mangeln, denn Gott lässt seine Leute nie allein. Er wird dich in allen Bereichen reichlich bereichern. Du wirst nicht nur reich an Materiellem sein, sondern er wird dich vor allem mit Erkenntnis, Wissen, Weisheit, Intelligenz usw. wappnen und segnen, damit du mit den materiellen Gütern gut umgehen kannst, um nicht davon zerstört zu werden. Die materiellen Güter gibt dir Gott, damit du hauptsächlich seine Werke tun kannst – den Armen helfen, das Evangelium verbreiten usw. Zusätzlich wird dich Gott mit Gesundheit, Frieden und Freude segnen, damit du dein Leben gut genießen kannst, denn es ist der Segen, der von Gott kommt, der reich macht (Sprüche 10,22).

Nimm dir als Vorbild den Mann in Matthäus 13, der einen Schatz auf einem Acker gefunden hat und sein gesamtes Hab und Gut verkaufte, um den ganzen Acker kaufen zu können. Das Reich Gottes ist wie ein Schatz, den du dir um jeden Preis besorgen musst. Die Zugehörigkeit zum Reich Gottes (Himmelreich) und seine Erweiterung sollten in deinem Leben und deinem Herz die erste Stelle einnehmen. Du solltest bereit sein, alles dafür aufzugeben, wenn du am Ende deines Aufenthaltes auf dieser Erde wieder mit deinem Schöpfer vereint sein willst.

Reiche, die ihr euch auf Kosten von armen Menschen bereichert, tut Buße, solange noch Zeit ist – denn es wird zu spät sein, wenn ihr sterbt. Und seid reich an guten Taten, denn das gefällt Gott und dadurch gewinnt ihr das wahre Leben (1.Timotheus 6,18–19). Arme Menschen, wisset, dass ihr nicht arm seid, denn Jesus Christus hat sich arm gemacht, obwohl er reich war, nur damit alle Menschen durch seinen Sieg über die Armut reich werden (2.Korinther 8,9). Jesus Christus hat den Tränen, der Ungerechtigkeit, den Krankheiten, den dämonischen Einflüssen auf Menschen, den Problemen und Qualen aller Art ein Ende gemacht, also auch der Armut.

Häuser, Geld, Materielles und Menschen geben dir nicht das Leben.
Nur in Jesus Christus ist Leben in Fülle.

(Du wirst Gott erst dann lieben lernen und ihm den Vorrang in deinem Herzen geben können, wenn du anfängst, dich von den weltlichen »Wahrheiten«, schlechten Angewohnheiten und ungesunden Verhaltensweisen zu trennen und deine Seele mit wertvollen Inhalten, Botschaften aus Gottes Schatzkammer, also mit der Wahrheit Gottes zu ernähren.)

Kapitel 4: Deine geistliche Ernährung durch Gottes Gesandte

Deine Seele ist zu wertvoll, als dass du sie Fabeln, Lügen, Begierden und Neigungen aussetzen solltest, die sie zerstören werden

Hör was dich ernährt und erbaut: Gott spricht durch seine Gesandten

Der weltliche Denker oder gewöhnliche Schriftsteller schreibt nicht immer, was richtig ist. Er sagt manchmal einfach, was er denkt und fühlt. Der Gesandte Gottes aber drückt aus und lehrt, was ihm Gott offenbart hat, das heißt: die Wahrheit. Die Wahrheiten Gottes sind ihm im Wort Gottes, der Bibel, durch den Heiligen Geist offenbart, der bei der Neugeburt in ihn zum Wohnen gekommen ist und der die Tiefen Gottes übermittelt (1.Korinther 2,10/Deuteronomium 29,29). Jene Wahrheiten kann kein Mensch ohne den Heiligen Geist kennen. Vergeude deine Zeit nicht, um Botschaften von Personen zu lesen bzw. zu hören, die deine Seele verführen und verderben: Botschaften, die auf der Weisheit dieser Welt beruhen – Weisheit, die vor Gott Unsinn ist; Botschaften, die eine durch menschliche Bräuche und Traditionen, die Philosophie die Wissenschaft, falsche Weltanschauungen oder Ideologien geprägte Lebens- und Denkweise vermitteln (1.Korinther 3,19–20/Römer 1,22 & 12,2/Kolosser 2,8/Jesaja 29,14). Nachdem du Christ geworden bist, ist es wichtig, dass du auch wie ein Christ lebst. Die Bibel sagt Folgendes dazu:

> Passt euch nicht den Maßstäben dieser Welt an, sondern lasst euch von Gott verändern, damit euer ganzes Denken neu ausgerichtet wird. Nur dann könnt ihr beurteilen, was Gottes Wille ist, was gut und vollkommen ist und was ihm gefällt. (Römer 12,2)

Was liest und hörst du oft, wenn du nicht arbeitest? Entspricht es Gottes Maßstäben? Was wird mit deiner Gesundheit passieren, wenn du alles isst, was du siehst und willst? Je nachdem, ob die Nahrungsmittel für deinen

Organismus gut sind oder nicht, wirst du gesund oder krank werden. Genauso passiert es mit deinem Geist. Womit ernährst du ihn? Mit Lehren, Botschaften, Videos und Büchern, die Menschen geschrieben haben und die nicht mit Gottes Wort übereinstimmen? Wenn dies der Fall ist – glaub mir –, werden sie dich ganz subtil, langsam und sicher von Gottes Wegen abbringen.

Ich möchte weder der Wissenschaft noch der Philosophie oder anderen Weltanschauungen über das Leben und den Glauben ihre Bedeutung absprechen. Ich stelle mich nur entschieden gegen Gedanken und scheinbare Wahrheiten, die die Wahrheit des Evangeliums infrage stellen, sie leugnen oder verhöhnen. Als Kind Gottes solltest du deinen inneren Menschen (deine Seele) mit dem lebendigen Wort Gottes, das die Bibel ist, füllen. Das Wort Gottes wird auch von Menschen gelehrt, die Gott in seinen Dienst eingesetzt hat. Aber alle Lehren oder Doktrinen, die dem Wort Gottes entgegenstehen, sind Häresien und du musst sie kräftig widerlegen. Falschen Lehren darfst du keinen Raum in deinem Herz lassen (1.Timotheus 6,3–4 & 1.Timotheus 4,1–5). Wer dir zum Beispiel sagt, dass Gott nicht existiert und behauptet, dass es kein Leid in der Welt geben würde, wenn es einen Gott gäbe, der weiß nichts von Gott und spricht nur nach seiner Wahrnehmung. Wer auch das Kommen Jesu Christi am Ende der Zeiten für das Jüngste Gericht infrage stellt, weil das Versprechen schon seit langer Zeit gegeben wurde, sich aber bisher nicht verwirklicht hat (2.Petrus 3,4), der hat Gottes Geist nicht in sich. Den solltest du unbedingt meiden, wenn du noch nicht fest im Glauben verankert bist. Lies das ganze Kapitel 2.Petrus 3, um mehr über die Wiederkunft von Jesus Christus zu erfahren. Gott ist in seinem Wort, der Bibel. Das Lesen und Studieren dieses Buches mithilfe des Heiligen Geistes und mit einem Herzen voller Liebe wird dich in die ganze Wahrheit über das Mysterium des Lebens einführen.

Das, was du in deinem Geist aufnimmst, wird deine Seele beeinflussen und deinem Leben eine positive oder negative Richtung geben. Es kann sich um gute und konstruktive Sachen handeln, die deiner Seele (deinem Leben) Gutes tun werden, oder es können auch Lügen sein, die dich früher oder später zerstören werden. Alle Dinge und Personen, denen du Aufmerksamkeit und Glauben schenkst, werden Spuren von sich auf deiner Seele hinterlassen. Gleiches gilt für alles, was du hörst, liest, magst, annimmst oder dir anschaust. Diese Dinge und Personen werden einen positiven oder negativen Einfluss auf deine Gedanken, deine Worte, deine Taten, deinen Willen, deine Wünsche, deine Entscheidungen usw. und auf Ereignisse deines Lebens haben, je nachdem ob sie von Gott oder vom Teufel inspiriert sind.

Betrachten wir das folgende Beispiel, um diese Wahrheit zu veranschaulichen

Ein Mann möchte gern die Frau seines Lebens treffen. Er hat lange und vergeblich gewartet. Eines Tages entscheidet er sich, zu masturbieren oder sich einen pornografischen Film anzuschauen, um sich zu befriedigen, weil er viel Verlangen nach Geschlechtsverkehr hat. Er ist sich überhaupt nicht der Gefahr bewusst, die hinter so einer Handlung steckt. Er wird immer mehr von diesen Videos angelockt und kann sie nicht mehr aufgeben. Indem er sich einen solchen Film anschaut, begibt sich dieser Mann, ohne es zu wissen, in eine spirituelle Beziehung. Denn es gibt böse Geister der Perversion, die sich hinter den Personen verstecken, die solche Filme machen. Unsere Gedanken, Worte, Taten usw. sind in der Tat immer von einem oder mehreren Geistern beeinflusst (entweder vom Geist Gottes oder vom Geist des Teufels). Die Bibel sagt, dass wer einer Hure anhängt, ein Leib mit ihr wird (1.Korinther 6,16). Dieser Mann wird dann also ein Körper mit diesen ganzen Geistern sein, die an diesem Geschlechtsakt teilgenommen haben. Und da sie ein Körper mit ihm geworden sind, werden diese Geister ihn besessen machen oder sein Leben irgendwie negativ beeinflussen. Als Ergebnis wird er sich dabei erwischen, Sachen zu tun, die er vorher nie getan hatte. Er kann zum Beispiel anfangen, Männer attraktiv zu finden – wenn ein homosexueller Geist Besitz von ihm ergriffen hat. Oder er könnte andere unreine und unmoralische sexuelle Gelüste haben. Diese bösen Geister können auch sein Leben mit schlimmen Misserfolgen zerstören und ihn in eine Depression führen. Und er wird bei all dem nicht wissen, dass die Wurzel seiner Probleme in seinem eigenen Benehmen liegt. Die meisten Menschen geraten mangels Wissens in die Falle der bösen Geister oder Dämonen und sehen zu, wie ihr Leben zerstört wird. Gott selbst sagt, dass sein Volk aus Mangel an Erkenntnis umkommt:

Mein Volk kommt um aus Mangel an Erkenntnis. [...] (Hosea 4,6–7)

Wer keine Kenntnis von spirituellen Wahrheiten hat, kann leicht solchen schändlichen Handlungen ausgesetzt sein. Nur die Personen, die ein neues Leben in Jesus Christus ererbt und sich das nötige Wissen über die geistliche Welt angeeignet haben, sind von diesen Werken der Finsternis befreit und ein Geist mit Gott geworden (1.Korinther 6,17). Sie ehren Gott, indem sie ihren Körper in Reinheit, Gerechtigkeit und Heiligkeit halten; Eigenschaften, die von der Wahrheit gezeugt wurden (1.Korinther 6,15 & 19–20/ Epheser 4,24).

Um Zugang zu Wahrheiten über die spirituelle Welt zu haben, solltest du offen sein, die von Gott für die Verkündigung seines Wortes gesandten Menschen zu hören. Wenn du dich in einem bestimmten Lebensbereich belehren lassen willst, ist es wichtig, dass du dich Personen näherst, die sich in diesem Bereich spezialisiert und schon Erfahrungen gesammelt haben.

Der Heilige Geist wird dir dabei helfen, eine gute Gemeinde mit einem treuen und gesalbten Hirten zu finden, wo du geistlich gut ernährt wirst, wenn du ihn fragst. So wie Johannes 16,13 es zeigt, ist es der Heilige Geist, der dich bei all deinen Unternehmungen in die ganze Wahrheit einführen wird. Die Bibel lehrt uns, nicht jedem Geist Glauben zu schenken, sondern die Geister zu prüfen, um zu wissen, ob sie von Gott kommen, weil es nämlich viele falsche Propheten gibt, die das Wort Gottes fälschen. Gott hat diese Menschen nie berufen. Du erkennst einen Gesandten Gottes an dem Geist Gottes in ihm, und daran, dass er bekennt, dass Jesus Christus als Mensch aus Fleisch und Blut in die Welt gekommen ist. Du wirst einen Gesandten Gottes auch an den guten Früchten seines Lebens, seines Dienstes und seiner Aktivitäten erkennen (1.Johannes 4,1–3/Matthäus 7,15–20). Es ist deshalb sehr wichtig, dass du selbst immer das Wort Gottes liest, damit du prüfen kannst, ob das, was ein Pastor oder ein Lehrer des Wortes predigt, dem Wort Gottes entspricht. Dies taten auch die ersten Christen:

> Die Juden in Beröa aber waren unvoreingenommener als die in Thessalonich. Sie nahmen die Botschaft bereitwillig auf und studierten täglich die Heiligen Schriften, um zu sehen, ob das, was Paulus lehrte, wirklich zutraf. (Apostelgeschichte 17,11)

Die Ernte – Wie soll ein Gesandter Gottes sein?

Die Arbeit der Gesandten Gottes spielt eine große und äußerst wichtige Rolle im Vergleich zu den verschiedenen Berufen, die auf der Welt ausgeübt werden. Das Endziel unserer Reise auf dieser Erde ist entweder der Himmel oder die Hölle. Egal was wir als Beschäftigung hier auf Erden haben, brauchen wir Gott, der die Quelle von allen Dingen ist. Ohne ihn würden wir nicht existieren, um zu arbeiten. Aus diesem Grund sollte unsere Arbeit oder irgendetwas anderes uns nicht daran hindern, ihn zu ehren und ihm den ersten Platz in unserem Leben zu geben. Leider ist Gott aber für die meisten Menschen der Letzte, an den sie denken.

Um in den Himmel kommen zu können, brauchen wir eine gesunde Lehre seines Wortes. Gott wählt für dieses Ziel manche Menschen aus und ändert ihre Herzen, um sie zu wappnen, sein Wort zu verkünden und somit viele Menschen für ihn zu gewinnen. So hat er durch Jesus Christus der Gemeinde Apostel, Propheten, Evangelisten, Hirten und Lehrer gegeben, welche die Gläubigen im Glauben unterweisen, ermahnen, ermutigen usw. (Epheser 4,11). Sie vervollständigen das von Jesus Christus angefangene Werk der Erlösung, indem sie aus den Gläubigen echte Nachfolger Jesu Christi machen, die das ewige Leben im Himmel ererben. Denn am Ende der Zeiten, beim Jüngsten Gericht, wenn Jesus Christus wiederkommen wird, werden nur die, die ihm nachgefolgt sind, mit ihm in den Himmel kommen. Es ist also von großer Bedeutung, dass die Botschafter Gottes, denen Gott diese Mission anvertraut hat, sehr gut für ihren Einsatz ausgerüstet sind, damit die Gläubigen das eigentliche Ziel nicht verpassen.

Es ist auch äußerst wichtig, dass du, wenn du an Jesus Christus glaubst, in eine lebendige Gemeinde gehst. So pflegst du Gemeinschaft mit deinen Glaubensbrüdern. Das wird dir durch ihre Erfahrungen, Zeugnisse usw. beim Wachsen im Glauben sehr hilfreich sein.

Diejenigen, die für Gott ernten (also Gläubige zu ihm führen) wollen, müssen vorab selbst das Reich der Finsternis verlassen haben. Ohne das Licht empfangen zu haben, das die Welt erleuchtet – Jesus Christus – und jede

Spur des Bösen aus seinem Herzen vertrieben zu haben, kann niemand wirklich die frohe Botschaft verkündigen und Seelen für Gott gewinnen. Wie kann ein Blinder einen anderen Blinden führen? Werden nicht beide in eine Grube fallen? Lies dazu <u>Matthäus 15,14</u>. Ein Mensch, der keine oder wenig Ahnung von Jesus Christus hat, sich aber trotzdem für einen Gesandten Gottes ausgibt oder sich so nennt, kann nichts anderes als eine Falle für die Gläubigen sein.

Die Gesandten Gottes auf Erden müssen also erst einmal die Auferstehung ihres Geistes erlebt haben. Wie ihr Vorgänger und Vorbild Jesus Christus müssen sie die Werke und die Macht der Finsternis durch die Kreuzigung ihres Fleisches besiegt haben. Diese Kreuzigung ist aber auch ein lebenslanger Prozess. Erst nach dem Tod werden wir alle, die in und mit Jesus Christus gelebt haben, unverweslich und unsterblich verwandelt werden (<u>1.Korinther 15,52–53</u>), sodass keine Kreuzigung des Fleisches mehr nötig sein wird, weil wir keine irdischen Körper mehr sein werden, sondern Geister. Da Geister kein Fleisch haben, können sie kein Fleisch kreuzigen.

Ein Mensch, der nicht mit und nach Gottes Wort lebt, der nicht ständig mit dem Heiligen Geist und in der Liebe wandelt, kann nicht wirklich einen anderen zum richtigen Weg führen. Menschen, die sich für Gott einsetzen, müssen für, nach, durch und mit seinem Wort leben.

<u>In den folgenden Zeilen sind einige Punkte zitiert, die auf einen Gottesdiener zutreffen sollten.</u>

Ein guter Botschafter Gottes muss:

- selbst durch Jesus Christus gerettet sein.
- viel Zeit mit Gott in seinem Wort verbringen.
- eine durch den Heiligen Geist restaurierte Seele haben, das heißt er muss frei von Sünde leben. Er darf sich nicht von der Sünde überwinden lassen.
- Gottes Liebe ausstrahlen und die Frucht des Geistes besitzen (<u>Galater 5,22</u>).
- den Heiligen Geist als Führer empfangen haben und ihn bei allen Angelegenheiten aufsuchen.
- die Kraft des Heiligen Geistes in sich haben und sie wirken lassen.

- sich ständig positiv im Tun des Wortes Gottes entwickeln und eifrig für Gottes Werk sein.
- Jesus Christus als Vorbild haben und somit selbst ein gutes Vorbild für die Schafe (Gemeinschaft der Gläubigen) sein.
- nichts anderes als das Evangelium verkündigen, nichts zum Wort Gottes hinzufügen und nichts davon wegnehmen (<u>Deuteronomium 4,2/Offenbarung 22,18–19</u>).

Wenn du diese Merkmale bei einem Diener nicht beobachtest, solltest du Gott fragen, ob dieser wirklich von ihm gesandt ist, bevor du ihm weiter zuhörst.

Ernähre deine Seele mit reinen und heiligen Inhalten aus dem Wort Gottes.

(Dein Wissen und dein Verstehen des Wortes Gottes werden dir dabei helfen, seine Gesandten zu erkennen. Dank deinem Wissen in einem gegebenen Bereich wirst du von anderen Menschen zurate gezogen. Das Wissen über Gott wird dich außerdem geistlich und seelisch befreien.)

Kapitel 5: Das Wissen

Das Wissen befreit dich und macht aus dir »den Kopf« (Deuteronomium 28,13) – Das Wissen erhöht dich vor den Menschen

Außerdem befreit dich die Kenntnis von und über Gott: Sie ist die Kenntnis schlechthin

Die Ignoranz ist Mutter des Mangels und des Leides. Die Töchter des Wissens nennen sich Freude und Überfluss.

Wissen heißt, Meister sein und herrschen. Das Wissen erhebt uns auf einen Thron und macht uns zum König über die Menge.

Alle Menschen, die durch ihr Forschen und Wissen neue Dinge erfunden oder Technologien entwickelt haben, die zu neuen entscheidenden Erkenntnissen in der Medizin, in der Wirtschaft, in der Wissenschaft usw. gekommen sind, haben sich einen Namen in ihren Fachgebieten gemacht. Sie haben in bestimmten Lebensbereichen Probleme überwunden, indem sie ihr Wissen der Menschheit zur Verfügung gestellt haben. Zum Beispiel konnte man durch das Telefon die Kommunikation erleichtern. Pharmazeuten stellen Arzneien für die Genesung von Menschen her. Dank dem Internet kannst du heutzutage leicht, schnell und überall viel Wissen erhalten. Diese Menschen, durch die du diese Möglichkeiten hast, dein Leben moderner und bequemer zu gestalten, werden anerkannt und erlangen Ruhm und Ehre.

Das Wissen, oder anders gesagt das Wissen, das der Mensch von der Wahrheit Gottes hat, befreit ihn von den Krallen des Teufels. Das Wissen befreit den Menschen von den Fesseln der Ignoranz. Lies dazu auch 2.Timotheus 2,25–26/Johannes 8,32. Das Gleiche gilt auch für das Wissen allgemein.

Wenn du zum Beispiel Arzt bist oder irgendeinen anderen Beruf ausübst, hast du in dem Bereich, wo du arbeitest, das nötige Wissen und kannst zahlreichen Menschen damit helfen. Andere Menschen, die nicht in deinem Beruf tätig sind, werden auch kein Wissen darin haben. Ignoranz und Dunkelheit werden in ihnen in diesem Bereich herrschen, es sei denn, sie haben sich diesbezüglich autodidaktisch weitergebildet. Wenn ich hier das harte Wort »Ignoranz« verwende, dann nicht um über jemanden zu schimpfen, sondern um zu beschreiben, dass man einer Person zwar sagt, dass Dinge existieren, die sie noch nicht kennt, diese Person sich aber vehement dagegen verschließt, sich mit diesen Dingen überhaupt zu beschäftigen. Du kannst kein Fachwissen über den Beruf Arzt oder andere Berufe erlangen, wenn du dich nicht damit beschäftigt hast, wenn du keinen Hunger und Durst dafür gezeigt hast und wenn du diesen Hunger nicht gestillt hast. So kannst du auch nichts über Gott erfahren und wissen, wenn du von vornherein abblockst, etwas von ihm zu hören und wenn du kein Interesse für ihn zeigst.

Gott, die Bibel und das Leben mit Gott sind eine Wissenschaft. Genauso wie es verschiedene Bereiche in der Wissenschaft gibt, gibt es auch die Wissenschaft über Gott, deinen Geist, deine Seele und über das Leben und den Tod. Und das Hauptnachschlagewerk für diese Wissenschaft ist die Bibel. Diese solltest du lesen, wenn du Gott kennenlernen willst. Denn wenn du zum Beispiel Erziehungswissenschaften oder Politikwissenschaften studierst, erlangst du keine Kenntnisse über die Erziehung oder die Politik, ohne dich mit der Erziehung oder der Politik und den diesen Wissensgebieten entsprechenden Werken zu beschäftigen. Vielleicht wirst du auch die Hilfe von Professoren brauchen, die Erfahrungen in diesen Bereichen haben und dir helfen können, mehr in den Bereichen zu verstehen. Dein erster Professor bei der Bibelstudie ist aber der Heilige Geist. So kannst du nichts über Gott wissen und von ihm erfahren, wenn du dich nicht für sein Werk, die Bibel, interessierst. Deswegen solltest du nicht mehr behaupten, dass er nicht existiert.

Der Mensch, der sich nicht bildet, der sich nicht belehren lassen will und auf seine Fehler nicht hingewiesen werden will, ist dumm (Sprüche 12,1). Der Mensch, der nichts von Gott hören will, lehnt das Wissen ab. Er glaubt perfekt zu sein oder Gott nicht zu brauchen, rennt aber leider in sein Verderben. Wer hingegen Gott zuhört, der wird ein Segen für die Menge sein.

Betrachte noch dieses Beispiel

Hast du zum Beispiel ein sündiges Leben, brauchst du laut der Bibel die Bescheidenheit, es zu bekennen und Gott um Vergebung zu bitten, um dann befreit zu werden. Dieses Wissen über die Sünde, die dich vielleicht lange in Ketten gehalten hat, und deine aufrichtige Reue werden dich retten. Gott sagt in seinem Wort (Hosea 4,6), dass sein Volk aus Mangel an Erkenntnis umkommt. Es ist also aus diesem Grund, weil die Menschen das Wissen verworfen und Gott ignoriert haben, dass ihnen viel Übel und Unglück passiert. Im Vergleich zu anderen Menschen, die sich dieses Wissen über die Sünde nicht angeeignet haben, bist du privilegiert, nachdem du eine Offenbarung über die Vergebung der Sünden durch Jesus Christus bekommen hast. Du wirst dann dank dieser Offenbarung in diesem Bereich Meister und von Laien zurate gezogen. Die Menschen, die dich hören werden oder die von dir, von deiner Weisheit und deinem Wissen in jenem Bereich erfahren haben, werden dich aufsuchen, weil auch sie frei von der Sünde sein wollen, um ein Leben in Heiligkeit und ohne Qual genießen zu können. Wir Menschen können heute zu unserem Retter Jesus Christus um Rettung beten und das Heil erlangen, weil er selbst durch das Wissen von der Wahrheit vom Tod auferstanden ist. Er wusste nämlich, dass er Gott bis zum Ende gehorsam bleiben sollte, um den Tod besiegen zu können und somit die Kluft zwischen den Menschen und Gott zu überwinden. Gott sagte schon im Alten Testament, dass er durch seine Erkenntnis für viele Menschen Gerechtigkeit schaffen wird (Jesaja 53,11).

Wer Gott wirklich kennt, eine innige Beziehung mit ihm pflegt, sein Wort hört, liest, befolgt und ihm gehorsam ist, ist sogar größer als alle anderen Menschen, die Wissen in allen anderen Bereichen haben, aber kein Wissen über Gott und keine Ahnung von Gott. Denn ohne Gott gäbe es keinen Menschen und kein Wissen. Er ist das Wissen schlechthin. In ihm sind alle Schätze der Weisheit und Erkenntnis verborgen (Kolosser 2,2–3). Denn es ist Gott, der uns alles gibt, was wir in unserem Leben brauchen. Einem Menschen, der über das ganze Wissen in allen möglichen Bereichen verfügt, außer über Gott, fehlt das Wichtigste. Die Vorteile der Kenntnis über Gott wird er auf dieser Erde nicht genießen können. Er wird nicht in den Genuss des Heils kommen, das ihn nach seinem Tod den Zugang zu Gott im Himmel ermöglichen würde. Mit Gott lebst du in Frieden und Freude. Mit Gott fürchtetest du nichts, weil du einen Bund mit ihm geschlossen hast, dass du ihm gehorchst und er dich immer vor dem Bösen schützt. Mit Gott genießt du das Leben hier auf Erden und freust dich nach dem Tod zurück zu ihm zu gehen.

Ein Leben ohne Gott ist wie eine Reise ohne Ziel.

Der Weise, das heißt der Gottesfürchtige weiß, wohin er geht, aber der Unvernünftige oder Gottlose läuft, ohne zu wissen, wohin ihn seine Reise führt (Prediger 2,14). Der Weise hat durch das Wort Gottes die Sicherheit, dass Gott immer an seiner Seite ist; er weiß, dass er sich in keine Gefahr begibt; er ist sich dessen bewusst, einen Platz bei Gott nach seinem Tod zu haben (Johannes 14,1–3), während der Unvernünftige nichts darüber weiß, was ihn später erwartet. Er macht sich nicht einmal Sorgen darum. Oder er konstruiert sich eine scheinbare Wahrheit, nach der alles nach dem Tod enden würde – wobei klar in der Bibel steht, dass alle Gottlosen nach dem Tod ewig bestraft und in den Feuersee geworfen werden:

Und sie werden der ewigen Strafe ausgeliefert sein. Aber die Gottes Willen getan haben, erwartet unvergängliches Leben. (Matthäus 25,46)

So wird es auch am Ende der Welt sein: Die Engel werden kommen und die gottlosen Menschen von denen trennen, die nach Gottes Willen gelebt haben. Dann werden sie die Gottlosen in den brennenden Ofen werfen, wo es nur noch Heulen und ohnmächtiges Jammern gibt. (Matthäus 13,49–50)

Und alle, deren Namen nicht im Buch des Lebens aufgeschrieben waren, wurden ebenfalls in den Feuersee geworfen. (Offenbarung 20,15)

Lies auch diese Verse (Matthäus 25,41–46).

Ich frage mich, warum du nicht glaubst – natürlich nur dann, wenn es der Fall ist, dass du nicht an Gott glaubst –, dass es die Hölle und den Himmel gibt. Ich bin mir sicher, dass es vor Jahrhunderten, bevor das Flugzeug erfunden wurde, Menschen gab, die nie geglaubt hätten, wenn man ihnen gesagt hätte, dass so ein Gerät für den Transport in der Zukunft benutzt wird. Ihr Unglaube hätte jedoch nicht verhindert, dass dies Realität wurde. Genauso wird dein Zweifel an der Existenz Gottes und des Teufels und an der Tatsache, dass die Gottlosen in der Hölle weit weg von Gott sein werden, diese Wahrheit nicht ändern. Die Menschen, die dich zu dieser Kenntnis bringen wollen, lieben dich und wollen nur dein Bestes. Wenn du die Offenbarung dieser Wahrheit oder dieses Wissens hast, kannst du dich wirklich sehr glücklich schätzen. Darauf kommt es an.

Ich möchte dir hier – bevor es weiter um die Menschen geht, die nicht an Gott glauben – ein Erlebnis erzählen, das ich vor Jahren hatte und das mir gezeigt hat, dass es nach diesem irdischen Leben doch noch ein Leben gibt. Zweimal habe ich erlebt, dass ich meinen Körper verließ:

- Das erste Mal war bei einem Unfall. Dabei habe ich Stimmen von den Leuten gehört, die um mich herum waren und sprachen, nachdem der Unfall geschehen war, als wären sie weit weg von mir. Es war nicht so, wie man jemanden hört, der neben einem ist und spricht. Es war eher, als wäre ich getrennt von den Leuten um mich, die ich aber trotzdem – fast nicht wahrnehmbar – hörte. Ich sah auch niemanden, weil ich in Ohnmacht gefallen war. Im Nachhinein habe ich verstanden, dass ich auf der anderen Seite war.
- Das zweite Mal war ich im Bett. Ich war noch nicht tief eingeschlafen. Plötzlich sah ich, wie ich meinen Körper verließ und nach oben bis kurz unter die Decke des Moskitonetzes schwebte. Da bekam ich Angst und mein Geist kehrte rasch wieder in meinen Körper zurück. Danach bin ich, erschrocken über das Ereignis, zu meinen Eltern gerannt, um es ihnen zu erzählen.

Diese Erlebnisse haben mich sehr geprägt. Ich habe oft darüber nachgedacht. Ich wusste, dass sie nicht bedeutungslos und ohne Erklärung waren, wie meine Eltern mich bezüglich der Erfahrung im Bett glauben ließen. Aber was das alles bedeutete, wusste ich nicht. Erst später, nach vielen Jahren – als ich angefangen hatte, Gott zu suchen und mich mit der Bibel zu beschäftigen – habe ich besser verstanden, was ich erlebt hatte und die Offenbarung bekommen, dass das, was unseren Körper am Leben erhält, auch nach dem Tod noch existieren wird. Ich wusste dann, dass der Mensch dreidimensional (Geist – Seele – Körper) ist und dass unsere Geister und Seelen nach dem Tod fortbestehen werden. Die wesentliche Frage, die sich stellt, ist aber, wohin sie gehen werden. Es gibt zwei mögliche Endziele für sie: entweder bei Gott im Himmel oder in der Hölle, wo der Teufel auch hingehört.

Zu Gott kannst du aber nur kommen, wenn du zu deinen Lebzeiten schon an Jesus Christus glaubst.

Die Menschen, die Gott nicht kennen, die ihn verleugnen und denken, dass sie selbst Meister ihres Lebens und Schicksals sind, irren sich und leiden, ohne zu verstehen warum. Auch wenn sie sehr reich sind und den ganzen Reichtum der Welt besitzen, fehlen ihnen das Heil und der Frieden, die sie nur in Jesus Christus empfangen können. Das Kind Gottes hingegen, das nicht reich ist, aber immer in Gott bleibt, ist durch dieses Heil und das ewige Leben, das es in Jesus Christus hat, glücklicher und größer als diese Reichen. Es durchschaut den ungläubigen und gottlosen Reichen und weiß auch viel über sein Schicksal. Es weiß, dass er nach seinem Tod nicht zu Gott in den Himmel kommen wird. Er kennt die Quelle seiner Probleme und seines Leides. Denn wer Gott in sich hat, hat Gottes Geist (den Heiligen Geist) und weiß viele Dinge des Geistes, die dem natürlichen Menschen verborgen bleiben, der nicht im Heiligen Geist wandelt:

Der Mensch kann mit seinen natürlichen Fähigkeiten nicht erfassen, was Gottes Geist sagt. Für ihn ist das alles Unsinn, denn Gottes Geheimnisse erschließen sich nur durch Gottes Geist. Der von Gottes Geist erfüllte Mensch kann alles beurteilen, er selbst aber ist keinem menschlichen Urteil unterworfen. Denn es steht ja schon in der Heiligen Schrift: »Wer kann die Gedanken des Herrn erkennen, oder wer könnte gar Gottes Ratgeber sein?« Nun, wir haben den Geist von Christus, dem Herrn, empfangen und können seine Gedanken verstehen. (1.Korinther 2,14–16)

Der Reiche hält sich selbst für klug, aber ein Armer, der Verstand besitzt, durchschaut ihn. (Sprüche 28,11)

Der gottlose Mensch besitzt nicht das Wissen, da derjenige, der Gott nicht kennt, weit weg von der Wahrheit ist. Er mag viel Wissen in anderen Bereichen des Lebens – in der Medizin, Mechanik, Mathematik, Geschichte, Landeskunde, Wirtschaft, Politik, Soziologie, Religion, Erziehung, Astrologie, Ernährungswissenschaft, im Recht, in der Geschäftswelt, im Finanzwesen usw. – besitzen, wenn er aber kein Wissen über den Schöpfer hat, ohne den all diese Fachwissenschaften nicht existieren würden und ohne den er nicht gerettet wird, dann weiß er eigentlich nichts.

Das Wissen, das die Menschen auf dieser Erde haben und auf das manche so stolz sind, ist partiell. Gott wird uns am Tag des Gerichts nicht fragen, was wir über die Politik, die Wirtschaft oder andere Bereiche wissen. Er wird uns stattdessen fragen, ob wir Nachfolger Christi waren. Nur das wird uns erlauben, in den Himmel zu gelangen: an Jesus Christus geglaubt zu haben.

Wer auch du sein magst, der du dieses Buch liest, du kannst jetzt die Entscheidung treffen, Jesus Christus nachzufolgen und ihn nie aufzugeben. Du hättest so deine Freiheit und deine Erlösung besiegelt.

Wenn du eine Person gut kennen willst, solltest du versuchen, ihr stets nahe zu sein. Da Gott in seinem Wort präsent ist, kannst du nur eine oberflächliche Idee und geringe Kenntnis von ihm bekommen, wenn du dich auf deinem Glaubensweg von seinem Wort fernhältst. Du solltest jeden Tag viel Zeit mit seinem Wort und im Gebet verbringen, um ihn immer ein bisschen mehr zu entdecken. So wirst du ihm allmählich ähneln. Denn er wünscht sich, dass du heilig bist wie er (Levitikus 20,26/1.Petrus 1,15–16). Je mehr du Gott und Jesus Christus näherkommst, je mehr du über sie und über die Wahrheiten des Evangeliums weißt, desto größer wirst du Gottes Gnade, Frieden und Güte in deinem Leben erfahren (2.Petrus 3,18 & 1,2/Psalm 36,11). Wenn du Gott wirklich und tief kennst, und mit Freude seine Gebote befolgst, wirst du als »Kopf« triumphieren und nie der »Schwanz« sein:

Und der Herr wird dich zum Kopf machen und nicht zum Schwanz, und du wirst immer aufwärtssteigen und nicht heruntersinken, weil du gehorsam bist den Geboten des Herrn, deines Gottes, die ich dir heute gebiete zu halten und zu tun […] (Deuteronomium 28,13).

Er wird dich zum Herrn und König über viele erhöhen. Er wird dir immer beistehen, wenn du ihn suchst.

Sowohl der Reiche als auch der Arme, der das Wissen nicht verwirft, der Gott liebt, dient ihm mit all dem, was er besitzt und ist gottgefällig. Gott schützt ihn vor dem Bösen. Lies das ganze Kapitel Psalm 91. Wenn ihm auch zufällig etwas Unangenehmes passiert und er in Not gerät, wird er immer von Gott befreit (Psalm 34,6–7 & 54,7/Sprüche 11,6 & 8). Sein Wissen über Gott und seine Beziehung zu ihm retten ihn (Sprüche 11,9).

Dem Reichen und dem Armen aber, die nichts von Gott wissen wollen, die Gott verleugnen und keine Beziehung mit ihm pflegen, begegnen auf ihrem Weg Krankheiten und allerlei Laster und Perversionen (Sprüche 12,21). Sie werden davon nicht befreit, weil sie dem Verwalter und Spender der Gesundheit, der Freiheit und des Heils nicht die ganze Ehre geben. Sie sollten auf Menschen hören, die Gott kennen, Menschen, die ihnen die Wahrheiten Gottes offenlegen, damit sie von der Finsternis zum Licht kommen (Apostelgeschichte 26,17–18).

Die Wichtigkeit des Bibellesens und der Einhaltung ihrer Verordnungen

Die Bibel ist das Wissen, oder das Wissen ist in der Bibel. Wir können nicht die Bibel ignorieren und behaupten, dass wir Wissen besitzen.

Das Bibellesen und seine praktische Umsetzung im alltäglichen Leben ist eine unerlässliche Bedingung, um ein göttliches Leben zu führen, das völlig anders als ein Leben ohne Bibellesen ist. Das Wort Gottes – gelesen mit dem Beistand des Heiligen Geistes, und nicht mit deiner eigenen, menschlichen Intelligenz, hilft dir, die Essenz deiner Existenz zu verstehen. Dank der Bibel lernst du Gott näher kennen und weißt, warum du manche Dinge in deinem Alltag erlebst. Das Wort unseres Gottes und Vaters ist eine spirituelle Nahrung. Genauso wie du deinen Körper mit Frühstück, Mittagessen und Abendessen ernährst, solltest du auch deinen Geist mit dem lebendigen Wort Gottes ernähren (Matthäus 4,4). Das Wort Gottes ist die Nahrung, die deinen Geist gesund und heilig hält. Es handelt sich dabei nicht um eine einmalige Ernährung des Geistes. Nein. Diese Pflege deines Geistes muss, wie deine tägliche physische Verpflegung, regelmäßig erfolgen. Manchmal versorgst du deinen Magen sogar viermal am Tag. So will auch dein Geist mindestens einmal täglich Nahrung. Wenn du in deinem Alltag merkst, dass dein Glaube nachlässt, dass du in der Erwartung der Versprechen Gottes ungeduldig wirst oder dass schlechte Verhaltensweisen dich überkommen, solltest du wissen, dass du dich bereits von der Quelle des Lebens getrennt hast. Kehr zurück zu Gott, lies sein Wort und schöpfe wieder Leben und Kraft daraus. Wenn du noch nicht die Disziplin des täglichen Bibellesens hast, dann frag Gott danach. Er wird dir das Interesse, den Eifer und den Schwung für sein Wort schenken.

Du kannst aber auch wählen, dich spirituell unangemessen zu ernähren, zum Beispiel mit Büchern, die vom menschlichen Geist oder von bösen Geistern inspiriert wurden. Sei dann aber nicht erstaunt, später die Konsequenzen tragen zu müssen. Gewöhnst du dich daran, Botschaften zu lesen und zu hören, die Gottes Grundsätzen widersprechen, rennst du in dein Verderben. Deine Gedanken und dein Herz sind dann voll von den Dingen, die du bewusst oder unbewusst in dein Leben lässt. Alles, was du magst, woran du denkst, woran du gewohnt bist, worauf du hörst und wovon du träumst, hat je nachdem, ob es Gottes Normen entspricht oder nicht, einen positiven oder negativen Einfluss auf dein Herz. Deswegen spricht die Weisheit zu dir und empfiehlt dir, dein Herz mehr als alles andere zu hüten, denn das Leben geht von ihm aus.

Du schützt dein Herz aber nur mit deiner guten und gesunden Beziehung zu Gott und seinem Wort und dem Respekt vor seinen Geboten.

Indem du zum Beispiel Schlechtes tust, Unmoralisches wie erotische Filme, Horrorfilme oder pornografische Filme schaust, weltliche Musik hörst, Informationen über die Magie, die Hexerei, die Wahrsagerei liest und hörst usw. und sie sogar praktizierst, sättigst du allmählich dein Herz mit diesen Inhalten. Auch wenn du sie nicht selbst praktizierst, prägen sie deinen inneren Menschen und werden dich früher oder später zerstören. Du wirst aber nicht merken, dass diese spätere Zerstörung eine Konsequenz deines damaligen gottlosen Benehmens ist, sofern du nicht die geschriebene und offenbarte Wahrheit über diese Dinge in der Bibel kennst. Die Bibel befiehlt dir hierzu, die Werke des Fleisches wie die Unkeuschheit, die Trunksucht, die Unzucht, das Ehebrechen, die Verleumdungen, den Hochmut, die Bosheit, die Dieberei, den Neid, die Völlerei, die Morde, die Lügen, die Eifersucht, die Zauberei, den Götzendienst, den Unglauben usw. abzulegen, denn sie führen den Menschen in das Feuer, in die Hölle (Römer 13,12–14/Markus 7,21–22/ Offenbarung 21,8). Diese Werke trennen dich komplett von Gott. Genau wegen dieser Sachen wendet sich Gott von dir ab und du siehst seine Hand in deinem Leben nicht:

Also trennt euch ganz entschieden von einem Lebensstil, wie er für diese Welt kennzeichnend ist! Trennt euch von sexueller Unmoral und Ausschweifungen, von Leidenschaften und Lastern, aber auch von der Habgier, die den Besitz für das Wichtigste hält und ihn zu ihrem Gott macht! Gerade mit einem solchen Verhalten ziehen die Menschen, die Gott nicht gehorchen wollen, seinen Zorn auf sich. Auch ihr habt früher so gelebt und habt euch von diesen Dingen beherrschen lassen. (Kolosser 3,5–7)

Wegen dieser Sünden leben Menschen in Armut, sind in allen möglichen Süchten gefangen, haben allerlei Krankheiten, erleben Unfälle, plötzliche Tode, ständige Misserfolge und Ähnliches. Diese Sünden kommen vom Teufel, genauso wie die Probleme, die die Menschheit ruinieren. Die Menschen setzen sich selbst den Gefahren aus, indem sie dem Teufel gehorchen.

Das Lesen der Bibel und die Meditation darüber mithilfe des Heiligen Geistes werden dir diese Wahrheiten über die Sünde und ihre Folgen offenbaren und dir ermöglichen, das Wort in deinem Leben umzusetzen und in Jesus Christus zu wandeln, damit du das Leben wiederfindest, für das Gott dich ursprünglich erschaffen hat und dein Schicksal erfüllst. Mit dem Bibellesen und der innigen Beziehung zu Gott wirst du Gottes spezifische Pläne für dein Leben erfahren und nicht mehr ziellos dahinleben.

Das Lesen der Bibel, das Nachdenken Tag und Nacht über die Gebote Gottes und ihre Umsetzung werden dir ein friedliches Leben in Gott und Erfolg in all deinen Unternehmungen garantieren. Außerdem wird es aus dir einen Segen für deine Mitmenschen machen, die durch deine erbrachten Früchte, wie deine guten Taten, deine Hilfe für deine Mitmenschen, dein vorbildliches Leben usw. von deinem Gehorsam zu Gott profitieren werden (Josua 1,8/Psalm 1,1–3). Ein Mensch, der in Jesus Christus bleibt, wird von ihm als Bote der guten Nachricht geschickt, um den noch nicht Geretteten Gesundheit, Freiheit, Wiederherstellung, Frieden, Freude, Fülle usw. zu bringen.

Die Bibel ist das Buch schlechthin, das uns unsere Identität in Gott, unserem Schöpfer entdecken lässt. Sie gibt unserem Leben einen Sinn. Sie reinigt unser Herz und unsere Seele von allem, was den göttlichen Wahrheiten fremd ist und uns durch die Traditionen, die Philosophie und scheinbare menschliche Weisheit eingeschärft wurde (Kolosser 2,8/1.Korinther 3,19–20).

Das Wort Gottes und deine Beziehung zu Gott werden dir erlauben, viele unergründliche Wahrheiten zu kennen, die für die meisten Menschen unerreichbar sind:

> Rufe zu mir, dann will ich dir antworten und dir große und geheimnisvolle Dinge zeigen, von denen du nichts weißt! (Jeremia 33,3).

Das Wort Gottes erleuchtet die Menschen (Psalm 119,130) und öffnet ihre Augen und lässt sie erkennen, dass sie Sünder sind, aber in Jesus Christus gerecht werden können, und dass das Gericht Gottes am Ende der Welt kommen wird (Johannes 16,8).

Wenn du die Bibel liest und auch nach dem Meditieren etwas nicht verstehst, solltest du dir keine Sorgen machen. Lies einfach weiter. Je mehr du Gottes Wort liest, desto einfacher kommen dir die Offenbarungen durch den Heiligen Geist. Gott will auch deine Ausdauer und deine Entschlossenheit sehen und prüfen, bevor er sich dir mehr offenbart.

(Es ist selbstverständlich, dass du viele gute Früchte tragen wirst, wenn du deine Beziehung zu Gott durch Bibellesen und die Beachtung seiner Regeln pflegst und weiter vertiefst.)

Kapitel 6: Du bist ein Problemlöser

Verändere die Welt, aber in und mit Gott

Hast du den Traum, die Welt zu verändern? Liegt es dir am Herzen, Schlechtes (Armut, Krankheiten, Gewalt usw.) aus dieser Welt zu vertreiben? Glaubst du an Gott? Dann solltest du wissen, dass Gott dich nutzen will. Glaubst du nicht an Gott, dann komm zu ihm, denn nur mit seiner Hilfe kannst du wirklich ein Segen für andere Menschen sein. Denn Gott ist Liebe und selbst nach dem Glück zu greifen, ohne ihn in deine Angelegenheiten einzubeziehen, ist wie einem Schatten nachlaufen oder den Wind einfangen zu wollen (Prediger 2,25–26). Ohne seine Liebe und Macht in dir könntest du vielleicht mit deinen menschlichen Kräften etwas in der Welt bewegen. Es wird aber dir und den Menschen, denen du hilfst, kein ewiges Leben verschaffen, das nur in Gott und durch Jesus Christus möglich ist. Alles, was der Mensch tut, soll in Gott geschehen, sonst ist alles Eitelkeit. Die Bibel erklärt in diesem Zusammenhang (Psalm 127,1–2), dass alle Mühe der Bauleute umsonst ist, wenn der Herr nicht das Haus baut. Wenn er die Stadt nicht bewacht, dann wachen die Wächter vergeblich. Das heißt, dass alles, was wir hier auf Erden ohne Gottes Beteiligung und Segen tun, automatisch verloren ist. Aus diesem Grund solltest du zuerst das Antlitz Gottes suchen, dann selbst gerettet und durch den Heiligen Geist erneuert werden, bevor du dich an die Rettung von anderen Leuten wagst.

Die folgende Veranschaulichung zeigt dir, warum du unbedingt Gott bei allem brauchst:

Ein Baby, das aus dem Bauch seiner Mutter kommt, braucht die Muttermilch und die Unterstützung seiner Eltern, bis es zur rechten Zeit selbstständig leben kann. Es dauert eine Weile, bis es reif wird, um allein Entscheidungen zu treffen. Das Baby kann nichts ohne seine Mutter tun. Genauso kannst auch du nichts ohne Gott tun, denn du entstammst ihm. Er ist dein Schöpfer – egal ob du das akzeptierst oder nicht. Wenn du sagst, dass du Gott nicht brauchst, hört es sich genauso so an, als würde das Baby sagen, dass es seine Eltern nicht braucht. Der Unterschied zwischen den Eltern und Gott ist, dass Gott nicht sichtbar ist. Und genau deswegen glaubst du nicht an ihn und denkst, dass du ihn nicht brauchst. Ohne ihn würdest du aber nicht existieren. Ohne ihn wirst du nicht das Nötige haben, um dein Leben auf dieser Erde zu führen. Ohne ihn lebst du nicht, sondern vegetierst und denkst nur, dass du lebst. Ohne ihn wirst du Angst vor dem Coronavirus haben, während andere Menschen, die eine tiefe Beziehung zu Gott pflegen, entspannt leben. Du solltest wissen, dass du nicht nur Körper bist, sondern auch Geist und Seele. Dein Geist kommt von Gott, weil Gott Geist ist und dem Menschen am Anfang der Schöpfung seinen Geist gegeben hat. Er hat dich nach seinem Abbild erschaffen:

Und die Erde war wüst und leer, und es war finster auf der Tiefe; und der Geist Gottes schwebte auf dem Wasser. (Genesis 1,2)

Und Gott schuf den Menschen ihm zum Bilde, zum Bilde Gottes schuf er ihn; und schuf sie einen Mann und ein Weib. (Genesis 1,27)

Ohne diesen Geist und deine Seele gäbe es kein Leben in deinem Körper. Er wäre tot. Das ist genau, was passiert, wenn ein Mensch stirbt. Der Körper ist leblos, weil sich der Geist und die Seele von ihm trennen. Wenn du den letzten Satz Jesu Christi am Kreuz betrachtest, siehst du, dass er kurz vor seinem Tod seinen Geist Gott, seinem Vater befahl (Lukas 23,46). Der Geist im Menschen ist ein bisschen wie der Motor im Auto, ohne den das Auto nicht fahren kann.

Nun verstehst du, warum du Gott brauchst, um deinen Geist, der das Wichtigste in dir ist, zu ernähren. So wie das Auto den Motor braucht und der Motor das Benzin, um zu funktionieren, so brauchst auch du deinen Geist, der Gott braucht, und der durch den Heiligen Geist in Verbindung mit ihm bleiben muss, um zu leben. In dieser Gleichung wärest du an der Stelle des Autos. Dein Geist wäre wie der Motor und Gott durch den Heiligen Geist das Benzin. Nur mit der Ernährung deines Geistes durch Gottes Wort kannst du alles auf Erden schaffen, wie Gott es sich wünscht. So lebst du nicht für dich selbst, deine Begierden oder deine Wünsche, sondern für deinen Schöpfer und für die Interessen seines Reiches. Mit Gott an deiner

Seite wirst du dafür sensibilisiert sein, dass die Welt untergeht und was dringend zu tun ist, um den Menschen zu helfen. Gottes Wort ruft in dir Mitgefühl für deine Mitmenschen hervor, sodass du wirklich alles geben willst, damit sie das Heil und die Erkenntnis Gottes durch seinen Sohn Jesus Christus erlangen. Denn du hast durch dieses Wort erfahren, was die gottlosen Menschen am Ende der Zeiten erwartet, wenn sie es ignorieren.

<u>Wie kannst du die Welt verändern?</u>

• Die Machthaber und Stärksten dieser Welt gönnen sich ein unnötiges Luxusleben, das zur Ausbeutung der Schwachen und Armen führt. Um dieser Situation abzuhelfen, kann Gott dir daher zum Beispiel ans Herzen legen, dich für arme Menschen in der Gesellschaft und für Gerechtigkeit einzusetzen (<u>Psalm 72,2–4 & 12–14/82,3–4</u>). Jesus Christus selbst hat gesagt, dass Gott ihn gesandt hat, um den Armen die gute Nachricht zu bringen, die zerbrochenen Herzen zu heilen und Gerechtigkeit auf dieser Erde walten zu lassen (<u>Lukas 4,18–20</u>). Das war ein Teil seiner Mission auf Erden. Er will dich auch darauf vorbereiten, in die Welt zu gehen, den Armen finanziell zu helfen und ihnen gleichzeitig die gute Botschaft des Evangeliums zu bringen. Deswegen hat er seinen Jüngern gesagt, dass er sie sendet, so wie sein Vater ihn gesandt hat (<u>Johannes 20,21</u>). Du könntest Schulen bauen. Kindern, die nicht in die Schule gehen, kannst du helfen, eingeschult zu werden. Du kannst Waisenhäuser für verlassene Waisen bauen. Du kannst neue Arbeitsplätze schaffen, damit die Arbeitslosigkeit sinkt usw. Das kannst du in deiner oder in einer anderen Stadt oder auch in vielen Städten realisieren, je nachdem, wo Gott dich gebrauchen will. Das wird sich in deinem Leben zeigen, wenn du mit dem Heiligen Geist wandelst. Er wird dich bei allem, was du unternehmen wirst, in der Wahrheit leiten (<u>Johannes 16,13</u>). Wenn du Gott kennengelernt hast, weißt du, dass er von dir Engagement für seine Angelegenheiten und sein Reich erwartet. Es ist also deine Pflicht, deinen Mitmenschen zum Heil zu verhelfen, sonst wirst du ihm Rechenschaft ablegen müssen. Tust du es nicht, wer wird es dann tun? Nur die Menschen, die Gott beruft, können der Welt aus der Not helfen. Sonst werden die Mächtigen dieser Welt immer die Überhand nehmen und immer die Armen unterdrücken

(Psalm 82,4). Du sollst dir darüber keine Sorgen machen, wie Gott dich für dieses Ziel nutzen wird. Er selbst wird dir die Mittel geben, um sein Vorhaben in die Tat zu setzen. Er wird durch sein gerechtes Gericht manche Machthaber dieser Welt zum Fall bringen, sodass du ihren Reichtum für die Verwirklichung von Gottes Zielen nutzen kannst:

Wer sein Gut mehrt mit Wucher und Zins, der sammelt es für den, der sich der Armen erbarmt. (Sprüche 28,8)

Denn dem Menschen, der ihm gefällt, gibt er Weisheit, Vernunft und Freude; aber dem Sünder gibt er Mühe, dass er sammle und häufe, und es doch dem gegeben werde, der Gott gefällt. Darum ist das auch eitel und Haschen nach dem Wind. (Prediger 2,26)

Außerdem kann Gott durch dich auch die Herzen der bösen Menschen wie dieser Machthaber erreichen, mildern und gewinnen, sodass sie zur Vernunft kommen und ihre schlechten Handlungen (Kriege, Konflikte, Korruption, Anhäufung von Gütern, Unterschlagung, Okkultismus, Verkündung unmoralischer und gottwidriger Gesetze, missbräuchliche Machtausübung usw.) beenden.

- Für die Teile der Welt, die unter Kriegen oder Konflikten leiden, kannst du immer beten, auch wenn du dort vor Ort nichts tun kannst. Dort, wo zwei oder drei im Namen Jesu Christi zusammenkommen, ist er in ihrer Mitte (Matthäus 18,19–20). Deine Gebete und die der anderen Christen vernichten die Pläne des Bösen und brechen seine Festungen, die es gegen die Christen und andere Menschen in der Welt gebaut hat. Wenn sogar Jesus Christus, der Gott ist und nie gesündigt hat, gebetet und seine Jünger zum Gebet aufgefordert hat, als er sich kurz vor der Kreuzigung befand, wie könnten dann wir Menschen, die wir Sünder sind und in äußerster Not leben, Gebete nicht brauchen (Matthäus 26,39–41)? Wenn du ein richtiger neugeborener Christ bist, sind deine Gebete wie geistliche Bomben gegen den Feind. Die Worte haben Macht. Gott hat Himmel, Erde und alles, was darauf ist, mit dem Wort geschaffen (Johannes 1,1–3). Was aus deinem Mund kommt, kann den Tod (Böses) oder das Leben (Gutes) anziehen:

Tod und Leben steht in der Zunge Gewalt; wer sie liebt, der wird von ihrer Frucht essen. (Sprüche 18,21)

Worte sind also in der spirituellen Welt eine große und wirkungsvolle Waffe. Die Feinde der Christen und der schutzlosen und hoffnungslosen Personen (Menschen auf dieser Erde, die dem Satan und seinen Dämonen folgen und dienen) sprechen Zauberworte und führen okkulte Rituale durch, um den Menschen Böses und Leid zuzufügen. Wenn Christen passiv bleiben und dies nicht mit ihren reinen, heiligen geistlichen Kräften erwidern, werfen sie sich unbewusst zum Feind ihrer selbst auf. In einem Kampf gibt es immer wenigstens zwei Parteien. Wissen die Christen nichts von dem, was gegen sie in der Finsternis getrieben wird, können sie ihrerseits nicht kämpfen. Wenn sie aber nicht kämpfen, gewinnt der Feind mühelos und lacht über sie. Wir dürfen aus diesem Grund die Listen des Teufels weder ignorieren noch geringschätzen. Seien wir immer beharrlich im Gebet und wachsam, um ihm mit einem starken und festen Glauben zu widerstehen (2.Korinther 2,11/1.Petrus 5,8–9/Kolosser 4,2). Deine Gebete als Christ sind für die ganze Welt sehr wertvoll. Außerdem lehrt die Bibel Christen andere Waffen, mit denen sie kämpfen sollen. Es geht dabei aber nicht um physische, sondern um geistliche Waffen, weil wir nicht gegen Menschen kämpfen. Unsere Feinde sind böse Geister, Mächte und Autoritäten in der Luft und an geheimen Orten, die wir nicht sehen und die jede Gelegenheit nutzen, um uns anzugreifen. Wir können gegen sie nur mit den Waffen kämpfen, die Gott uns zur Verfügung stellt: den Glauben, mit dem wir alle feurigen Pfeile des Bösen auslöschen können; die Wahrheit des Evangeliums und das Heil, die uns den Sieg über den Teufel durch und in Jesus Christus bekunden; den Eifer für die Verkündigung des Evangeliums (der guten, rettenden Botschaft); die Gerechtigkeit, die wir in Jesus Christus haben; das Wort Gottes, das das Schwert des Geistes ist (Epheser 6,10–17). Schließlich möchte ich dir mitteilen, dass die Liebe und die Einigkeit zwischen Christen sehr wichtig sind, um wirkungsvoll gegen den Feind zu kämpfen und ihn zu besiegen. Die Liebe ist das Band, das Christen verbindet (Kolosser 3,14). Christen dürfen nicht in Zwietracht leben. Wie können sie sonst das gleiche Ziel verfolgen, und wie kann der Teufel Angst vor ihnen haben? Bleiben wir eins in Jesus Christus, um dem Teufel keinen Grund und Anlass zu geben, in unserem Leben zu handeln. Lies hierzu die folgenden Bibelverse <u>1.Petrus 3,8</u>/<u>1.Korinther 1,10</u>/<u>Philipper 1,27</u>.

- Dank der Macht und der Kraft des Heiligen Geistes in dir, die Jesus Christus dir gegeben hat, als er nach seiner Auferstehung in den Himmel auffuhr, kannst auch du die Welt durch Wunder verändern. Er hat dich und mich geschickt, der ganzen Welt die gute Botschaft des Evangeliums zu verkündigen, Menschen von ihren Krankheiten zu heilen, Besessene zu befreien usw. (<u>Markus 16,17–18</u>). Diese Wunder werden die Herzen vieler Menschen zu Jesus Christus, also zum Glauben an ihn bekehren. Jesus Christus schickt dich zu den Heiden und zu den Menschen, die die Existenz Gottes oder die Göttlichkeit Jesu Christi immer verleugnet haben. Ihnen werden durch die Kraft des Evangeliums die Augen geöffnet, damit sie von der Finsternis ans Licht kommen (<u>Apostelgeschichte 13,47 & 26,17–18</u>). So kannst du deinen Beitrag für eine bessere Welt und die Vergrößerung des Himmelreiches Gottes leisten. Stell dir vor, wie schön die Welt sein könnte, wenn alle Menschen, die Jesus Christus angenommen haben, sich wirklich für die Gerechtigkeit und den Frieden einsetzen würden.

Gott hilft dir, durch Jesus Christus die Menschheit aus der Knechtschaft zu erlösen.

(Bevor du ins Schlachtfeld gehst, um Seelen für Gott zu gewinnen, arbeite auch zunächst an der Reinigung deiner Seele, indem du dafür kämpfst, deine Gedanken zu beherrschen.)

Kapitel 7: Der Kampf um die Gedanken

Die bösen Gedanken bekämpfen und die guten pflegen

Es wimmeln viele Gedanken in unserem Kopf, die vom Bösen kommen. Auf der anderen Seite auch Gedanken, die von Gott stammen. Wir müssen die bösen Gedanken vertreiben und die guten durch das Wort Gottes ernähren und vermehren. So zeigt sich mehr und mehr Gottes Wesen in und durch uns. Dafür brauchen wir aber Ausdauer und Durchhaltevermögen in unserem christlichen Leben unter Mithilfe des Heiligen Geistes.

Unternehmen wir nichts gegen die bösen Gedanken und lassen sie in uns, werden sie nie fortgehen. Die Menschen, die Diebe, Banditen, Mörder usw. werden, haben zu einem bestimmten Zeitpunkt in ihrem Leben durch irgendeinen Einfluss angefangen, kriminelle Gedanken zu haben, die sie nicht vertrieben, sondern ernährt und gepflegt haben. Diese Personen geben dem Bösen nach, weil sie natürlich nicht wissen, dass man das Böse durch das Gute überwindet:

Lass dich nicht vom Bösen besiegen, sondern besiege das Böse durch das Gute (Römer 12,21)

Es ist zwar eine schwierige Aufgabe, diese schlechten Gedanken loszuwerden, denn sie sind da und gehen nicht weg, nur weil wir das wollen. Wir selbst haben keine Macht, sie zu entfernen. Aber wir brauchen nur, zusätzlich zum festen Willen, sie loszuwerden, biblische Worte voller Leben und Kraft über uns zu proklamieren, das Gute zu tun, das Antlitz Gottes zu suchen, in seinem Wort zu bleiben und es zu praktizieren, nachdem wir Jesus Christus als unseren Erlöser und Retter angenommen haben.

Ich wünsche dir, der du von negativen Ideen und Gedanken geplagt bist, der du aber kein Christ bist, Jesus Christus aufrichtig in dein Leben einzuladen und zu empfangen. Bitte ihn darum, dir deine Sünden zu verzeihen und fass den festen Entschluss, sie nicht mehr zu wiederholen. Verpflichte dich daher dazu, das Wort Gottes zu lesen, es zu praktizieren und die Versprechungen Gottes für dich über dich auszusprechen. Sprich genauso die

Verse über dein Leben aus, die dich von den bösen Gedanken befreien können. Nur Jesus Christus kann dich von dem Joch befreien, das auf dir lastet. Eines Tages wird deine Sonne aufgehen.

Wenn du hingegen ein neugeborener Christ bist und dich genauso bezüglich dieser Probleme in deinen Gedanken betroffen fühlst, bleib kein oberflächlicher Christ, sondern lebe konkret dein christliches Leben, so wie Gott es dir empfiehlt. Verharre im Gebet (Kolosser 4,2) und auch beim Lesen und Tun des Wortes Gottes. Sprich auch das Wort Gottes über dein Leben aus. Deine Freiheit wird früher oder später an deine Tür klopfen. Lob und Dank sei Gott, der uns seinen Sohn Jesus Christus geschickt hat und durch ihn sein Wort und den Heiligen Geist, die uns die Möglichkeit bieten, das göttliche Leben in uns zu haben.

Was die Verse anbelangt, die du über dich aussprechen könntest und die die bösen Gedanken aus deinem Kopf vertreiben werden, gebe ich dir hier ein paar Beispiele:

Weiter, liebe Brüder: Was wahrhaftig ist, was ehrbar, was gerecht, was rein, was liebenswert, was einen guten Ruf hat, sei es eine Tugend, sei es ein Lob – darauf seid bedacht! (Philipper 4,8)

… und nehmt den Helm des Heils … (Epheser 6,17)

Ein anderer Bibelvers, den eine Glaubensschwester mir empfohlen hat und der mir selbst von großem Nutzen war, wird dir sicher auch weiterhelfen:

Wir zerstören damit Gedanken und alles Hohe, das sich erhebt gegen die Erkenntnis Gottes, und nehmen gefangen alles Denken in den Gehorsam gegen Christus. (2.Korinther 10,5)

Du brauchst nur diese Verse in der Ich-Form über dein Leben, deine Gedanken auszusagen und sie dir anzueignen. Innerhalb von wenigen Tagen wirst du eine große Erleichterung, Verbesserung und Ordnung in deinen Gedanken spüren.

Du solltest dir vor allem dessen bewusst sein, dass die unreinen Gedanken, von denen dein Geist wimmelt, nicht von dir selbst kommen. Glaubst du das Gegenteil, wirst du zu deinem eigenen Feind, was gefährlich für deine Seele sein wird. Denn wenn du an diese Lüge glaubst, wirst du versucht, diese schlechten Gedanken in die Tat umzusetzen. So werden manche Menschen allmählich zu Banditen, Dieben, Mördern, kurz gesagt zu bösen Menschen. Glaubst du, dass ein normaler Mensch, der sich der Gefahr bewusst ist, der er sich beim Stehlen und Morden aussetzt, einfach so gemütlich und ohne Scham wie die Kriminellen handeln würde? Bist du dir sicher, dass eine vernünftige Person, die über Haftstrafen, körperliche Misshandlungen oder sogar die Todesstrafe in manchen Ländern Bescheid weiß, die Delikte begehen wird, mit denen sie sich diese Strafen zuzieht? Ich denke nicht. Kein normaler Mensch will etwas Ähnliches erleben. Diese Personen, die Böses begehen, werden eher vom Teufel verblendet, weil sie ihm die Kontrolle ihrer Gedanken und ihrer Leben gegeben haben. Wenn du zum Beispiel Gewaltgedanken hast und dir vorstellst, dass sie von dir selbst kommen, wirst du dazu gebracht zu denken, dass dies deine Natur wäre. Und du wirst vielleicht deshalb nichts unternehmen, um diese Gedanken zu vertreiben und zu bekämpfen. So lässt du ihnen freien Lauf, in dir zu bleiben. Aber im Tiefsten deines Herzens weißt du, dass du diese Gedanken loswerden möchtest, denn Gott hat die Menschen eigentlich nicht böse erschaffen. Wie kann es dann möglich sein, dass du es selbst bist, der diese Gedanken in deinen Kopf einfließen lässt? Wenn du so über dich denkst, kannst du nicht befreit werden. Du solltest die Erkenntnis haben, dass es der Teufel ist, der in dir spricht, der diese Gedanken in dich einpflanzt, um dich als Werkzeug für seine hinterlistigen Ziele zu nutzen. Gieße, ernähre und pflege diese Samen des Teufels nicht. Diese Erkenntnis und diese Wahrheit, von denen ich schon gesprochen habe (siehe im vorletzten Satz), sollten in dir eingewurzelt sein, damit du dementsprechend handeln kannst. Das heißt, du solltest den Teufel und seine Gedanken mit dem lebendigen Wort Gottes, beispielsweise mit den oben zitierten Versen bekämpfen. Ich selbst bin eine Überlebende des Kampfes gegen den Teufel. Ich habe am Anfang meines Weges mit Gott lange gegen das Böse kämpfen müssen, bevor ich von plagenden schlechten und unreinen Gedanken befreit wurde. Ich fühlte, wie sich scharfe Gegenstände in meine Gedanken einschlichen, und wie eine Macht mich nutzen wollte, zuerst mir selbst und dann anderen Leuten Böses zuzufügen. Auch Selbstmordgedanken haben mich gequält. Aber ich wusste in meinem tiefsten Herzen, dass es nicht meine Identität ist, solche schrecklichen Gedanken in die Tat umzusetzen. So habe ich mich Gott und seinem Wort zugewandt, die mir geholfen haben. Insbesondere die Bibelverse, die ich schon genannt habe, haben mir geholfen. Vor allem der Vers (2.Korinther 10,5), den eine Glaubensschwester mir empfohlen hatte, war kräftig. Ich bin dieser Freundin so sehr dankbar.

Hierzu möchte ich einen sehr wichtigen Aspekt des christlichen Lebens erwähnen: Wenn du Gott folgst, bleib dabei nie allein, baue keine Mauer um dich. Geh vielmehr in das Haus Gottes, um dir das Wort Gottes anzuhören. Besuchst du gewöhnlich nicht eine Gemeinde, die dich wirklich geistlich ernährt, dann such dir jetzt eine lebendige und geh dahin. Du wirst einen Unterschied in deiner Gemeinschaft mit Gott bemerken – natürlich nur dann, wenn du auch entschieden bist, in seinem Wort zu bleiben. Ich war mit meinem geistlichen Leben auch nicht zufrieden, bis ich durch die Führung des Heiligen Geistes eine Gemeinde entdeckt habe, in der ich mich jetzt wohl fühle und die Präsenz Gottes erlebe. Umgib dich mit Gläubigen, denn das Gemeindeleben, die Liebe und die Unterstützung, die du in der Gemeinde Gottes erfährst, werden dir Kraft geben und auch deinen Glauben stärken. Lies diesen Vers:

Versäumt nicht die Zusammenkünfte eurer Gemeinde, wie es sich einige angewöhnt haben. Ermahnt euch gegenseitig dabeizubleiben. Ihr seht ja, dass der Tag nahe ist, an dem der Herr kommt. (Hebräer 10,25)

Genauso wie der Schüler seinen Lehrer braucht, um im Wissen zu wachsen, brauchst auch du Menschen, die in geistlichen Dingen schon mehr Erfahrung gesammelt haben und die dir helfen werden, Fortschritte in deinem geistlichen Leben zu machen. Diese Menschen kannst du nur in einer richtigen lebendigen Gemeinde Gottes finden.

Schließlich: Wenn Gott den Himmel und die Erde, die Sonne und den Mond, die Tiere, die Menschen und alles, was existiert, durch das Wort geschaffen hat; wenn die Bösen, die an ihren okkulten Orten Beschwörungsformel über Seelen aussprechen, auch Worte nutzen, dann glaub mir und sei dir dessen sicher, dass das lebendige Wort Gottes, das du je nach deiner Situation über dich sprechen wirst, dich retten wird. Denn das Wort Gottes hat Macht und bringt, was nicht ist, zur Existenz (Römer 4,17). Die Sprüche 18,20–21 erklären uns, dass Worte Macht haben und über Leben und Tod entscheiden können. Da du das Leben, das von Gott stammt, liebst, lade ich dich dazu ein, die zu deiner Situation passenden biblischen Verse über dein Leben zu proklamieren und gleichzeitig den Plänen des Bösen entgegenzuwirken.

(Die Tatsache, dass du immer in Jesus Christus bleibst, hütet dich und deine Gedanken und schützt außer deiner Familie auch deine Mitmenschen. Die Missachtung Gottes bringt einem ganzen Land Verzweiflung und Tod.)

Kapitel 8: Die Beziehung zu Gott

Ständig in Gott bleiben – Einige Privilegien dieser Entscheidung

Einige Konsequenzen der Verwerfung Gottes

Paulus sagt in seinem Brief an die Kolosser, dass sie sich mit der Botschaft von Jesus Christus erfüllen lassen sollen (Kolosser 3,16). Das Wort Gottes musst du essen, bis es dein ganzes Wesen durchdringt. So wirst du nach Gottes Bild neu erschaffen. Die Regeneration deines Geistes und deiner Seele geschieht jeden Tag, wenn du immer im Wort bleibst. Denn das Wort war am Anfang und nichts wurde ohne das Wort geschaffen:

> Am Anfang war das Wort … Alles wurde durch das Wort geschaffen … (Johannes 1,1–3)

Auch der Mensch wurde durch das Wort Gottes erschaffen. Deswegen solltest du dich immer mit dem Wort Gottes ernähren (Matthäus 4,4). Jesus Christus, der das lebendige Wort Gottes ist, lädt dich ein, ständig in ihm (also im Wort) zu bleiben, und er wird auch in dir bleiben, damit du Früchte bringen kannst, so wie die Rebe auch nur dann Früchte bringt, wenn sie am Weinstock bleibt. Ohne Jesus Christus kannst du nichts tun (Johannes 15,4–7). Im Alten Testament befahl Gott Josua, den Sohn von Nun, der Mose nach seinem Tod in seinem Dienst nachfolgte, alle seine Gebote, Gesetze und Weisungen Tag und Nacht zu lesen, darüber zu meditieren, treu danach zu handeln und sein Leben ganz nach ihnen auszurichten, ohne kein Stück davon abzuweichen. So würde ihm alles gelingen, was er sich vornähme (Josua 1,7–9). Dein Erfolg, dein Frieden und deine Freude hängen also von deiner Beziehung zu Gott ab, der in seinem Wort ist. Es verhält sich genauso mit jedem Menschen. Die Regierenden und alle Menschen, die im Staat hohe Verantwortung übernehmen, müssen jeden Tag das Wort Gottes lesen und ihm Vorrang in ihrem Leben geben. Nur das wird ihnen dabei helfen, ihren Auftrag angemessen und gut zu erfüllen. Lies Deuteronomium 17,14–20 und du wirst ein klares Bild davon erhalten, wie Gott sich gute Regierende vorstellt. Ohne Gott können sie die Völker niemals gut führen. Und die Konsequenzen einer solchen Rebellion sind unter anderem die vielen Konflikte und Kriege zwischen den Nationen, die Hungersnot in manchen Ländern, die Laster und so weiter und so fort. Die Menschen sollten nicht über diese Flüche klagen, denn es sind genau die Konsequenzen ihres Ungehorsams Gott gegenüber. Jede von einem Menschen begangene Handlung, die dem Willen Gottes nicht entspricht, bildet für den Teufel eine offene Tür zum Rauben und Zerstören. Es ist noch schlimmer, wenn die rebellische Handlung von einer Autoritätsperson begangen wird, denn diese einflussreiche Person hat Autorität über viele Menschen. Ihre Rolle besteht eigentlich darin, für das Wohlergehen der Bürger zu arbeiten und dazu beizutragen. Aber die negativen Konsequenzen der ungehorsamen Taten dieser Autoritätsperson werden eine schlechte Auswirkung über die haben, die ihr untergeordnet sind, es sei denn diese sind neugeboren und Jesus Christus gefügig.

Ich möchte diese Zeilen mit konkreten Beispielen veranschaulichen:

Ein Vater, der wirklich Jesus Christus als seinen Retter und Erlöser in seinem Leben empfangen hat, der ihm gehorcht und ihm unterworfen ist, ist ein Segen für seine ganze Familie. Die Liebe und die Güte Gottes, die dem Gehorsam des Menschen zu Gott folgen, werden über diese Familie walten. Diese Familie wird unter der Gnade Gottes im Frieden, in der Freude und im Wohlstand leben. Keiner der Flüche im Gottes Gesetz wird diese Familie treffen. Denn »der Engel Gottes umgibt alle mit seinem Schutz, die Gott achten und ehren, und errettet sie aus der Gefahr.« (Psalm 34,8). Unser Gott und Vater verstößt sein Volk nicht. Er steht zu seinem Bund und erweist allen seine Güte, die ihn lieben und sich an seine Gebote halten (Psalm 94,14/ Deuteronomium 7,9). Psalm 128 erklärt ausführlicher, wie reich gesegnet ein Mann ist, der Gott fürchtet. Diesem Mann geht es gut. Alles, was er tut, gelingt ihm und er genießt es. Seine Frau und seine Kinder erfreuen sein Herz und bereiten ihm keinen Kummer.

Ein Familienvater hingegen, der nicht an Jesus Christus glaubt und ihn nicht verehrt, hat automatisch – bewusst oder unbewusst – einen anderen Altar, der sein Leben führt. Dieser Altar ist für den Teufel. Denn es gibt ausschließlich zwei spirituelle Entitäten, die in dieser Welt herrschen – Gott, der das Gute repräsentiert, und Satan, das Böse. Diese Familie, deren Familienvater ungläubig und Gott nicht unterworfen ist, kann von der Sünde, von den daraus resultierenden Flüchen und somit von vielen aus dem Reich der Finsternis entstandenen Ereignissen zerstört werden. Beispiele für diese Sünden und ihre Konsequenzen sind Okkultismus, Ehebruch, unaufhörliche Streitereien, der Mangel an Liebe, eine widerspenstige Ehefrau, ein gewalttätiger Mann, plötzliche Todesfälle, rebellische Kinder, der Misserfolg von Kindern in der Schule, der Mangel an Integrität, Diebstahl, Misserfolg in Geschäften, Krankheiten, Armut usw.

Wenn der Ungehorsam Gott gegenüber und der Gehorsam zum Teufel eine Familie so zerstören kann, stell dir vor, wie groß, wie offenkundig und katastrophal die Schäden sein können, wenn die Regierenden dieser Welt Gott, ihrem Schöpfer ungehorsam und dem Bösen gefügig sind. Der Familienvater ist tatsächlich eine Autorität nur für die Familienmitglieder – seine Frau und seine Kinder. Die Autorität eines Regierenden wirkt sich aber auf alle Bürger seines Staates aus. Wenn zum Beispiel eine Person mit Autorität okkulte Mächte zurate zieht, um reich zu werden, unterzeichnet sie dabei Pakte, die viele Bürger der Gesellschaft oder sogar der Welt verarmen lassen. Denn wenn die Reichtümer gerecht verteilt würden, gäbe es nicht viel Diskrepanz zwischen den Gütern der Menschen und keine Armut. Die Armut bringt sogar viele Menschen aus Völkern, deren geistliches Leben nicht gefestigt ist, dazu, sich Lastern hinzugeben, um Geld zu bekommen. Und wenn geistliche Menschen empfehlen, dass die Menschen zu Gott zurückkehren sollen, um in einer gerechteren Welt zu leben, behaupten viele Personen, dass Gott nicht existiert, und dass, wenn er existieren würde, diese Ungerechtigkeiten nicht bestehen würden. Die Frage, über welche diese Personen meditieren sollten, ist die folgende:

Wie wollt ihr in einer Welt voller Gerechtigkeit und Frieden leben, wenn ihr die Macht beiseiteschiebt, die diese Werte für die Menschen verschaffen kann, wenn seine Gesetze mit Füßen getreten werden und die Menschen nur an sich selbst interessiert sind?

Etliche Menschen, die über Gott schimpfen und glauben, dass er nicht existiert, sind selbst nicht in der Lage, sich für eine bessere Welt einzusetzen. Sie können nur reden. Sei du aber nicht wie sie. Wenn du Gott in seinem

Wort suchst und nichts von einer Änderung in deinem Leben fühlst, möchte ich dich motivieren, nie aufzugeben. Gott arbeitet langsam in dir, ohne dass du es weißt oder bemerkst.

Die gute Nachricht ist, dass nach einer Weile Lesen, Meditieren und Handeln nach Gottes Wort eine Erneuerung im Geist anfängt stattzufinden. Du wirst es selbst merken. Mach dir nur bewusst, dass Gott den Menschen nicht wie mit einem Zauberstab verändert. Solche Träumereien siehst du nur in Märchen. Gott handelt langsam, aber sicher, wenn man ihm vertraut und den Glauben an Jesus Christus hat.

Mach dir bewusst, dass Christen schon den Sieg in Christus haben: Der Bund mit Gott schützt uns Christen vor dem Bösen. Wenn wir dauerhaft (jeden Tag) mit Jesu Christi Blut besprengt sind, haben wir keine Gemeinschaft mehr mit dem Bösen, weil das Blut Jesu Christi uns von aller Schuld reinigt (1.Johannes 1,7). Und wenn wir frei von Schuld sind, hat der Teufel keine Macht mehr über uns. Er, seine Dämonen und seine Diener haben dann eher Angst und kapitulieren vor uns. Das Blut Christi ist die einzige, richtige, zweifellose und unabdingbare Waffe gegen den Feind (Offenbarung 12,11).

(Es ist der Teufel, der die Menschen dazu bringt, Gott zu verwerfen und Uneinigkeit und alle möglichen schlechten Dinge in der Welt herrschen zu lassen. Aber es ist Gott, der das letzte Wort hat.)

Kapitel 9:
Der Teufel existiert wirklich
und Gott erst recht

Die Versuchung – Die Werke der Finsternis sind nicht zu leugnen – Aber nur Gott regiert!

Schlechte Gedanken, böse Absichten, Begehrlichkeiten, unreines Verlangen und alles, was wir gegen Gottes Willen und zu Ungunsten unseres Nächsten tun, kommen von außen, aus der Welt der Finsternis. Diese Werke stammen von Dämonen oder bösen Geistern in der Luft und versuchen in uns einzudringen, uns zu infiltrieren, damit wir Böses tun und Sünde begehen. Wir werden wie Gefäße von ihnen benutzt, um ihr Wesen (das, was sie sind) auf Erden in die Tat umzusetzen.

Wie wäre es aber, wenn Menschen sich Gott hingeben würden, um eher Gefäße in seinen Händen zu sein?

Du solltest wissen: Was du in deinem Leben akzeptierst, das passiert dir. Kommen Gedanken in deinen Kopf hinein und du nimmst sie an oder ernährst sie, werden sie sich letztendlich in dich niederlassen und werden eins mit dir. So wie du denkst, so bist du.

Der Mensch sollte seinen Feind kennen: Lauern schlechte Gedanken an die Tür seines Herzens, muss der Mensch Bescheid wissen, dass der Feind umherirrt und alles daransetzen, um diese Gedanken zurückzudrängen. Sonst werden diese Gedanken, wenn sie von ihm akzeptiert und gepflegt werden, zur Sünde. So fällt der Mensch in ein tiefes Loch und kommt nicht mehr ohne Jesu Christi Hilfe heraus.

Die Menschheit befindet sich derzeit in einem Loch und bleibt darin stecken. Der Unglaube an Gott, die ungerechte Aneignung von Reichtum auf Kosten anderer, die Armut, die Krankheiten, die Perversion und all das gegen den menschlichen Verstand und gegen Gott verstoßende Treiben sind nichts anderes als die Konsequenzen der Erlaubnis, die wir dem Bösen gegeben haben, auf dieser Erde zu herrschen.

Das alles kommt vom Sündenfall Adams und Evas.

Die Menschen sind wie Marionetten geworden, die aus Mangel an Wissen über die Realitäten der spirituellen Welt die Werke des Teufels verwirklichen.

Hab keinesfalls Angst davor, die Werke der Finsternis zu erkennen und sie zu denunzieren. Wenn du sie ignorierst oder geringschätzt, kannst du nicht mit den nötigen geistlichen Waffen gegen sie kämpfen (Epheser 6,10–17), und sie werden unglücklicherweise dein Leben überwältigen. Hör nicht auf die Personen, die behaupten, dass das Böse, der Okkultismus, die Hexerei, der Satanismus usw. nicht existieren. Es ist entweder durch den Teufel oder aus Ignoranz, dass diese Leute so sprechen. Verharmlose auch nie die Werke des Teufels. Hab keine Angst vor diesen Werken, auch nicht vor dem Teufel, aber sei dir bewusst, dass er umhergeht und sucht, wen er verschlingen kann. Nur wenn du diese Wahrheit kennst, wirst du alles tun können, um dich Gott zu unterwerfen, wachsam zu sein und dem Teufel zu widerstehen. So wird er von dir fliehen (1.Petrus 5,8/Epheser 4,27/Jakobus 4,7). Gott existiert wirklich. Und der Teufel auch. Wenn der Teufel nicht wäre, wäre nicht im Buch Hiob in der Bibel geschrieben, dass Gott den Teufel fragte, woher er gerade komme, und er ihm antwortete, dass er die Erde durchstreift habe (Hiob 1,6–7). Wenn der Teufel nicht existierte, gäbe es nicht das Böse auf dieser Erde. Warum es viel Ungerechtigkeit auf dieser Welt gibt, lässt sich nur mit dem Mangel an Liebe der Menschen erklären, die Gott nicht verehren, sondern den Teufel. Wenn zum Beispiel das Elend in einer gesellschaftlichen Schicht herrscht, liegt die Schuld nicht bei Gott. Denn er hat sich nie gewünscht, dass der Mensch arm ist. Sonst hätte er den Machthabern in seinem Wort nicht befohlen, die Rechte der Armen und Elenden zu beachten (Sprüche 31,8–9), den Armen nicht zu berauben, der wehrlos ist und die Hilflosen nicht zu hintergehen (Sprüche 22,22). Du, der du auf Gott schimpfst oder behauptest, dass er nicht existierte, weil es viele Versäumnisse und Ungerechtigkeiten in der Gesellschaft gibt – willst du, dass sich eine Gruppe von Menschen durch List und Gewalt die Güter anderer Personen aneignen und dass diese Güter vom Himmel fallen, um den Armen verteilt zu werden? Solange die Menschen, die über die Reichtümer der sogenannten Armen verfügen, nicht konvertieren, um diesen Armen Recht zu verschaffen, wird sich nichts an ihrer erbärmlichen Lage ändern, bis Gott in ihre Situation eingreift. Wenn aber Gott auftritt, kann sich dies als fatal für die Diebe und Veruntreuer der öffentlichen Güter erweisen (Sprüche 22,23). Du, der du die Rechte der Bürger verhöhnst und sie mit den Füßen trittst, weil dir ein bisschen Macht anvertraut wurde, weil du nur auf deine Interessen und die Befriedigung deiner habgierigen Begierden bedacht bist, tue Buße, am besten jetzt. Versöhne dich mit Gott, deinem Schöpfer durch Jesus Christus, deinen Retter und Erlöser, solange es noch möglich ist. Tust du es nicht zu deinen Lebzeiten, wird es nach deinem Tod zu spät sein. Gott befiehlt dir in Hebräer 3,15, dein Herz nicht gegen seine Worte zu verschließen. Glaub die Lüge des Teufels nicht, dass Gott nur ein Wort oder eine Erfindung wäre. Gott existiert, und er wird früher oder später diejenigen bestrafen, die ihn verachten und ihm ungehorsam sind (Judas 1,14–16). Lies am besten den ganzen Brief des Judas. Gott ist hingegen ein Segen für die Menschen, die unter den Konsequenzen der Machenschaften und der Ungerechtigkeiten der Mächtigen leiden und ihm trotzdem treu bleiben. Ja, es gibt tatsächlich einen Gott, der Gerechtigkeit walten und triumphieren lässt (Psalm 58,12). Eine minuziöse Studie der Bibel mit einem brennenden Durst nach der Verbreitung der Liebe in der Welt und dem Beistand des Heiligen Geistes werden dir diese Wahrheiten offenbaren. Wahrheiten, die dein Herz erweichen werden, sodass du dich in Jesus Christus für eine gerechtere und friedlichere Welt engagieren kannst.

(Wenn der Teufel sich zum Meister in irgendeinem Bereich deines Lebens erhoben hat, brauchst du sicher eine Befreiung. Die bekommst du zweifelsohne durch Jesus Christus.)

Kapitel 10: Die Befreiung

Wie weißt du, dass du eine Befreiung brauchst? – Durch Jesus Christus bist du befreit!

Die Befreiung setzt voraus, dass man bewusst oder unbewusst von einer schlechten Gewohnheit abhängig ist, dass man von einer Person oder einer Personengruppe unterdrückt wird oder dass man in einer bestimmten Situation gefangen ist. Eine befreite Person wurde zweifellos ihrer Freiheit beraubt, die sie letztendlich wiedergefunden hat. Dieser Freiheitsverlust kann sich in krankhaftem Benehmen, einer Haft, einer unerwünschten schwierigen Situation, in Leid verschiedener Art – Krankheiten, morbiden, plagenden Gedanken, Angst, Depression, Armut, Völlerei, Zwangsstörungen, Bedrückung, Besessenheit usw. ausdrücken. Eine Person, die zum Beispiel viel Süßes isst und sich lange von dieser Angewohnheit nicht trennen konnte, sie aber irgendwann plötzlich aufgegeben hat, wird sagen, dass sie davon befreit wurde. Man kann auch sagen, dass eine Frau, der es gelungen ist, den Krallen eines gewalttätigen Ehemannes zu entfliehen, von ihm befreit wurde. Eine Geisel, die lange von einem Entführer eingesperrt wurde, wird befreit, wenn die Polizei sie findet. Anlässlich ihrer Unabhängigkeit wurden die afrikanischen Länder vom kolonialen Joch befreit, wenn auch diese Freiheit bisher nur partiell ist. Das Volk Israel wurde nach den ihm von den Ägyptern auferlegten großen Qualen durch die mächtige Hand Gottes befreit. Das Volk Gottes litt unter vielen mühevollen und anstrengenden Arbeiten. Die Israeliten waren einer harten Knechtschaft unterworfen (Exodus 1,11 & 13–14).

Die Menschen, die eine Befreiung in ihrem Leben brauchen, wissen es oft selbst nicht. Sie leben nicht, sondern sie vegetieren nur dahin. Sie haben kein göttliches Leben in sich, weil sie entweder von Geistern der Mächte der Finsternis besessen oder von ihnen beeinflusst sind. Nur der Durst, die Suche nach Gott und die Erkenntnis Gottes werden sie über diese Wahrheiten belehren und sie dazu bringen, ihre Befreiung anzustreben und sie zu bekommen. Wenn du dieses Buch liest und dich in mindestens einem der Symptome winderfindest, die ich im ersten Absatz dieses Kapitels erwähnt habe, empfehle ich dir, dich an Gott zu wenden, ihn anzuflehen, dir zu helfen und dich zu befreien. Suche auch einen echten und guten Diener Gottes, am besten einen Pastor, und erzähl ihm, was du erlebst. Wie du einen guten Diener Gottes erkennst, kannst du dem Kapitel 4.2 »Die Ernte: Wie soll ein Gesandte Gottes sein?« entnehmen. Der Gesandte Gottes wird dir zweifellos irgendwie helfen, wenn er wirklich von Gott berufen wurde. In den folgenden Zeilen möchte ich dir einige Verhaltensweisen und Situationen genauer nennen, die du als Zeichen erkennen solltest, dass du von Dämonen oder bösen Geistern besessen oder beeinflusst bist und eine Befreiung von ihnen brauchst:

- Du bist im Spiritismus, in okkulten Praktiken wie der Hexerei, der Astrologie, dem Kartenlegen, der Magie, im Fetischismus, im Hellsehen oder Wahrsagen in Sekten oder in Geheimbünden wie der Freimaurerei usw. bewandert.
- Morbide Gedanken, zum Beispiel an Selbstmord, unreine oder perverse Gedanken hören nicht auf, sich in deinen Kopf, deine Gedanken einzuschleichen. Du solltest sie mit Bibelversen vertreiben. Ich habe es in einem der vorangegangenen Kapitel erklärt (siehe Kapitel 7 »Die bösen Gedanken bekämpfen und die guten pflegen«). Du darfst diese Gedanken nicht in dir lassen. Du solltest und kannst über sie herrschen, wie Gott es Kain geraten hatte (Genesis 4,7), denn du bist mit Jesus Christus in dir stärker als jeder beliebige Geist oder schlechte Gedanken. Die Bibel sagt dazu, dass Gott, der in uns wirkt, stärker ist als der Teufel, der in der Welt ist (1.Johannes 4,4).
- Du hast eine chronische Krankheit und die Mediziner können nichts machen, um dich zu heilen. Du erlebst eine anormale Situation, die fortbesteht – du bist beispielsweise seit einer langen Zeit arbeitslos und findest keine Arbeit, obwohl du die nötigen Diplome und Qualifikationen hast. Dann solltest du Gott um Hilfe bitten.
- Du hast ständig schlechte Laune, du bist launisch, deprimiert, du gerätst leicht in Zorn usw. Glaub nicht, dass es normal ist, oft schlechte Laune zu haben oder in Zorn zu geraten, weil man dich vielleicht schlecht behandelt hat. Dies ist eine Lüge des Teufels, der dich zerstören will. Jesus Christus hat uns gelehrt, unsere Feinde zu lieben, die, die uns fluchen, zu segnen,

denen Gutes zu tun, die uns hassen, und für die, die uns misshandeln und verfolgen, zu beten (Matthäus 5,44). Wenn dir also eine Person Unrecht antut, antworte ihr mit Gutem. Wenn du ihr mit Zorn, schlechter Laune, sogar Schimpfwörtern oder Gewalt erwidertest, wärest du dabei, dem bösen Geist zu gehorchen, der sich hinter dem Benehmen dieser Person versteckt. Und es ist genau das Ziel dieses bösen Geistes, dich zu provozieren und zu reizen. Es ist also dieser Geist, der dann am Ende gewinnen wird, wenn du dich aufregst. Wenn du aber im Gegenteil dieser Person mit Liebe begegnest, rettest du deine Seele. Du wirst dich frei fühlen und die Person, die dich verletzt hat, wird sich verlegen fühlen (Sprüche 25,22). Es mag sogar sein, dass sie dich um Vergebung bittet und auch für Gott gewonnen wird. Antworte den Leuten immer mit Liebe. Dies ist eine Wahrheit, die ich dir sagen möchte: Den Menschen, die andere beleidigen oder sich ihnen gegenüber böse benehmen, geht es meistens nicht gut. Sie schleppen Probleme mit sich herum und übertragen sie auf die nächsten Opfer. Ich wurde selbst mehrere Jahre lang von diesem Geist der schlechten Laune geplagt. Das hat nur Bitterkeit und Zerstörung in mein Leben gebracht. Das Schlimme war, dass ich mich nicht so einfach davon befreien konnte. Ich wollte befreit werden, konnte es aber nicht, genau wie der Apostel Paulus in seinem Brief an die Römer erklärte. Er hat gesagt, dass er den Willen, aber nicht das Können hat, das Gute zu tun (Römer 7,18–20). Ich habe Monate intensiver und langer Gebete gebraucht, bevor ich mich freier gefühlt habe. Die gute Nachricht ist also, dass du keine Schuldgefühle mehr zu haben brauchst. Nutze deine Energie lieber, um die Bibel zu lesen und das Wort Gottes über dich auszusprechen. Der Apostel Paulus bittet dich durch die Verse Epheser 4,26–27, die Sonne nicht untergehen zu lassen, ohne deinem Nächsten vergeben zu haben, sonst kann der Teufel das für seine Pläne nutzen.

- Die Bitterkeit, die Frustration, die Eifersucht, der Neid, die Habgier, die eitlen Ehren, die Liebe zu weltlichen Sachen – zum Beispiel zu weltlichen Liedern, zu Sachgütern usw., die Lüge, die Dieberei, die Unkeuschheit und die Unreinheit unter allen Formen – zum Beispiel der uneheliche Geschlechtsverkehr, die Pädophilie, die Prostitution, der Inzest, die Homosexualität usw., die schlechten Begierden, die Verleumdung, die Beschimpfung, die Beleidigung, die nutzlosen und sinnlosen Worte, der

Mangel an Respekt und an Vergebung, die Rebellion, die Sucht nach allen möglichen Sachen, – wie nach der Pornographie, der Droge, der Zigarette, der Masturbation usw., der Ehebruch, die Untreue, die Morde, der Hass, die Unterschlagung, die Korruption usw. sind alle Zeichen der Einflüsse böser Geister oder einer Unterdrückung durch diese Geister im Leben einer Person. Bete gegen diese Sünden und Süchte. Bitte Gott, sie dir zu zeigen, falls du dir dieser Sünden nicht bewusst bist. Der Heilige Geist wird dir dabei helfen, sie zu erkennen und dein Herz von diesen verwerflichen Taten zu reinigen:

Behüte dein Herz mit allem Fleiß; denn daraus geht das Leben. (Sprüche 4,23)

- Manche Situationen wie das ewige Scheitern, die wiederholten Niederlagen in deinem Studium und deinen Unternehmen, die Stagnation, die Unfruchtbarkeit, der Ungehorsam der Kinder, die Streitigkeiten und unaufhörlichen Probleme in der Familie, die Armut usw. sind auch Beweise, dass du und deine Familie befreit werden müsst.
- Weitere Zeichen, dass du spirituell angegriffen bist, sind: seltsame Träume, in denen du dich beim Essen siehst; du siehst verstorbene Menschen; du siehst Schlangen und Insekte; Menschen mit Pfeilen verfolgen dich; du siehst Meere; man will dich töten; du hast Geschlechtsverkehr; du kämpfst mit Giganten oder Monstern; du wirst entkleidet usw. Das alles passiert in deinen Träumen. Als ich angefangen hatte, konkret mit spirituellen Problemen in meinem Leben konfrontiert zu sein – was mich glücklicherweise dazu gebracht hat, Gott gewissenhaft zu suchen –, erinnere ich mich, als wäre es gestern passiert, an einen Traum, in dem ich an der Decke und an den Wänden meiner Wohnung Schlangen und Insekten gesehen habe. Nach diesem Traum hatte ich noch viele dieser Art von Träumen, die ich am Anfang dieses Absatzes angeführt habe. Manche dieser Träume trafen tatsächlich ein. Ich wurde beispielsweise ein- oder zweimal im Traum ausgezogen. Später habe ich einige Kleidungsstücke in meinem Kleiderschrank vermisst. Ich habe auch später in meinem Leben bemerkt, dass ich spirituell keine Kleidung hatte, dass man mich meiner geistlichen Kleidung beraubt hatte, weil ich viele geistliche Angriffe hatte

und seelisch viel litt. Bis heute weiß ich auch nicht, wie meine Kleidung von heute auf morgen aus meinem Kleiderschrank verschwunden ist. In einem anderen Traum habe ich mit einem Monster gekämpft, das zu gehen und immer wiederzukommen schien. Die Monate und Jahre, die folgten, waren Zeugen meiner großen seelischen Foltern und extremer Qualen. Ich musste gegen Sünden kämpfen, gegen unreine und morbide Gedanken und seltsame Gewohnheiten, die ich vor diesen spirituellen Angriffen nicht gehabt hatte. Ein anderer Traum oder Alptraum, den ich hatte – eine oder zwei Wochen nach dem Traum mit den Schlangen und Insekten – und durch den mein Glaube in Jesus Christus größer und stärker geworden ist, war ein Traum, in dem rot angezogene Soldaten mich mit Pfeilen bis ans Meer verfolgten. Wie durch ein Wunder, und als würden mir plötzlich durch eine unsichtbare und mächtige Kraft Flügel gegeben, konnte ich fliegen und dann auf einer Art Erde oder kleiner Insel mitten im Meer landen. Am Ende dieses Traums wollte eine Person, die ich nicht gesehen habe, mir den Fuß abhacken. Glücklicherweise ist dies auch im Traum nicht passiert und ich wachte auf. Am gleichen Tag, als ich arbeiten ging, hatte ich einen Unfall. Ich rutschte aus, fiel hin und konnte nicht mehr gut gehen. Eine Zeit lang musste ich mit Krücken laufen. Daher möchte ich dir sagen, dass die Mächte der Finsternis wirklich existieren. Sie handeln im Leben von allen Menschen. Nur den echten Jüngern und Nachfolgern Jesu Christi können sie nichts antun. Ihre bevorzugte Zielgruppe bilden die Personen, die Jesus Christus nicht wirklich angenommen haben. Besonders die Christen, die es nur vom Namen sind, greifen sie an; Gläubige, die nicht neugeboren sind; die die Wahrheit nicht in sich haben; die sich ihrer Identität in Christus nicht bewusst sind; die die spirituellen Realitäten nicht kennen; die den Bund mit Gott nicht respektieren; die sich zwar Christen nennen, ihr altes Leben aber nicht aufgeben, um ein neues Leben in Christus anzufangen. Was mich betrifft: Ich habe meine Heilung dank meines Glaubens an Jesus Christus bekommen. Diesen tiefen Glauben konnte ich durch ein Gebet vom nigerianischen Pastoren und Propheten T. B. Joshua in seinem Fernsehprogramm »Emmanuel TV« entfalten. An diesem Tag – drei Tage nach dem Unfall – ist es mir gelungen, mich auf meinen Fuß zu stützen, den ich vorher nicht einmal auf den Boden legen konnte, und eine Krücke loszuwerden. Dieses Wunder war die Erfüllung eines Satzes des Glaubens, den ich am Tag des Unfalls gesagt hatte. Dies war der Satz, den ich ausgerufen hatte: »Nur Jesus Christus wird mich retten.« Das ist das Hauptereignis meines Lebens, das meinen tiefen Glauben an Jesus Christus endgültig ausgelöst hat. Und wenn Jesus Christus mich gerettet hat, wird er das auch für dich tun! Vertraue ihm nur.

Es ist also eine Verschwendung deines Heils, dass du noch Sklave der Sünde oder einer der Sachen, die ich aufgezählt habe, bist, wo doch Jesus Christus den Preis für dich am Kreuz schon gezahlt hat. Er hat aller Schuld, allen Sünden und ihren Konsequenzen in deinem Leben und den Mächten und Gewalten endgültig ihre Macht entzogen. Du verstehst diese Wahrheit noch besser in diesen Bibelversen:

Gott hat den Schuldschein, der uns mit seinen Forderungen so schwer belastete, für ungültig erklärt. Ja, er hat ihn zusammen mit Jesus ans Kreuz genagelt und somit auf ewig vernichtet. Auf diese Weise wurden die Mächte und Gewalten entwaffnet und in ihrer Ohnmacht bloßgestellt, als Christus über sie am Kreuz triumphierte. (Kolosser 2,14–15)

Jesus Christus hat alles, was dich illegal band und über dich herrschte, gebrochen, vernichtet und getötet. Die äußerste Entscheidung, die darin besteht, stark an dieses Erlösungswerk zu glauben, deine Sünden zu bereuen und umzukehren (Apostelgeschichte 3,19), um diese Freiheit und dieses Heil zu genießen, kommt nur dir zu. Niemand kann diese ausschlaggebende Entscheidung für dich nehmen. Es ist eine persönliche Angelegenheit zwischen Gott und dir.

Die echte und wirksame Befreiung eines Menschen aus der Welt der Finsternis geschieht nur, wenn der Mensch sich des Todesreiches bewusst ist und fest entschlossen ist, sich von seinen Werken zu trennen. Das heißt, dass du selbst einen großen Teil an der Befreiungsarbeit haben musst – dein Wille, befreit zu werden, zählt vor allen anderen Dingen, auch dein Durchhaltevermögen im Gebet, das Lesen und das Nachdenken über das Wort Gottes, das Fasten, die Geduld und die Ausdauer, die Liebe zu Gott und zu deinen Mitmenschen, der Ruf nach Hilfe der Ältesten usw. Wenn du das alles ständig tust und somit deinen Beitrag geleistet hast, werden die Engel, Gesandte und Diener Gottes das Joch über deinem Hals brechen (Exodus 23,20–23 & 27–28). Irgendwann wirst du deine Befreiung fühlen und in Jesus Christus den Sieg über die Sünde und das Böse haben.

Es sind also die Engel Gottes, die auf Befehl der Gesandten Gottes die Befreiung der Menschen durchführen (Psalm 103,20). Jedoch findet keine richtige Befreiung statt, wenn der Betroffene nichts über die spirituellen Realitäten weiß. Jeder Mensch, der sich nach der Befreiung von bösen Geistern sehnt, sollte wissen, dass er künftig ein neu erschaffener Mensch ist und auf sein altes, sündiges Leben verzichten muss (2.Korinther 5,17). Wenn die Person diese Wahrheiten nicht kennt und wie früher, vor ihrer Befreiung, weiter in der Sünde lebt, werden die Dämonen in sie zurückkehren und ihre Situation wird schlimmer als vorher (Matthäus 12,43–45).

(Die Weisheit Gottes wird dich zur Erkenntnis bringen, dass etwas in deinem Leben nicht stimmt. Sie wird dich durch den Heiligen Geist zur Überzeugung der Sünde in deinem Leben führen, damit du nach deiner Befreiung suchst. Die Weisheit Gottes wird dir dabei helfen, dich in Lebenssituationen im Sinne Gottes angemessen zu benehmen und lösungsorientiert zu handeln. Sie wird dich auch Schritt für Schritt bis zur Verwirklichung deines Schicksals begleiten.)

Kapitel 11: Die Weisheit

Die echte Weisheit kommt von Gott, nicht von Menschen – Die Weisheit Josephs als Beispiel

Gott ist die Weisheit. Er hat die Welt und alles, was darin ist, mit der Weisheit geschaffen. Die Bibel lehrt uns, dass die Weisheit, bevor alles anfing, vor allen Werken Gottes, vor aller Zeit und noch vor Beginn der Welt von Gott eingesetzt wurde (Sprüche 8,22–23). Sie ist also älter als die Erde, aus der du stammst und die dich zur Welt kommen sah. Es ist mit und dank der Weisheit, dass die Welt weiterbesteht. Ohne die Weisheit gäbe es nicht einmal eine Prise guter Taten, es gäbe gar keinen Frieden zwischen den Menschen. Wenn du bemerkst, dass Gerechtigkeit an einem Ort herrscht, solltest du wissen, dass dies das Werk der Weisheit ist (Sprüche 8,15–16). Es sind zwar Menschen, die gerecht gehandelt hätten, aber die gerechten Menschen werden von der Weisheit Gottes inspiriert und gesteuert. Die Weisheit lehrt dich, immer Gott durch den Heiligen Geist um Rat zu fragen, bevor du irgendeine Entscheidung in allen Bereichen deines Lebens triffst, bevor du sprichst und bevor du handelst. Die Weisheit ist der Instinkt in dir, der dich dazu führt, gut und bedacht zu handeln, das Gute vom Bösen zu unterscheiden und das Richtige in den Augen Gottes zu tun. Es ist die Weisheit, die dich dazu bringt, die Gesetze und Verordnungen Gottes und auch manche vom Staat etablierte Gesetze zu beachten, die dem Willen Gottes entsprechen. Die Weisheit schreibt dir ein ehrliches und vornehmes Benehmen deinem Nächsten gegenüber vor. Sie gibt dir die Kraft, jemandem, der dich zum Beispiel beschimpft, nett und freundlich zu begegnen. Dank der Weisheit kannst du deine Ernährung kontrollieren, sodass sie ausgeglichen ist, damit du gesund leben kannst. Die Weisheit wird dir helfen, nicht auf Provokationen mancher mürrischer Personen im Verkehr zu antworten und deine Ruhe zu bewahren. Dank der Weisheit wirst du dich angemessen, anständig und dezent kleiden können. Die Weisheit wird dir zeigen, wie du dich gegenüber älteren Leuten benehmen sollst. Die Weisheit wird dich davon abhalten, in Zorn zu geraten und dich vom Zorn überwältigen zu lassen, auch wenn jemand dich geärgert hat, oder du eine Ungerechtigkeit erleiden musstest. Die Weisheit wird dir die Einsicht über die Ursache und den Hintergrund eines Problems geben. Es ist tatsächlich die Weisheit, die Gott Joseph gegeben hat, die ihm erlaubte, die Träume Pharaos zu erklären (Genesis 41,25–32), und ihm darüber hinaus einen Aktionsplan zu empfehlen, der Ägypten vor dem Hungersnot bewahren würde (Genesis 41,33–36). Sogar der Pharao war fasziniert von dem Geist Gottes, der in Joseph wohnte und hat seine Weisheit erkannt (Genesis 41,38–39). Die Weisheit vergibt, sie sucht das Gute von anderen, sie ist friedlich und voller Barmherzigkeit usw.:

> Dagegen ist die Weisheit von oben erstmal rein, dann friedfertig, gütig und nachgiebig. Sie ist voller Erbarmen und guter Früchte, unparteiisch, ohne Heuchelei. (Jakobus 3,17)

> Ich, die Weisheit, bin mit der Klugheit im Bund. / Durch Umsicht finde ich Erkenntnis und Rat. (Sprüche 8,12)

Mit der Weisheit sind wir nie Verlierer. Sie belohnt die Menschen, die von ihr Gebrauch machen, immer. Manche Leute haben leider eine verdrehte Denkweise über die Weisheit. Sie sagen zum Beispiel, dass es dumm und unnütz sei, immer ehrlich zu sein, weil die ehrlichen Menschen immer verlieren würden, weil sie am meisten Ungerechtigkeit von den unehrlichen Menschen erleiden. Diese Leute mit einem solchen verdrehten Räsonnement bringen sogar ehrliche, aber in ihrem Glauben nicht gefestigte Menschen dazu, zu lügen oder andere unwürdige Taten zu begehen. Das von Joseph im Haus Potiphars, seines Chefs, erlebte Missgeschick könnte die verdrehte Denkweise dieser Leute bekräftigen. Die Frau Potiphars hatte Joseph darum gebeten, mit ihr zu schlafen. Dieser, der ein ehrlicher und integrer, mit dem Geist Gottes erfüllter Mann war, weigerte sich, diesem Verlangen oder dieser Versuchung nachzugeben. Als er vor der Frau Potiphars floh, ließ er seine Kleidung in ihren Händen zurück, wahrscheinlich, weil sie ihn zurückhalten wollte. Die Frau Potiphars log danach über ihn und sagte, dass Joseph mit ihr schlafen wollte und dass er davongelaufen wäre, nachdem sie um Hilfe gerufen hätte. Dabei hätte er seine Kleidung neben ihr gelassen. Sie erzählte ihrem Mann diese Lüge. Potiphar schickte Joseph daraufhin ins Gefängnis (Genesis 39,6–20). Die Personen, die die Liebe Gottes nicht in sich haben, die nichts von dieser Liebe verstehen, die nicht wissen, dass Gott früher oder später den Menschen Gerechtigkeit widerfahren lässt, die ihm gehorchen, und diejenigen bestraft, die widerspenstig sind, tendieren dazu zu glauben, dass Ehrlichkeit und Integrität unbelohnt bleiben. Die Folge und das Ende der Geschichte Josephs zeigen allerdings, wie Gott unsere Ehrlichkeit und Integrität groß belohnt, wenn wir ihm trotz unserer Enttäuschungen und Unannehmlichkeiten vertrauen. Joseph wurde später aus dem Gefängnis freigelassen und an die Spitze des Staates gestellt (Genesis 41,40–41). Dank seiner Weisheit konnte Joseph über Ägypten herrschen, obwohl er dort ein Ausländer war. Er war gerecht und wurde mit Ruhm und Reichtum gekrönt. Das war das Werk der Weisheit (Sprüche 8,15 & 18).

Ich möchte dir gern einige Erlebnisse meines Lebens bezüglich der Weisheit erzählen:

Eines Tages war ich in Bielefeld zu Besuch bei einer Freundin. Wir wollten am Abend mit Freunden ausgehen. Wir mussten die Bahn nehmen. Es war spät, die Bahn war schon da und wir mussten einsteigen. Es gab keinen Ticket-automaten in der Bahn. Es war mein erstes Mal in Bielefeld und ich wusste nichts davon. Plötzlich sahen wir einen Kontrolleur in der Bahn. Er war noch weit weg von uns und die Freundin riet mir, schnell auszusteigen, damit er mich nicht sieht. Ich konnte es aber nicht tun. Ich habe ihr geantwortet, dass ich in der Bahn bleibe. Ich sagte mir, dass ich die Konsequenz ziehen werde: Wenn ich die Geldbuße bezahlen müsste, würde ich sie bezahlen, denn es war schließlich meine Schuld, dass ich ohne Ticket eingestiegen war. Der Kontrolleur kam mir entgegen und bemerkte, dass ich keine Fahrkarte hatte. Er lächelte mich an und verlangte nichts von mir. Wäre ich aus der Bahn ausgestiegen, hätte ich bis heute sicher noch Gewissensbisse. Ich hatte keine Weisheit bewiesen. Normalerweise hätte ich alles getan, um die Fahrkarte zu kaufen (was ich eigentlich immer gemacht habe), bevor wir in die Bahn einstei-gen, egal ob wir pünktlich zur Feier am Abend eintreffen oder nicht. Es wäre auch nicht weise gewesen auszusteigen, um dem Kontrolleur zu entkommen. Ich war ehrlich und bekam als Belohnung diese Begnadigung.

Ich kann mich noch erinnern, dass ich als Kind von meinen Klassenka-meraden viel gehänselt wurde. Obwohl ich sehr ruhig war und mit niemandem stritt, beschimpften sie mich mit dem Wort »fofi«, das in meiner Muttersprache Fon »Streichholz« bedeutet. In dieser Zeit hatte man mich mit meinem Vornamen »Elfie« genannt. Und da ich dünn war, riefen mich einige meiner Kameraden mit dem Namen »fofi«, der akustisch meinem Vornamen ein bisschen ähnelte. Ich erwiderte aber nicht. Diese Gleichgültigkeit, mit der ich mit diesen Schikanen umging, bewies Weisheit. Auch wenn es mir vielleicht ein bisschen weh getan hat – was ich aber nicht glaube, zumindest in dieser Zeit –, blieb ich ruhig. Aber die Weisheit geht über die Tatsache hinaus, auf Schimpfwörter, Verspottungen, Angriffe und andere vom Bösen zur Provokation geworfene Pfeile nicht zu antworten. Denn: Ohne die Erkenntnis und die Liebe Gottes in uns, die uns erlauben, jeder Versuchung zu widerstehen, ist es uns unmöglich, diese Pfeile komplett zu vergessen und zu ignorieren. Es wird uns dann schwerfallen, die wegen dieser Pfeile entstehende Bitterkeit aus unseren Herzen zu vertreiben und uns nicht emotional zerstören zu lassen. Als ich größer wurde, habe ich verstanden, dass diese Hänseleien der Vergangenheit – und auch andere negative Erfahrungen in meinem Leben – mein Selbstbewusstsein zerstört hatten. Sie hatten Wunden in mir hinterlassen, die nicht geheilt waren. Das hat erhebliche Konsequenzen in meiner Beziehung zu meinen Mitmenschen und in meiner Ehe gehabt.

Ein Mensch, der keine Weisheit besitzt, kann nicht behaupten, dass er Gott kennt. Denn, so wie die Bibel es sagt: »Alle Weisheit fängt damit an, dass man Ehrfurcht vor dem Herrn hat. Ja, klug ist, wer sein Leben nach Gottes Geboten ausrichtet. Nie wird das Lob des Herrn verstummen!« (Psalm 111,10) Um herauszufinden, ob du weise bist oder nicht, prüfe dich im Spiegel des Wortes Gottes. Die Bibel wird dein Herz ansprechen. Sie wird dir dein Benehmen und deine Angewohnheiten enthüllen, die Gott nicht gefallen. Nur in Verbindung mit dem offenbarten Wort Gottes kannst du dich selbst wirklich kennenlernen. Die Weisheit von oben, das heißt die, die von Gott kommt, sollte eine erstrangige Zutat unter den Bestandteilen der Charaktereigenschaft eines Christen sein. Und der Mensch eignet sich diese Weisheit nicht allein an, sondern mit Gottes Hilfe. Aus diesem Grund ermahnt uns der Apostel Jakobus in seinem Brief dazu, Gott darum zu fragen, wenn wir der Weisheit ermangeln. Gott, der selbst Weisheit ist, wartet auch nur darauf, dass wir sie suchen, und er wird sie uns gern geben (Jakobus 1,5).

Die (echte) Weisheit besteht nicht darin, scheinbar gute, moralische und menschliche Entscheidungen und Regeln für die Gesellschaft zu schaffen. Die Weisheit von Gott hat nichts Gemeinsames mit der Weisheit der Welt, das heißt, sie hat weder etwas mit dem menschlichen Verständnis noch etwas mit der philosophischen Denkweise über die existenziellen Fragen dieser Welt zu tun. Die Weisheit kommt von Gott und Gott ist Weisheit. Sie ist unentbehrlich und zieht Gott in seinem Wort und durch Gebete für alles zurate. Gott spricht von »der Weisheit laut dieser Welt« (1.Korinther 3,18) oder der »Weisheit der Menschen«, die töricht und vergänglich ist, und unterscheidet sie von »der Weisheit, die von oben kommt« oder der »Weisheit, die von Gott kommt« (Jakobus 3,17). Das folgende Beispiel wird dir helfen, die Idee besser zu verstehen und zwischen den beiden Arten der Weisheit zu unterscheiden:

Betrachte das Wort Gottes und was es uns über den Geschlechtsverkehr, den Ehebruch, die Homosexualität, den Inzest usw. lehrt. Gott verabscheut die Verderbtheit der Natur des Geschlechtsverkehrs, den er selbst geschaffen hat (Levitikus 18,6–30 & 20,10–24/Genesis 19/Römer 1,18–32/1.Korinther 6,9–10). Leider stellt sich heraus, dass dieses unmoralische und verkehrte Ausleben der Sexualität in manchen Ländern legalisiert ist, die sogar diese Ehen schließen lassen. Die Entscheidungsträger verstecken sich hinter dem Vorwand des Respekts der Menschenrechte, der Nächstenliebe und der Toleranz, um Gesetze zu rechtfertigen, die sie selbst bilden und die nichts mit der Moral und den von Gott gepriesenen Werten zu tun haben. Sie denken weise zu sein, indem sie solche Gesetze verabschieden. Wenn Gott aber einen König, einen Präsidenten oder ein Staatsoberhaupt auswählt, will er ihn mit seiner Weisheit und Intelligenz versehen und erwartet von ihm, dass er seine deutlich in seinem Wort beschriebenen Gesetze beachtet und praktiziert und seinem Volk nahebringt. Nur so kann es dem Staatsoberhaupt und seinen Bürgern gut gehen und sie können in Gerechtigkeit und Frieden leben (1.Chronik 22,12–13). Ein Gesetz, das dem Gesetz und dem Willen Gottes nicht gemäß ist, kommt vom Bösen und führt das Volk unvermeidlich zum Tod. Die Homosexualität, der Geschlechtsverkehr mit Tieren, der Inzest, die Pädophilie usw. und die Ungerechtigkeiten, die den Armen und Elenden widerfahren, entsprechen Gottes Willen nicht. Viele Menschen leiden unter diesem Mangel an Weisheit Gottes in den Staaten dieser Welt. Allein die

Personen, die wirklich das göttliche Leben in Jesus Christus erhalten haben, werden vor unvernünftigen Entscheidungen des Staates und deren Konsequenzen sicher sein. Eines ist aber sicher: Die Ungerechtigkeit, die die Völker erleben, bleibt nie unbestraft (Jesaja 10,1–2), weil unser Gott ein Gott der Gerechtigkeit ist. Die Weisheit Gottes ist sanftmütig und friedlich. Jedoch toleriert sie keine schlechten Taten, Lebens- und Denkweisen, da die letzte Konsequenz dieser Taten der Tod ist. Jeder, der außerhalb der Wege Gottes wandelt – in der Lüge, in der Korruption, in der Verderbtheit, in der sexuellen Unmoral, im Hass usw. – lebt getrennt von Gott und wird nach seinem Tod weit weg von seinem Angesicht verworfen. Das ist die Hölle. Gott liebt den Sünder, er liebt die Homosexuellen, die Ehebrecher und die anderen Sünder als Menschen, aber er hasst die Homosexualität, den Ehebruch, den Inzest genauso wie er die Lüge, die Dieberei, die Korruption usw. hasst. Weil er rein ist, kann er folglich keine Unreinheit in seinem Reich akzeptieren. Und jede Person, die sündigt, trägt die Unreinheit in sich und sie bleibt in ihr, auch nach ihrem Tod. War die Person zu ihren Lebzeiten ein Dieb, wird sie auch nach ihrem Tod eine mit dieser Sünde befleckte Seele bleiben. Auch eine Person, die Homosexualität praktiziert hat, wird nach ihrem Tod homosexuell in ihrer Seele bleiben. Und die Bibel sagt, dass keine Person oder Seele, die unrein lebt, das Reich Gottes ererben wird (1.Korinther 6,9–10/ Galater 5,21/Apokalypse 21,8). Gott verdammt nicht nur Sünden wie die Homosexualität, den Ehebruch, den Inzest, sondern auch die Lüge, die Dieberei unter allen Formen, die Verleumdungen, die Beleidigungen, den Hass, den Mangel an Liebe usw. Nicht ich sage es, sondern die Bibel! Alle Personen, die diese Sünden und andere begehen und die ins Himmelreich kommen wollen, sollten Buße tun und Gott um Vergebung und Befreiung bitten. Mit dem Blut Christi haben wir alle die Vergebung der Sünden und die Erlösung in Jesus Christus, natürlich nur dann, wenn wir unser altes sündiges Leben aufrichtig bereuen und hinter uns lassen. Gott ist immer bereit, dem Sünder zu vergeben (Jesaja 55,7). Er ist ein guter Gott, geduldig, gnädig und von großer Barmherzigkeit. Er wird aber nicht mit dir zufrieden sein, wenn du ihn nicht fürchtest, wenn du deine Sünden nicht bekennst, sondern dir darin gefällst (Numerus 14,18/Psalm 103,8–13). Er ist nicht hart, wie manche denken, die seine Gesetze für schwierig halten. Er will uns nur die Hölle ersparen und uns in seinem Paradies empfangen.

Deswegen sagt er uns in seinem Wort die Wahrheit und will, dass wir unser eitles, sündiges Leben aufgeben. Denn der Himmel steht der Hölle entgegen. In der Hölle herrschen die Sünde, die Unreinheit, das Leid und die ewige Verdammnis, im Himmel aber die Reinheit, die Heiligkeit, den Frieden und die Ewigkeit bei Gott.

Die Weisheit beachtet die Vorschriften und Verordnungen Gottes. Alles, was du in deinem Kopf hörst – was dein Gewissen dir sagt, zu tun –, was du auf der Straße, vor oder in großen Gebäuden, in Läden, dem öffentlichen Verkehr, Parkplätzen, auf dem Weg usw. liest oder hörst, und das dem Wort Gottes entspricht, kommt von seiner Weisheit. Einige konkrete Beispiele sind: Verkehrsampeln, Verkehrsschilder, Warnschilder, Parkplätze für Behinderte, der Respekt und der Vorrang, die man älteren Menschen im Alltag zeigt – zum Beispiel für das Sitzen in der Bahn –, die Hinweisschilder gegen Schwarzfahren usw.

Wenn du lügen oder stehlen oder irgendeine schlechte Tat begehen willst und eine Stimme in dir dich davon abhält, füge dich. Denn es ist die Weisheit, die dich dazu ermahnt. Wenn auch ein(e) Verwandte®, ein(e) Freund(in), eine Bekanntschaft oder irgendeine Person, eine Institution, sogar dein(e) Chef(in) oder der Staat dir empfehlen oder dich dabei unterstützen, gegen Gottes Prinzipien und Werte zu handeln, zögere bitte nicht, deinem Gott zu gehorchen. Du sollst zwar die Leute in deiner Umgebung respektieren, aber ohne deine Beziehung zu Gott aufs Spiel zu setzen, denn Gott ist über allen und allem. Ihn sollst du über alles lieben und respektieren, vom ganzen Herzen, von ganzer Seele, von ganzer Kraft und mit all deinen Gedanken.

Hört! Die Weisheit ruft laut auf den Straßen, auf den Markplätzen erhebt sie ihre Stimme. Im Lärm der Stadt macht sie sich bemerkbar und ruft allen Menschen zu: ... (Sprüche 1,20–21)

Gott erhöht die Schwachen, Armen und Hilflosen der Gesellschaft, indem er sie mit seinen Tugenden wappnet, unter denen die Weisheit und die Intelligenz sind – das, was jedes erhobene Herz, das sich das Monopol der Macht und des Ruhms aneignet, zum Schweigen bringt. Du, dessen Herz für Gott schlägt, glaub nicht, dass diese Liebe und dieser Eifer, die du in dir für Gottes Werke fühlst, von dir kommen. Es ist Gott selbst, der dich beruft. Er will dein Herz beschneiden, er will sein Gesetz, seine Liebe und seine Weisheit hineinschreiben, sodass dein Denken und dein Handeln Gott ähnlich sein werden (Deuteronomium 30,6/Jeremia 31,33/Hebräer 10,16/Hesekiel 11,19). Zögere nicht, auf seinen Ruf mit »ja« zu antworten und ihn in seinem Wort zu suchen. Gib nicht auf, Gott zu suchen und mit ihm zu wandeln, anderenfalls wirst du nicht zum Ziel kommen. Wenn du den Zug nimmst, um zu einem Ort zu fahren, dann aber viele Haltestellen vor dem Reiseziel aussteigst, hättest du die Reise abgebrochen. Um die Reise weiterzuführen, müsstest du den Zug an dem Ort nehmen, an dem du ausgestiegen bist – natürlich nur, wenn du mittlerweile nicht zurückgegangen wärst. Genau das passiert, wenn du die Reise mit und zu Gott anfängst. Hör also nicht auf, ihn zu suchen. Blicke nicht nach hinten (Lukas 9,61–62), sondern geh voran. Kommt es vor, dass du fällst, mit der Reise aufhörst oder zurückgehst, steh wieder auf, fahr wieder los, geh vorwärts, Gott wartet auf dich.

Es gibt keine größere Weisheit als Gott in seinem Leben anzunehmen und sich von seinem Heiligen Geist erfüllen zu lassen. Die Weisheit ermöglicht dir, Gott zu kennen, ihn, sein Wort, seine Verordnungen und Gebote zu verstehen und sie zu praktizieren. Sie zeigt dir seine Wege und wie er handelt.

Die Weisheit bringt dich dazu Sachen zu tun, die die meisten unvernünftigen Menschen für komisch halten. Die Weisheit vertreibt Feindlichkeit. Die Weisheit hilft dir dabei, vernünftige und korrekte Entscheidungen zu nehmen.

(Lass dich, nachdem du Jesus Christus empfangen hast, von seiner Weisheit verändern und nutze diese Weisheit für den Dienst in seinem Reich, so wie Joseph es getan hat. Vergeude nicht die Schätze Gottes, die er in dich hineingelegt und verborgen hat.)

Kapitel 12: Setz dich für Gott ein

Der Himmel fängt schon hier auf Erden an – Gib dieser Erde das Gesicht des Himmels, indem du deine Talente zum Dienst Gottes einsetzt

An Jesus Christus, unseren Retter glauben, nur weil wir die Sicherheit haben, mit ihm im Himmel ewig zu leben, schränkt uns hier auf Erden ein, uns für sein Reich einzusetzen. Er hat uns zwar gerettet und uns Plätze mit ihm im Himmel vorbereitet (Johannes 14,2–3), aber er erwartet ebenso, dass wir aktiv an der Erweiterung seines Reiches teilnehmen. Mit der folgenden Veranschaulichung wirst du sicher besser verstehen, warum Jesus Christus dich dazu einlädt, dich für sein Reich zu engagieren:

Du und deine Geschwister habt es sehr schwierig im Leben. Ihr wisst nichts davon, dass eure Eltern oder irgendwelche nahen Verwandten euch viele Schätze hinterlassen haben. Sie haben nur dem Notar diese Wahrheit gesagt, damit ihr erst Zugang zum Erbe habt, wenn ihr es wirklich braucht. Du und deine Geschwister seid aber inzwischen in der Welt verstreut. Du hast sogar irgendwie den Kontakt zu ihnen verloren. Da jeder sich anstrengen musste, um zu überleben, seid ihr eure einzelnen Wege gegangen. Manche von euch sind sogar in andere Länder gegangen. Eines Tages bekommst du unerwartet und durch ein Wunder den Anruf vom Notar, den du nicht kennst, der dir aber eine Nachricht übermittelt, die dein Leben und das deiner Geschwister total verändern wird. Meine Frage an dich ist: Wirst du diese glückliche Nachricht für dich behalten und allein von den Vorteilen und Privilegien des Erbes profitieren? Ich an deiner Stelle würde es eilig haben, meine Geschwister zu finden, um sie über die Neuigkeit zu informieren und diese Freude mit ihnen zu teilen. Ich nehme an, dass du auch das Gleiche tun würdest. So will auch Gott, dass nicht nur du, sondern auch deine Nächsten von ihm hören und die Köstlichkeiten seines Reiches genießen.

Hast du dir überlegt, nachdem du zu Jesus Christus gefunden hast, wie du viele andere Menschen auf der Welt für das Reich Gottes gewinnen könntest? Du bist mittels einer Person oder eines Kanals konvertiert, ohne die oder den du sicher noch in der Welt wärst – das heißt zwischen den Ungläubigen. Dass du jetzt Teil des Himmelreiches bist, verdankst du erstens Jesus Christus und dann diesem Kanal, durch den du neugeboren bist. Aus diesem Grund bist du jetzt deinerseits an der Reihe, deinen Mitmenschen das Evangelium zu verkünden, um ihnen zu ermöglichen, aus der Welt der Finsternis in die Welt des Lichts zu kommen. Jesus Christus hat seinen Jüngern die Mission aufgetragen, in die Welt zu gehen, allen Menschen die rettende Botschaft des Evangeliums zu verkünden, alle Nationen zu seinen Nachfolgern zu machen und sie zu lehren, seine Verordnungen einzuhalten (Matthäus 28,19–20/Markus 16,15–16). Auch du bist seit deiner Neugeburt ein Jünger Jesu Christi und sollst aus anderen Menschen Jünger Jesu Christi machen. Du wurdest nicht dafür gerettet, um nichts für Gott zu tun und um nur mit der Arbeit, die du vor deinem Heil getan hast, fortzufahren. Du bist gerettet, um dir Schätze im Himmel zu sammeln. Zu diesen Schätzen zählt, die Liebe und Gerechtigkeit Gottes in der Welt walten zu lassen, indem du Menschen von Jesus Christus erzählst, die Gemeinde und das Werk Gottes mit Gebeten und deinen Finanzen unterstützt, Armen hilfst, Gefangene befreist, Kranke heilst usw. Das alles soll dir am Herzen liegen und den ersten Platz in deinem Herzen einnehmen. Wenn du dir das zur Gewohnheit machst, wenn du deine Zeit, deine Energie und deinen Besitz ins Reich Gottes investierst, statt sie hauptsächlich in deinen Beruf und in weltliche Sachen wie Häuser, Kleidung, Essen, Spielen, Hobbys usw. zu stecken, wirst du das immer tun wollen, weil dort, wo dein Schatz ist, auch dein Herz sein wird (Matthäus 6,20–21). Gewöhnst du dich zum Beispiel daran, Filme zu schauen, Sport zu treiben, zu Konzerten oder in die Diskothek zu gehen usw., wirst du immer das Verlangen nach diesen Hobbys oder Aktivitäten haben. Und dein Geld wirst du auch dafür nutzen. Es sind aber Dinge, die vergehen werden. Im Himmel gibt es diese Dinge nicht. (Du solltest verstehen, dass ich dir damit nicht rate, keinen Sport zu treiben oder keinen Zeitvertreib zu haben. Ich versuche dir nur zu empfehlen, aus deinem Sport, deinem Hobby oder anderen Dingen keine Götter zu machen. Nichts darf den Platz Gottes in deinem Herzen nehmen. Ich rate dir nicht, keine Filme zu schauen. Gott sei gelobt, wenn es sich um Filme handelt, die deinen Glauben an Jesus Christus stärken oder dich instruieren.) Was aber Diskotheken oder weltliche Konzerte anbelangt, empfehle ich dir, lieber darauf zu verzichten. Diese Orte haben nichts mit Gott zu tun. Wenn du aber im

Gegenteil Verantwortung für das Reich Gottes übernimmst, werden deine Energie, deine Zeit, deine Fähigkeiten, dein Potenzial, deine Habe, die du übrigens von Gott bekommen hast, automatisch für seinen Dienst genutzt werden. Und Gott wird dir dafür sehr dankbar sein. Schon auf dieser Erde und später im Himmel wirst du dafür belohnt werden. Im Psalm 34,23 steht, dass der Herr alle erlöst, die ihm von Herzen dienen. Das heißt, dass du immer vom Bösen, von deinen Problemen und Schwierigkeiten befreit wirst, wenn du dich für Gott einsetzt. Lies die Kapitel der Bibel Exodus 35 & 36, die zeigen, wie die Israeliten, erfüllt von Gottes Geist – der Weisheit, dem Verstand und dem Geschick – ihre Gaben und Talente Gott für den Bau der Stiftshütte zur Verfügung gestellt haben. Bezalel und Oholiab (Exodus 35,30–35) haben beispielsweise als Goldschmiede Schmuckelemente aus Gold, Silber, Bronze und Edelsteinen hergestellt oder als Kunstschnitzer Austattungsgegenstände verziert. Wie dienst du Gott? Welche Talente hast du von ihm bekommen? Nutzt du sie für sein Werk oder nur für deine Interessen? Hast du eine schöne Stimme? Singe und lobe den Herrn damit und vergeude diese Gabe nicht, indem du für die Welt und für deine eitlen Interessen singst. Kannst du zeichnen? Fällt es dir leicht zu lehren? Hast du das Talent, Menschen zu ermutigen? Kannst du kochen und/oder backen? Bist du in der Politik, in der Wirtschaft, in der Medizin, in der Erziehung usw. tätig? In welchem Bereich du auch dienen magst, arbeite für Gott. Egal, was du tun kannst, tu es zum Ruhm Gottes, um ihn zu verherrlichen.

Trag dazu bei, ein Stück Himmel hierher auf diese Erde zu bringen. Eine Gruppe von Personen, die jeden Tag in und mit Jesus Christus lebt, seinen Leib und sein Blut teilt, das heißt, so wie er lebt, ist zwar auf Erden, ist aber wie im Himmel. Sie ist in dieser Welt, gehört aber nicht dazu (Johannes 17,14–16).

Die Personen, die außerhalb dieser oben genannten Personengruppe leben, haben nicht Jesus Christus als Gott und Leiter, sondern den Teufel. Sie sind auf Erden, aber wie in der Hölle, weil alle Menschen, die Jesus Christus nicht als ihren Retter und Erlöser akzeptiert haben, am Ende der Zeiten in der Hölle enden werden. Du, der du Jesus Christus noch nicht angenommen hast, möge Gott sich dir offenbaren, damit du Teil seines Reiches wirst, bevor er kommt. Denn viele der Ereignisse, die in der Welt geschehen, wie das Coronavirus, Erdbeben, Konflikte und Kriege, Hungersnöte, der Mangel an Liebe, der Hass, der Unglaube, die Missachtung der Gebote Gottes, das Böse usw. deuten darauf hin, dass Jesus Christus bald kommen wird und dass das Gericht Gottes sich vollziehen wird. Das alles wurde in der Bibel prophezeit. Lies Matthäus 24,3–15, um es besser zu verstehen.

Fang am besten heute noch an, für Gott zu arbeiten, denn aus Inaktivität wird dauerhafte Faulheit. Die Faulheit treibt den Menschen langfristig in eine tiefe Lethargie hinein, aus der er dann nicht so leicht wieder herauskommt.

(Die Faulheit ist eine Sünde. Auch nicht für Gott zu arbeiten, ist eine Sünde, weil er unser Schöpfer ist. Alles, was wir tun, soll zu seiner Ehre sein. Weil die ersten Menschen aufgehört haben, sich für Gott einzusetzen, hat der Teufel bis heute Einfluss auf die Menschen und es herrscht Leid.)

Kapitel 13: Die Sünde und das Leid

Die Sünde

Die Sünde macht den Menschen geistlich tot. Da der Geist die Antriebskraft in ihm ist, ist er also infolge der Sünde wie eine wandelnde Leiche auf dieser Erde. Am schlimmsten ist, dass er sich dessen selbst nicht bewusst ist.

Die Sünde hat ihr Haus im Menschen gebaut. Er beherbergt sie auch gern und gibt ihr ohne Besorgnis das Recht, in ihm zu bleiben.

Wer Sünden und Böses in sich beherbergt, wird ein Leib mit ihnen. Kein Wunder, dass viele Menschen sündigen und dabei denken, dass sie recht handeln.

Der Mensch kann nichts anderes als Böses hervorbringen, wenn er Böses in sich trägt. Man kann keine Äpfel von einem Zitronenbaum pflücken.

Die erste Sünde – begangen von Eva und Adam –, auch Erbsünde genannt, hat die ganze Menschheit in den Abgrund geführt. Durch ihren Ungehorsam Gott gegenüber im Garten Eden haben sie dem Teufel die Tür geöffnet, der fortan Zugang zu den Herzen der Menschen hatte. So beging Kain, ihr erster Sohn, den entsetzlichen ersten Mord der Menschheit. Er tötete aus Eifersucht seinen Bruder Abel (Genesis 4,8). Adam und Eva wurden, wie die Bibel uns lehrt, nach Gottes Abbild erschaffen (Genesis 1,27). Das heißt, dass sie wie Gott waren, rein, heilig, sündlos. Sie konnten nichts Böses tun. Nach ihrem Ungehorsam gegenüber Gott verloren sie aber diese von Gott geerbte heilige Natur. Da sie nicht mehr wie Gott waren, konnten die Kinder, die sie zur Welt gebracht hatten und ihre Nachfahren auch nicht mehr Gott ähnlich sein (Genesis 5,3). Die Bibel sagt, dass wir uns alle von Gott abgewandt haben und verdorben sind, dass keiner Gutes tut. Alle Menschen haben gesündigt und ermangeln aus diesem Grund des Ruhmes, den sie vor Gott haben sollen (Römer 3,9–12 & 23/Psalm 14,3). Die vereinfachte Version der Bibel »Hoffnung für alle« gibt den Vers Römer 3,23 folgendermaßen wieder:

> Alle sind schuldig geworden und spiegeln nicht mehr die Herrlichkeit wider, die Gott dem Menschen ursprünglich verliehen hatte.

Wir stammen alle aus Adam und Eva, was aus uns allen Sünder macht. Nur die Menschen, die Jesus Christus als ihren Retter und Erlöser angenommen haben, haben die Möglichkeit, wieder Kinder Gottes zu werden, so wie Gott zu werden und ihren geistlichen Zustand vom Anfang wiederzuerlangen, das heißt, so wie Gott sie vor dem Sündenfall erschaffen hat.

Die Sünde und das Böse sind unter den Menschen so verbreitet geworden, dass sie die Wahrheit zur Lüge und die Lüge zur Wahrheit machen. Es ist zum Beispiel nicht selten zu sehen, wie manche Personen lügen und diese Tat als unbedeutend und harmlos betrachten. Sie wissen nicht, dass die Lüge zerstörend ist, oder sie unterschätzen die Schäden, die daraus folgen. Lügen, indem man verleugnet, eine schlechte Tat begangen zu haben, kann dazu führen, eine unschuldige Person zu beschuldigen und anzugreifen. Ein Lügner kann seinen Ansprechpartner in eine verwirrende Situation bringen und ihn dazu bringen, für den Lügner oder den Belogenen nachteilhafte Entscheidungen zu treffen. Die Lüge und der Betrug können bis zum Tod führen. Das Beispiel von Hananias und Saphira in Apostelgeschichte 5,1–11 ist ein Beweis für diese Wahrheit. Dieses Ehepaar hatte ein Grundstück verkauft, dessen gesamter Erlös der Gemeinde Gottes zugutekommen sollte. Das Paar hat den Aposteln aber nur einen Teil des Ertrages gegeben und den anderen Teil für sich selbst behalten. Es hat dazu noch die Gemeinde Gottes angelogen, indem es behauptet hat, ihr das ganze Geld gegeben zu haben. Das hat Hananias und auch Saphira, seine Frau das Leben gekostet. Man merkt manchmal auch an Gerichtshöfen, in Ämtern usw., wo wichtige Entscheidungen getroffen werden, wie durch die Böswilligkeit der Akteure der Justiz die Wahrheit zugunsten der Lüge verdreht wird – die Lüge wird zur Wahrheit. Was die Menschen aber ignorieren, ist, dass alle Handlungen, die Gottes Willen nicht entsprechen und seine Prinzipien und Verordnungen verspotten, früher oder später Konsequenzen nach sich ziehen. Wenn diese Akteure der Ungerechtigkeit später allerlei Probleme in ihrem privaten und professionellen Leben haben, vergessen sie, dass sie in der Vergangenheit schlecht, ungerecht und böse gehandelt haben.

Denn was der Mensch sät, das wird er auch ernten. (Galater 6,7)

Nach dem Sündenfall hat der Mensch seine Herrschaft über alles, was Gott erschaffen hat, verloren. Er ist Sklave von allen Dingen geworden, die ihm Gott untertan gemacht hatte (Genesis 1,28). Er ist, anders als Gott es wollte, der Lüge, der Dieberei, der Verleumdung, dem Lästern, dem Ungehorsam, der Bestechung, der Geldgier, der Eifersucht, dem Neid, dem Mord, der Bosheit, der Wahrsagerei, der Hexerei, der Perversion in allen Formen, den Krankheiten, den Seuchen, den Unfällen, dem plötzlichen Tod usw. untertan geworden. Diese Dinge haben ihn pervertiert. Der Mensch stand unter dem Fluch. Der erste Fluch der Menschheit, der allen Menschen vor dem Kommen Jesu Christi auferlegt war, kam von Gott selbst, der Adam und Eva infolge ihrer Sünde aus dem Garten Eden ausgestoßen hatte und zu ihnen sprach:

> Dann wandte Gott sich zur Frau: »Ich werde dir in der Schwangerschaft viel Mühe auferlegen. Unter Schmerzen wirst du deine Kinder zur Welt bringen. Du wirst dich nach deinem Mann sehnen, aber er wird dein Herr sein!« Zu Adam sagte er: »Statt auf mich hast du auf deine Frau gehört und von den Früchten gegessen, die ich euch ausdrücklich verboten hatte. Deinetwegen soll der Ackerboden verflucht sein! Dein ganzes Leben lang wirst du dich abmühen, um dich von seinem Ertrag zu ernähren. Du bist auf ihn angewiesen, um etwas zu essen zu haben, aber er wird immer wieder mit Dornen und Disteln übersät sein. Du wirst dir dein Brot mit Schweiß verdienen müssen, bis du stirbst. Dann wirst du zum Erdboden zurückkehren, von dem ich dich genommen habe. Denn du bist Staub von der Erde, und zu Staub musst du wieder werden!« (Genesis 3,16–19)

Die Sünde ist ein Mittel, durch das sich der Fluch vollzieht. Es war wegen der Sünde, dass der Mensch von Gott verflucht und der Segen Gottes ihm entzogen wurde. Und die Menschen können auch fluchen. Wenn zum Beispiel ein Fluch über eine Familie ausgesprochen wird, dass die Leute in der Familie nicht arbeiten werden, wird dies geschehen. Denn genauso wie das Wort Gottes nicht ohne Wirkung zu ihm zurückkehrt (Jesaja 55,10–12), bleiben die Worte, die aus dem Mund einer Person stammen, die flucht, auch nicht ohne Effekt. Dennoch gibt es auch eine Wahrheit, die du nicht ignorieren solltest: Es handelt sich um die Wahrheit, die uns lehrt, dass der Fluch nicht ohne Grund eintrifft (Sprüche 26,2). Das heißt, dass es die Sünden sind, die eine Folge von Verhängnissen auslösen, die uns verfolgen. Verhängnisse, die über unser Leben ausgesprochen wurden – entweder bei oder nach unserer Geburt oder Generationen vorher im Leben unserer Eltern, Großeltern und Urgroßeltern. Da wir das gleiche Blut mit unseren Vorfahren teilen, haben die gegen sie ausgesprochenen Flüche weiter Einfluss auf die nachfolgenden Generationen, das heißt auf uns, ihre Nachfahren. Wenn du irgendein Problem erlebst, das du auch im Leben eines oder mehrerer Familienmitglieder beobachtest, solltest du wissen, dass ihr euch unter einem Fluch befindet. Das steht deutlich in der Bibel: Gott sagt, dass wer an seiner Schuld festhält, die Konsequenzen tragen wird. Und nicht nur diese Person wird die Folgen zu spüren bekommen, sondern auch ihre Kinder, Enkel und Urenkel (Exodus 34,7). Die Letzteren müssen zwar nichts getan haben oder sie müssen nicht die gleiche Schuld wie ihre Eltern und Vorfahren auf sich laden, um die Folgen zu spüren, weil sie sowieso das gleiche Blut wie sie tragen. Aber gerate bitte nicht in Panik, denn Jesus Christus ist deine Lösung. Er hat den Schuldschein und dessen Forderungen, die auf dir lasteten, ans Kreuz genagelt und sie komplett und für immer vernichtet. Er hat die Mächte und Gewalten ihrer Macht entkleidet und sie öffentlich bloßgestellt, indem er am Kreuz über sie triumphierte (Kolosser 2,14–15). Bewahre also deine Gelassenheit. Bedecke dich mit dem Blut Christi, das deine Sünden, ihre Konsequenzen und die Folgen der Sünden deiner Eltern und Vorfahren in deinem Leben verwischen wird. So werden alle bösen Personen um dich, die deine Niederlage planen, vor dir fliehen und machtlos. Dasselbe gilt für alle Flüche oder Verwünschungen, die gegen dich und deine Familie gerichtet worden sind. Sobald du dir diese Wahrheiten über dein Leben aneignest, dich für ein heiliges Leben entscheidest und dich mit dem Blut Christi wäschst, wird deine Befreiung wie der Tag anbrechen. Du wirst ein neues Leben ohne Sünde, ein fröhliches, glückliches, friedliches und erfolgreiches Leben in Jesus Christus anfangen können (2.Korinther 5,17). Du wäschst dich mit dem Blut Christi, indem du dieses Blut über dich aussprichst, indem du Gott bittest, dich neu nach seinem Bild zu gestalten, indem du das Leben, die Liebe Gottes und all seine Tugenden über dich proklamierst. Das tust du mit Worten, weil Worte Macht haben. Es handelt sich um das spirituelle Blut Christi, nicht um sein physisches Blut.

Die Sünde ist eine Macht, die wir nie allein beseitigen können. Noch einmal: Das ist genau der Grund, warum Gott seinen Sohn Jesus Christus schickte, der am Kreuz jeder einzelnen Sünde die Macht wegnahm. Wenn du also Jesus Christus als deinen Retter und Erlöser erkennst und nach seinem Wort lebst, wirst auch du die Sünde überwinden können. Und wenn du die Sünde überwindest, wird dich nichts von den Konsequenzen der Sünde wie Krankheiten, Unfälle, plötzlicher Tod, Armut usw. erreichen.

Solange unsere alte oder sündige Natur, das heißt unser Fleisch nicht gekreuzigt worden ist, um dem göttlichen, vom Gottes Geist geleiteten Leben Platz zu machen, können wir nicht vorgeben, mit Gott zu wandeln. Du kannst jeden Sonntag in die Gemeinde gehen – sogar jeden Tag, du kannst auch Opfergaben und deinen Zehnten bezahlen, du kannst stark gläubig sein, du kannst zu deinem Nächsten freundlich sein, aber solange du dich und deine Familie nicht von den Fesseln des Bösen, von den Flüchen und von der Sünde gelöst hast, könnt ihr nicht das Leben führen, das Gott für euch vorbereitet hat. Du kannst den Eindruck haben, normal zu leben, aber unwissentlich Blockaden in deinem Leben haben. Damit du und deine Familie komplett befreit werden könnt, lade ich dich dazu ein, zunächst dein Leben und das Leben deiner Familie gut zu prüfen, dann die Probleme, das Leid und die anormalen Dinge, die darin herrschen, herauszufinden, und euch letztendlich durch das Blut Christi zu befreien. Du musst gegen die Familienbindungen sprechen, die euch gefangen halten. Du musst gegen die Altäre sprechen, die gegen euer Leben wirken, bis du und deine Familie befreit werdet. Vergiss nicht, dass die Bibel uns sagt, dass wir die Wahrheit erkennen werden und die Wahrheit uns befreien wird (Johannes 8.32). Wenn eine Person dich belügt und du die Wahrheit entdeckst, wirst du dich nicht mehr von ihr betrügen lassen. Genauso wirst du auch alles tun, um dir das nicht mehr gefallen zu lassen, wenn du entdeckst, wer oder was dein Leben und das deiner Familie zerstört.

Wenn die Sünde auf die Tür lauert, vertreibe sie gleich und lass sie nicht in dein Herz. Herrsche über sie, wie Gott es Kain empfahl (Genesis 4.7).

Lass dich nicht vom Bösen besiegen, sondern besiege das Böse durch das Gute. (Römer 12.21)

Lässt du die Sünde in dein Herz und ernährst sie, wird sie letztendlich zu einem Baum mit giftigen Früchten, die dich und deine Mitmenschen zerfressen werden. Du hast die Macht, zu entscheiden, du hast einen Willen. Lass deinen Willen das Gute wählen und tun und sag dem Bösen ein klares und endgültiges »Nein«.

Wenn die Sünde sich in dir eingewurzelt hat, benötigst du viel Zeit und Ausdauer im Gebet, um dich von ihr zu befreien. Heiratest du einen Mann, von dem du dich später trennen willst, der aber nicht damit einverstanden ist, wird er alles tun wollen, um das zu verhindern. Genauso beharrt die Sünde darauf, in dir zu bleiben, wenn du anfängst sie zu bekämpfen, nachdem du herausgefunden hast, dass sie dir illegitim das Leben zur Hölle macht. Sei also geduldig beim Kampf gegen die Sünde.

Will die Sünde in dir bleiben, du willst dies aber nicht, verharre und bleibe fest bei deinem Willen und lebe jeden Tag mit dem Ziel, nur Jesus Christus zu gefallen. Irgendwann wird die Sünde selbst weit weg vor dir fliehen, weil sie dich nicht mehr als Instrument nutzen kann, weil sie sieht, dass du dich entschlossen hast, Jesus Christus zu folgen und kein Interesse mehr an ihr hast.

Alle Menschen, die Jesus Christus nicht angenommen haben, um von ihm erlöst zu werden oder ihn verleugnen, sind wie in einem Gefängnis, denken aber frei zu sein. Sie sind in der Sünde, wissen es aber nicht (Johannes 16,9). Mein tiefster Wunsch für dich ist, dass der Heilige Geist dir die Wahrheit des Evangeliums offenbart, wenn du noch ein Ungläubiger bist.

Wenn alle Menschen die Wahrheit Gottes kannten – wenn sie wüssten, dass alles Übel in der Welt, wie zurzeit das Coronavirus, die Sünde als Ursache hat, so würden wir das Böse in all seinen Formen vermeiden. Wenn alle Menschen nach den Satzungen des Wortes Gottes lebten, gäbe es keinen Platz für das Böse, auf dieser Erde zu herrschen.

Das Leid

Das Leid ist die Konsequenz der Sünde. Da die Sünde zum täglichen Brot der Menschen geworden ist, ist das Leid auch zwingend unvermeidlich.

Als Adam und Eva die verbotene Frucht aßen, wussten sie nicht, dass sie ihr Leben in die Hände des Teufels gaben. Sie waren sich dessen nicht bewusst, dass sie dadurch sich selbst und die ganze Menschheit ins Unglück stürzen.

Das Leid sollte aber kein Anlass sein, den Kampf gegen das Böse aufzugeben, sondern eine Chance, zum Schöpfer zurückzukehren. Gott lässt oft Leid für einige Zeit zu, weil er will, dass wir ihn durch Jesus Christus suchen, damit wir bei ihm Erlösung finden. Denn nur in ihm finden wir Erlösung. Das Leid bringt auch das Niveau unserer Liebe und unserer Verbundenheit zu Gott ans Licht. Es zeigt auch, wie groß unsere Abhängigkeit von Gott ist. Denn die Liebe überwindet alle Hindernisse (Römer 8,35–39). Je mehr wir Gott lieben, desto weniger fürchten wir uns vor dem Leid und es kann uns nicht mehr daran hindern, in Gott zu bleiben. Das Beispiel des Opfers Jesu Christi am Kreuz ist der beste Beweis dafür und ein Vorbild für uns.

Manchmal will Gott uns durch das Leid demütigen, damit wir verstehen, dass wir nur Menschen sind und das Lenkrad unseres Schicksals weder selbst besitzen noch steuern können. Gott spricht zum Beispiel durch schwierige Situationen wie das Coronavirus. Das Kommen dieses Virus und seine rasche Ausbreitung sollten ein Anlass für jeden Menschen sein, zu verstehen, dass er nichts ist, dass er vor dem Tod ohnmächtig ist und dass er Gott suchen sollte. Denn der Mensch, der seine Identität in Jesus Christus kennt, ist zweifellos demütig. Er wird Gott vertrauen, um mit diesem Virus nicht infiziert zu werden. Dieser Mensch wird keine Angst vor dem Virus haben, weil er gegen jedes Übel, jede Krankheit und jedes Virus spirituell gefeit wäre. Jesus Christus hat ja schon all unsere Krankheiten auf sich genommen. Er ist, der uns von allen Krankheiten heilt (Jesaja 53,4/Psalm 103,3), wenn wir an ihn glauben und ihm gehorchen. In Exodus 23,24–25 verspricht uns Gott, dass er die Krankheiten von uns fernhalten wird, wenn wir andere »Götter« oder Götzen nicht anbeten, sondern nur ihn. Stell dir nicht viele Fragen über die Wahrheit und die Existenz Gottes – ob er ist oder nicht, ob es wirklich solche komischen Sachen in der Welt geben würde, wenn er wirklich wäre –, glaub einfach an Jesus Christus, dann wirst du gerettet sein. Erst am Ende der Welt, wenn Jesus Christus wiederkommen wird und die Welt vergehen wird und du die Ungläubigen zusammen mit dem Teufel getrennt von Gott sehen wirst, wirst du verstehen, dass das mit Gott keine Lüge ist. Es wäre aber schon zu spät, wenn du jetzt starrköpfig bleibst und nicht glauben willst. Man glaubt nicht, weil man gesehen hat, sondern, weil man Gott vertraut.

Wenn du Angst vor dem Coronavirus oder vor irgendeiner anderen Krankheit oder vor anderen Dingen hast, möchte ich dir sagen, dass es sich bei dir eher um die Angst vor dem Tod handelt und davor, was danach passieren wird. Dieses Gefühl der Angst, die dich manchmal überkommt, findet seine Erklärung in der Tatsache, dass du nicht weißt, wie es nach dem Tod weitergeht und dich deswegen davor fürchtest. Das einzige Mittel aber, das dir diese Angst nehmen wird, ist die Versöhnung mit Gott, deinem Schöpfer. Kommt diese Versöhnung zustande, wirst du einen unbeschreiblichen Frieden und eine innere Ruhe fühlen. Du wirst automatisch keine Angst mehr haben, denn wenn du nach Gott suchst, wenn du ihn ehrst und achtest, wird er dich von aller Angst befreien, er wird dir seine Engel schicken, die dich mit ihrem Schutz umgeben und retten werden (Psalm 34,5 & 8). Du weißt dann, dass du Gott, der größer als alles ist, der dich vor aller List des Bösen schützen wird, an deiner Seite hast. Denn es steht in der Bibel:

Auch wenn es durch dunkle Täler geht, fürchte ich kein Unglück, denn du, Herr, bist bei mir. Dein Hirtenstab gibt mir Schutz und Trost. (Psalm 23,4)

Und weiter am Ende dieses Kapitels der Psalmen sagt David, dass die Barmherzigkeit, die Güte und Liebe Gottes ihn Tag für Tag begleiten (Psalm 23,6). Diese von David geschriebenen Zeilen gelten auch für dich, wenn du Gott liebst. In Psalm 91 sind die Segen detailliert, die Gott dir verspricht, wenn du ihn liebst. Er wird dich befreien, schützen und dir ein langes und erfülltes Leben geben (Psalm 91,14–16). Wenn eine Person eine andere liebt, lässt sie sie nie im Stich. So wird Gott, der dich über alles liebt, der dich wie seinen Augapfel hütet, dich niemals aufgeben.

Gott lässt manchmal auch Leid zu, weil er uns in seinem Geist stärken will, damit wir letztendlich Sieg und Macht über die Sünde und das Böse haben.
… Denn, wer im Fleisch gelitten hat, der hat Ruhe vor der Sünde … (1.Petrus 4,1)

Der Fehler, den wir also auf dem Leidensweg und beim Kampf gegen das Böse keinesfalls begehen sollten, ist die Flinte ins Korn zu werfen. Es ist besser, sich gar nicht ins Schlachtfeld zu wagen, als dahin zu gehen, ohne den Kampf bis zu Ende zu führen. Der Feind gibt nämlich nicht auf.

Die Menschen, die ihn noch nicht kennen, lässt Gott unter den Belastungen des Teufels leiden, damit sie ihn suchen. Diejenigen, die schon an ihn glauben, prüft er durch das Leid, ob sie immer noch auf ihn vertrauen und an ihn glauben, und bringt sie so, wenn sie die Prüfung bestanden haben, auf ein höheres Niveau in ihrem Glauben.

Der Leidensweg ist das Tor zur Verwirklichung unseres Schicksals in Gott. Der Leidensweg ist der schmale Weg, durch den Jesus Christus uns zu gehen empfiehlt (Matthäus 7,14/Lukas 13,24).

Die Probleme, die uns auf dem Lebensweg begegnen, entsprechen dem Niveau der Beziehung, die Gott sich mit uns wünscht. Je größer unser Leid auf dieser Erde ist, desto höher steigern wir uns in unserer Beziehung zu unserem Vater, wenn wir uns nicht von den Problemen überwinden lassen, sondern immer in Jesus Christus bleiben.

Ohne gelitten zu haben, können wir nicht wirklich wieder mit Gott versöhnt werden. Denn es ist durch das Leid, dass Gott die Wahrhaftigkeit, die Aufrichtigkeit und die Standhaftigkeit unserer Liebe für ihn prüft. Ebenso zeigt es ihm die Bereitschaft, uns für ihn zu opfern. Ohne das Leid ist die Liebe, die wir behaupten für Gott zu haben, oberflächlich. Und diese Liebe wird dann den Schwierigkeiten des Lebens nicht standhalten können. Leiden ist nicht nur gefoltert zu werden, zu hungern, krank zu sein usw. Wenn ein Mensch Einschränkungen irgendwelcher Natur hat, leidet er:

Kein Kind zeugen zu können, psychisch labil zu sein, Probleme mit der Erziehung der Kinder zu haben, keinen Erfolg bei Dingen, die man unternimmt, zu haben, arbeitslos zu sein, jedes Jahr oder jede sechs Monate in einem fremden Land um sein Überleben zu kämpfen, erfolglos für das Heil des Partners, der Familie, Freunde und der Menschen zu beten oder zu kämpfen, ohne Erfolg und Ende mit der Sünde kämpfen zu müssen, den plötzlichen Tod von geliebten Menschen ertragen zu müssen usw. sind alles Erscheinungen des Leides in unserem Alltag. Diese Etappen auf unserem Glaubensweg müssen wir tapfer bestehen, weil Jesus Christus selbst am Kreuz litt.

Ohne Leid konnte auch er nicht zum Heil kommen. Durch das Leid hat er der Sünde und dem Tod ihre Macht genommen – das ist die Kreuzigung des Fleisches – und uns sein reines Blut gegeben. Er, der nie gesündigt hat, wurde zum Sünder gemacht (2.Korinther 5,21) und hat die Konsequenzen unserer Sünden erlitten und ertragen. Denn es ist wegen unserer Sünden, dass er auf die Erde kam, um uns zu retten. Sonst wäre er in seinem Himmel geblieben.

So hat Jesus Christus – der Gott ist und nie gesündigt hat – unter den Konsequenzen unserer Sünden gelitten und ist am Kreuz gestorben, bevor er zu Gott ging. Wie also können wir unsere sündige Natur kreuzigen und zu Gott gehen wollen, ohne vorher zu leiden? (1.Petrus 4,1–2/1.Petrus 2,21–25). Die Bibel sagt, dass er für uns gestorben ist in dem Sinne, dass wir alle verloren waren, bevor er dieses Werk der Erlösung vervollständigt hat. Und hätte er das nicht getan, würde heute kein Mensch die Möglichkeit oder Gelegenheit haben, mit Gott, unserem Schöpfer, versöhnt zu sein. Ohne ihn hätten wir nicht die Chance, unser fleischliches Wesen zu kreuzigen, um dann aufzuerstehen. Deswegen sollten wir uns freuen, dass es **in Jesus Christus** den Weg des Leides und des Todes gibt, der uns zum Schöpfer führt, anstatt immer zu murren und zu klagen. Ich betone »in Jesus Christus«, denn wir müssen wie er beim Leiden Gott, dem Vater, treu sein. Das Leid eines Heiden oder eines Christen, der sein Leben nicht am Vorbild Jesu Christi ausrichtet, ist umsonst. Denn dieses Leid führt nicht zum Leben, sondern zum Tod. Denn er hat uns den Weg gezeigt und gebahnt, der zu Gott führt. Wir sollen also nicht denken, dass er dieses Werk getan hat, damit wir weiter sündigen und das Heil und den Himmel erlangen. Das wäre zu leicht und jeder Mensch würde weiter sündigen und behaupten, dass Jesus Christus schon für ihn gestorben und auferstanden ist. Jeder Mensch soll selbst zur Erkenntnis kommen, dass er Sünder ist und den Weg des Leides in Jesus Christus gehen, um dann auch wie er aufzuerstehen (Römer 6,5–6). Im Brief an die Philipper zeigt Paulus, wie er Jesus Christus kennenlernen will, ihm in seinem Leiden, seinem Tod und in seiner Auferstehung ähneln will (Philipper 3,10–11). Dazu sind wir auch berufen, wenn wir an Jesus Christus glauben. In den folgenden Versen siehst du auch, wie Paulus wegen des Evangeliums gelitten hat und wie er Timotheus dazu ermutigt, trotz des Leidens im Glauben und in den Werken Jesu Christi durchzuhalten (2.Timotheus 2,3–10/2.Timotheus 4,5).

Die Kreuzigung des Fleisches ist dieser Leidensweg. Wenn wir uns entscheiden, uns vom Bösen zu trennen, freut sich der Teufel natürlich nicht. Er setzt alles daran, um uns zu fangen und uns zurück zu ihm zu locken. Es entsteht also ein Kampf zwischen uns und dem Teufel, ein Kampf, den wir nur dann gewinnen können, wenn wir an unserem Retter Jesus Christus gebunden bleiben (Johannes 15,4–7). Wir müssen dem Bösen bis zum Ende widerstehen, indem wir immer Jesus Christus folgen und gefallen. Denn er ist selbst dem Vater trotz großen Leides treu geblieben. Und seine Krone am Ende war das ewige Leben zur Rechten Gottes, seines Vaters.

Das Leid – Der Gläubige und der Ungläubige

Das Leid (Kreuz) ist für den Gläubigen eine Gelegenheit, sich Gott zu nähern, immer mehr neue Offenbarungen zu entdecken und Wahrheiten über ihn zu lernen. Das alles ist aber nur möglich, wenn er dieses Leid in und wie Jesus Christus ohne Murren und Klagen durchmacht.

Der Ungläubige, der sein Leid wie eine Unabwendbarkeit betrachtet, unternimmt nichts gegen seine schwierigen Situationen. Er führt keinen spirituellen Kampf gegen den Teufel, der sich hinter seinen Problemen versteckt, weil er nicht glaubt, dass es eine allmächtige Entität gibt, über alles hocherhaben, die ihn von seinem Leid befreien kann.

Der Ungläubige lässt sein Leben und sein Schicksal oft naiv vom Teufel lenken und bestimmen. Wie schade!

Der Ungläubige geht auf seinem Leidensweg zugrunde. Den gehorsamen Gläubigen bringt das Leid in Jesus Christus hingegen zum Heil.

Der Böse ist ständig vom Unglück verfolgt (Psalm 140,12). Der Ungläubige und der Gläubige erleben beide Unglück in ihrem Leben. Aber Gott befreit den Gläubigen immer von seinen Problemen (Psalm 34,20). Dabei will er auch den Ungläubigen und den bösen Menschen erlösen. Wenn der Ungläubige und der Böse vom Unglück heimgesucht werden, will Gott, dass sie ihre Machenschaften und Sünden bereuen und ihn suchen. Stell dir vor, du, der du noch nicht zu Jesus Christus gefunden hast:

Du hast Probleme irgendeiner Art. Du bist zum Beispiel krank, du brauchst finanzielle Hilfe oder du suchst schon seit langer Zeit eine Arbeit. Wie wirst du zur Lösung kommen? Du wirst einen Arzt aufsuchen, der dich heilen kann. Du wirst nach einer Arbeit suchen, um deine finanzielle Last loswerden zu können oder du wirst dir von jemandem helfen lassen. In allen Fällen suchst du nach Hilfe bei einer Person. Wenn dir aber niemand aus deiner Schwierigkeit helfen kann, wie wirst du vorgehen, wenn du Gott nicht kennst? Es gibt manche Dinge, die nicht von der Kraft der Menschen abhängig sind: Ein Beispiel ist unser Heil. Niemand kann ohne Gott zum Heil gelangen. Das heißt, dass kein Mensch in den Himmel kommen wird, ohne Jesus Christus empfangen zu haben. Und wenn du krank bist und die Ärzte nichts machen können, kann Gott eingreifen und dir Gesundheit schenken.

Auch wenn du nicht an Gott glaubst und dein Problem irgendwie gelöst wird, sei sicher, dass die Lösung von Gott kommt, ohne dass du es weißt. Er schenkt dir aus Gnade das Leben, die Genesung, finanzielle Absicherung, eine Arbeit, usw. mit der Hoffnung, dass du das irgendwann erkennst und ihn annimmst. Denn er liebt dich unendlich. Alle guten Dinge kommen von Gott (Jakobus 1,17).

Egal, ob wir Menschen leiden oder es schön und einfach im Leben haben, brauchen wir alle Gott, ohne den wir nicht wären und mit dem wir sicher sind, dass wir auf dem richtigen Weg sind und am Ende unseres irdischen Aufenthaltes in den Himmel kommen werden.

Gott zeigt dir erstens deine Fehler, dann beendet er dein Leid

Manchmal lässt dich Gott eine schwierige Situation erleben oder er lässt dich trotz deiner Gebete und Flehen eine Weile im Leid, bis du selbst durch das Meditieren seines Wortes mithilfe des Heiligen Geistes die Wurzel deiner Probleme herausfindest, die meistens in deinem eigenen Benehmen, deinen begangenen Sünden liegt. Die Entdeckung dieser Wahrheit erlaubt dir, auf die Wurzel der Probleme hinzuarbeiten, erspart dir, ein anderes Mal erneut in die Falle der Sünde zu geraten oder hilft dir die gleichen Fehler zu vermeiden.

Die Meditation des Wortes Gottes mithilfe des Heiligen Geistes hilft dir tiefe Wahrheiten über Gott, die Welt, das Leben, deine Umgebung, dich selbst usw. zu entdecken. Denn der Heilige Geist erforscht und weiß alle Dinge, auch die Tiefen Gottes (1.Korinther 2,10).

Wenn du dir nicht bewusst bist, ein Sünder zu sein (Römer 3,23), kannst du nicht Jesus Christus empfangen. Und wenn du Jesus Christus nicht empfangen hast, bist du nicht vor Gott gerechtfertigt. Du hättest die Vergebung deiner Sünden nicht erfahren, um ein Leben in Gehorsam zu Gott führen zu können, und seine Versprechungen zu genießen. Du wärest nicht erlöst und sollst dich zu den Heiden zählen, auch wenn du in die Kirche gehst. Jesus Christus hat gesagt, dass es nicht alle sind, die seinen Namen rufen, die ins Himmelreich gelangen werden, sondern diejenigen, die den Willen seines Vaters im Himmel tun (Matthäus 7,21).

Es ist der Heilige Geist, der dir durch das Lesen des Wortes Gottes, durch den Glauben oder auch durch irgendeine übernatürliche Erfahrung in deinem Leben zeigt, dass du Sünder bist. Du kannst also selbst aktiv dein Heil oder deine Rettung suchen. Wünsch dir von ganzem Herzen, Gott kennenzulernen. Interessiere dich für Jesus Christus, such ihn, indem du Hunger und Durst auf sein Wort hast, indem du mit neugeborenen Menschen zusammenkommst, indem du inspiriert vom Heiligen Geist nach guten Predigten suchst und sie dir anhörst, indem du in lebendige Gemeinden gehst, um das Wort Gottes zu hören und in Gemeinschaft mit Gläubigen zu sein. Wenn du es mit Interesse und Eifer tust, wirst du irgendwann bemerken, dass du ohne Gott verloren bist. Du wirst allmählich zur Überzeugung gelangen, dass du ein Sünder bist und die Hilfe Gottes brauchst. Diese Schritte werden dich zur Erkenntnis bringen, dass Jesus Christus dein Erlöser und Retter ist. Du solltest dann deine Sünden aufrichtig und tief bereuen und wirst von Gott Vergebung durch seine Gnade und sein Erbarmen erfahren.

Wenn du mit deinem Mund bekennst, dass Jesus Christus der Herr ist, und glaubst in deinem Herzen, dass Gott ihn von den Toten auferweckt hat, dann wirst du gerettet. Denn wer in dem Herzen glaubt, wird gerecht; und wer mit dem Mund bekennt wird selig. (Römer 10,9–10)

Nachdem du Jesus Christus in deinem Leben angenommen hast, wird der Weg mit ihm eine Zeit lang schwierig für dich sein, weil das Böse versuchen wird, dich durch Zweifel und Leid von ihm zu trennen. Du musst nur immer wach im Glauben an deinen Retter bleiben, egal, was passieren mag (1.Petrus 5,8–9). So wird der Teufel vor dir fliehen (Jakobus 4,7) und du wirst die Seite des Lebens entdecken, die Gott für jeden vorbereitet hat, der an Jesus Christus glaubt und die du bisher noch nicht gekannt hast. Du wirst kein Sklave mehr vom Leid oder vom Teufel sein, denn du wirst deine Identität, deine Stärke und deine Macht in Jesus Christus kennen. Alles, was deine Feinde dir zugefügt haben, wird sich wie ein Bumerang gegen sie wenden, sodass das Leid in ihrem Feldlager sein wird. Denn du hast dich von dem getrennt, was sie gegen dich nutzten – die Sünde.

Gott suchen geschieht nicht ohne Leid – Ein Beispiel aus meinem Leben

Wenn du Gott suchst und gleichzeitig schwierige Situationen erlebst, die seine Anwesenheit nicht bezeugen oder dir Zweifel einflößen, gib nicht auf. Drangsale, Schwierigkeiten und Leid sind im Leben des Gläubigen normal. Der Apostel Paulus sagt sogar, dass wir dazu bestimmt sind (1.Thessalonicher 3,3). Es ist dann eher an der Zeit, deinen Eifer für Gott mehr zu zeigen. Nur so wirst du in deinem Geist bestärkt (Jesaja 40,31/ Psalm 84,7–8). Gibst du auf, dann wendest du dich von Gott ab und das Böse wird dich überwinden. Ohne die Schwierigkeiten, denen du auf dem Weg mit Gott begegnest, kann er nicht prüfen, bis wohin du an ihm glaubst und mit ihm den Weg gehen wirst. Nehmen wir an, er gibt dir alles, was du brauchst: Du wirst nichts vom Leben verstehen; alles wird sehr leicht für dich zu erreichen sein, und wenn es zu einem kleinen Problem kommt, wirst du ratlos sein und Ungeduld zeigen, was dich natürlich zerstören wird. Außerdem wird es dir unmöglich sein, die kleinen Dinge, die Gott in deinem Leben tut, zu schätzen, weil du dich bis dahin daran gewöhnt hättest, dass dir an nichts mangelt. Die Bibel lehrt uns sogar, Gott für unser Leid zu danken (Römer 5,3–4). Denn wir finden im Leid die Kraft, den Kampf nicht aufzugeben und im Glauben zu beharren, natürlich nur dann, wenn wir an Jesus Christus, unserem Retter gebunden bleiben und wenn wir uns an die vielen vergangenen Siege in Jesus Christus erinnern. Anhand meiner persönlichen Erlebnisse kann ich diese biblische Wahrheit bezeugen. Mein Glauben hat sich nicht in einer problemlosen Atmosphäre ohne Schwierigkeiten und Herausforderungen verstärkt und entwickelt. Nein. Es war vielmehr, als alles ausweglos für mich war und ich ständig zu Gott mit Gebeten, Flehen, manchmal Weinen, Zweifel und Ungeduld geschrien habe und fast alle Hoffnung verloren hatte, dass die Lösung meines Problems wie ein Wunder aufgetaucht ist.

Ich möchte ein Wunder in meinem Leben mit dir teilen, das ich ungefähr zwei Monate nach meiner Wassertaufe erlebt habe, damit du siehst, wie der Glaube, wenn er stark ist, das Unmögliche ins Mögliche ändern und dem Leid ein Ende machen kann:

Es war im Monat Oktober 2019, sechs Monate, nachdem meine Arbeitsstelle gekündigt wurde und zwei Monate nach meiner Wassertaufe. In den ersten sechs Monaten Arbeitslosigkeit habe ich mich intensiv mit der Bibel beschäftigt. Dies ist übrigens eines der Dinge, die mich in meinem Glauben bestärkt haben. Dadurch wurde ich auch vom Heiligen Geist zur Gemeinde geführt, in die ich zurzeit gehe. Immer durch diese Intimität mit Gott wurde ich vom Heiligen Geist überzeugt, mich neu taufen zu lassen. Während dieser sechs Monate habe ich Arbeitslosengeld I bezogen und lebte davon. Im Oktober bekam ich aber unglücklicherweise einen Aufhebungsbescheid von der Agentur für Arbeit. Gleichzeitig hatte ich eine Arbeit in Aussicht, die allerdings nicht meinem Abschluss oder Arbeitsfeld entsprach. Diese Arbeit wollte ich trotzdem anfangen, weil ich meine Lebensunterhaltungskosten bestreiten musste. Aber eine große Überzeugung erfüllte mich in letzter Minute. Ich entschied mich am letzten Freitag vor dem ersten Arbeitstag, die Arbeit nicht mehr anzutreten, obwohl ich vorher schon akzeptiert hatte, damit anzufangen. Den Vertrag hatte ich aber noch nicht unterschrieben. Diese Überzeugung kam von der Tatsache, dass ich in meiner Beziehung zu Gott bemerkt hatte, dass mein Schicksal nicht darin bestand, ewig in Sprachschulen oder Schulen zu unterrichten, sondern mich an dem Wort Gottes zu berauschen und in ständigem Kontakt mit ihm zu bleiben. Das Unterrichten in Schulen war Teil meiner Zwischenaufenthalte im Laufe meines irdischen Reisens und hörte somit an dieser Stelle auf – zumindest in diesem Abschnitt meines Lebens. Meine Liebe zu Gott war so gewachsen, dass die Überzeugung sehr groß war. An diesem Montag, an dem ich den neuen Job anfangen sollte, rief ich meinen zukünftigen Arbeitgeber an, um ihn über meine Entscheidung zu informieren – eigentlich hatte ich es ihnen am Freitag davor schon schriftlich mitgeteilt. Sie versuchten mich zu überzeugen, doch zu kommen. Doch ich blieb fest bei meiner Entscheidung. Das Problem, das sich aber auf der anderen Seite stellte, war, dass ich am gleichen Montag einen Aufhebungsbescheid des Arbeitslosengeldes bekam. Ich war schockiert, behielt aber trotzdem den Glauben. Es war wirklich schwierig. Denn ich sprach von Gott, vom Glauben, mit der Überzeugung, dass Gott wollte, dass ich die Arbeit aufgebe, um mich voll und ganz mit seinem Wort zu beschäftigen. Und plötzlich bekam ich diese negative, verwirrende und entmutigende Information. Ohne das Arbeitslosengeld I konnte ich meine Miete nicht bezahlen, meine Krankenversicherung müsste ich auch selbst zahlen. Doch hatte ich fast keinen Cent mehr auf meinem Konto. Mein damaliger Mann verstand mich nicht. Er war so hoffnungslos, dass ich mich, da sich mir keine Lösung anbot, am nächsten Tag, das heißt am Dienstag, entschieden habe, den künftigen Arbeitgeber zurückzurufen. Und er wollte mich immer noch gern anstellen. Ich ging also die folgenden Tage, Mittwoch und Donnerstag, zur Arbeit. Kannst du erraten, was an diesem Donnerstag passiert ist? Als ich zurück von der Arbeit gekommen bin und meinen Briefkasten geöffnet habe, sah ich den Änderungsbescheid von der Agentur für Arbeit. Sie gaben mir doch wieder Arbeitslosengeld. Es war außerordentlich. Ich konnte das nicht fassen. Für mich war es aber der Beweis, dass Gott wirklich wollte, dass ich diese Arbeit aufgebe und mich ihm widme. Diese paar Tage habe ich wegen meines Glaubens gelitten. Der Zweifel hatte mich auch etwas erschüttert. Das zeigt ganz klar, dass dein Glauben unvermeidlich schwierige Situationen, Betrübnisse und Leid herbeiziehen wird. Wenn du aber trotzdem stark und fest in dem bleibst, woran du glaubst, wird sich am Ende die Macht Gottes in deiner Situation zeigen. Dein Sieg wird erscheinen. Und dieser Sieg wird dir noch mehr Hoffnung und Glauben für deine nächsten Herausforderungen geben. Es ist das, was die Verse Römer 5,3–4 uns zu erklären versuchen.

Später verriet mir eine Mitarbeiterin des Jobcenters, dass ihr Kollege, der mir den Änderungsbescheid zukommen ließ, sicher schlief, als er ihn mir schickte. Denn mit dem Aufenthaltstitel, den ich im Oktober von der Ausländerbehörde bekommen hatte und auf dem stand, dass ich nicht arbeiten darf, erfüllte ich nicht die Bedingungen, um Arbeitslosengeld I zu bekommen. Es war also ein Wunder, das noch einmal die Hand Gottes in meinem Leben bezeugt und mir versichert hat, dass Gott seine Kinder nicht im Stich lässt.

Dein Leid als Christ hat als Ziel, gute und heilige Charaktereigenschaften in dir zu bilden, deine Geduld wachsen zu lassen und deinen Glauben zu stärken, bis du perfekt wirst, sodass dich keine Situation mehr erschreckt und du nicht mehr vom Zweifel erschüttert wirst. Die Bibelverse Jakobus

1,2–4 werden dir eine klarere Idee dieser Gedanken verschaffen. Wenn du trotz aller Herausforderungen des Lebens deinen Glauben behältst, wirst du immer als Sieger hervorgehen. So wirst du die Werke des Fleisches wie zum Beispiel die Ungeduld, den Zweifel usw. überwinden. Und die Dauer des Leides eines Christen ist nichts verglichen mit der Zeit der Herrlichkeit, die ihm bevorsteht (1.Petrus 5,10/Römer 8,18). Das Leid ist Teil des irdischen Lebens. In der Ewigkeit bei Gott wird es ausgelöscht. Wenn du dich vom Leid überwinden lässt und den Kampf aufgibst, gibt es am Ende keinen Sieg für dich. Vergiss nicht, dass Jesus Christus, der Gott ist, auch gelitten hat, bevor er über alle Mächte und Autoritäten gesetzt und von Ruhm und Ehre gekrönt wurde. Es gibt keinen Sieg ohne Kampf. Und ein Kampf ohne Schwierigkeiten und Leid ist keiner. Dein bereits beschlossener und besiegelter Sieg in Jesus Christus und der Glaube an ihn reichen aus, um dich nicht mehr auf das Leid zu konzentrieren, sondern auf den ruhmvollen Ausgang des Kampfes.

Gott suchen ist kein einfacher Prozess, der von heute auf morgen stattfindet. Du brauchst dabei Ausdauer und Durchhaltevermögen, um anzufangen zu sehen, wie Gott sich in dir zeigt. Vergiss nicht, dass du lange den Teufel verehrt hast. Lass deswegen nun Gott die Zeit, dich zu prüfen, um zu merken, wie sehr du ihn liebst. In der Prüfzeit wird er dir viele Offenbarungen über sich und über dich selbst geben, natürlich nur dann, wenn du ihn weiter suchst. Das wird dir dabei helfen, im Glauben, in seiner Liebe und in der Heiligung zu wachsen. Oft bedarf es auch Zeit, dass Wunden heilen und schlechte Eigenschaften in uns verschwinden. Sei aber dessen sicher: Es lohnt sich, für Gott seine Zeit und Geduld zu investieren.

Dein Kampf gegen das Böse ist für den Sieg über ihn nötig

Du kannst nicht über etwas oder jemanden triumphieren, wenn du dich mit ihm nicht angelegt hast. Willst du also die Macht über das Böse haben, dann sollst du keine Angst haben, dagegen zu kämpfen.

Der Triumph Jesu Christi über den Teufel – der das Ergebnis eines Kampfes zwischen den beiden ist – gab ihm alle Macht über ihn und er ist dann auferstanden. Jedem, der Jesus Christus als seinen Retter und Erlöser annimmt, ist ebenfalls dieser Sieg gewährt.

Aber es kommt uns, den Menschen, zu, auf Jesu Christi Spuren zu wandeln, wenn wir unseren Sieg über den Teufel zu Tage treten sehen wollen. Wenn Jesus Christus vom Himmel aus alles an unserer Stelle machen würde, wozu hätte es sich gelohnt, dass er hier auf Erden gekommen ist? Er kam nämlich hierher, um uns den Weg zum Heil und zum erfüllten Leben in ihm zu zeigen. Du musst also auch diesen Weg gehen, wenn du ein schönes Leben in Jesus Christus haben und am Ende deines irdischen Aufenthaltes in den Himmel kommen willst. Stell dir dies in der folgenden Veranschaulichung vor:

Du kennst den Weg zu einem Dorf nicht, zu dem du aber unbedingt irgendwann in der Zukunft gehen willst. Es gibt keine Kommunikationsmittel zwischen dir und deinem Vater, der in diesem Dorf wohnt. Dein Vater weiß, dass du eines Tages in dieses Dorf kommen willst. Er macht deswegen diesen langen Weg, kommt zu dir, um dir den Weg zu erklären und dir die Wegbeschreibung bis zu diesem Dorf zu geben. Danach kehrt er in sein Dorf zurück. Antworte jetzt auf diese Frage: Um später in dieses Dorf zu gehen, wird dein Vater den Weg für dich erneut zurücklegen oder musst du selbst dem Weg folgen, um zum Ziel zu gelangen? Natürlich bist du es, der mithilfe der Wegbeschreibung deines Vaters diesen Weg gehen musst. Genauso ist es auch mit Jesus Christus. Er ist auf die Erde gekommen, um dir, mir und allen Menschen den Weg zum Himmel zu zeigen. Er hat uns gezeigt, wie wir in Liebe und Glauben wandeln sollen, um am Ende nach dem Tod unserer irdischen Hülle bei ihm bleiben zu können. Er hat sein Werk schon ein für allemal getan. Wir sollten ihn jetzt annehmen, indem wir seinem Weg folgen und ihm gehorchen. Auf diesem Weg gibt es auch Kampf, Leid und Unannehmlichkeiten, die wir aber in ihm und mit ihm überwinden werden. Beachte also bitte nicht die Doktrinen, die besagen, dass ein Christ nicht leidet, dass Jesus Christus schon alles getan hat, sodass wir nichts tun müssen, um in den Himmel zu kommen. Wenn du nur seinen Namen rufst, ohne seinem Wort Glauben, Ehre und Gehorsam zu schenken, wenn du nur seinen Namen akzeptierst, dir aber darin gefällst, seine Gebote, Weisungen und Verordnungen zu übertreten, wirst du am Ende nicht bei ihm sein können. Denn so wärest du nicht seinem heiligen Weg gefolgt, sondern deinem eigenen.

Du weißt, wie Jesus Christus gelebt hat, welche Probleme, Schwierigkeiten, Verfolgungen und welches Leid er durchgemacht hat. Er hat trotzdem all diese Prüfungen im Glauben und im Gehorsam an Gott überwunden und überstanden und am Ende die Krone des Lebens erhalten. Erwarte also nicht, dass alles plötzlich wunderbar in deinem Leben wird, nachdem du ihn als deinen Erlöser angenommen hast. Der Weg zum Heil wird bei dir auch mit Dornen und Skorpionen übersät sein. Du wirst unvermeidlich mit Widerständen vonseiten des Bösen konfrontiert werden, weil das Reich der Finsternis nicht will, dass du ein erfülltes Leben in Jesus Christus führst, so wie Gott es sich für dich wünscht. Das Wichtigste ist aber nicht, ob das Böse es will oder nicht. Das Wichtigste ist stattdessen, dass du von der Knechtschaft befreit werden willst. Denn es handelt sich schließlich um dein Leben. Niemand hat über dein Leben zu entscheiden außer dir selbst. Und wenn du darüber entscheidest, wähle das Leben, das du nur mit und durch Jesus Christus empfangen kannst, auch wenn es schwierig ist und du kämpfen musst. Lass niemanden über dich herrschen außer Jesus Christus. Kämpfe mit Jesus Christus, mit Gottes Wort und Macht gegen das Böse, bis du von ihm – vom Teufel, von der Sünde und vom Tod – befreit wirst, so wie Jesus Christus es auch getan hat. Wappne dich mit der Waffenrüstung Gottes, die in Epheser 6,10–18 angeführt ist und von der ich in diesem Buch schon gesprochen habe. So wirst du irgendwann den Sieg über den Teufel haben, weil der Teufel eigentlich nichts neben Jesus Christus ist. Hab keine Angst vor ihm. Deine Angst vor ihm begründet sich damit, dass du Jesus Christus nicht in dir hast, dass du deinen Sieg und deine Identität in ihm ignorierst. Der Christ, der Jesus Christus in sich hat, ist stärker als der Teufel, sodass du keinen Grund zur Angst hast, wenn du ihn wirklich empfangen hast. Lies dazu den Bibelvers 1.Johannes 4,4.

(Bitte Gott, dich von der Sünde zu befreien, dich für jeden Kampf zu wappnen und dir zu helfen, immer jede Form des Leides zu überwinden. So kannst du dich auch leichter und spirituell ausgerüstet auf Beziehungen mit Menschen einlassen. Bitte Gott darum, dass er deine Freunde und Bekanntschaften mit dir gemeinsam auswählt.)

Kapitel 14: Lass Gott dein Herz erneuern und deine Freunde wählen

Nur Gutes erzeugt Gutes

Der Mensch spiegelt, was in ihm herrscht. Er ist wie ein Gefäß, das entweder Schlechtes und Böses oder Gutes enthält. So wie das schmutzige Wasser in einem Gefäß mit seinen Keimen krankheitserregend ist, kann auch die kranke Seele mit den bösen Geistern in einem Menschen nichts Gutes hervorbringen. Nichts Schlechtes kann von einem guten Herzen kommen und nichts Gutes kann von einem schlechten Herzen kommen, denn wovon das Herz voll ist, das spricht der Mund aus. Lies die Verse Matthäus 12,33–35. Wenn schlechte Worte oder ungerechte Handlungen aus dir kommen, sollst du wissen, dass du kein gutes Herz hast. Wenn dein Herz hingegen Gott (Jesus Christus) gewidmet ist, wirst du nach seinem Bild verändert und gute Dinge werden aus dir kommen.

Jesus Christus ist Liebe und in ihm ist die Fülle des Wissens. In ihm liegen alle Schätze der Weisheit und der Erkenntnis (Kolosser 2,3). Er war während seines Aufenthaltes auf Erden rein, gut, frei von Sünden und Gott gefällig. Aus diesem Grund hat er so viele Wunder vollbracht.

Jesus Christus wurde den Menschen geschickt und das Wort Gottes – das Evangelium – wurde ihnen gegeben, um ihnen Ratschläge zu geben, um sie zu lehren, zu ermahnen, zu verbessern, zu läutern und zu heiligen, damit sie zur Durchführung guter Taten bereit sind (2.Timotheus 3,16–17).

Lass dich also von Jesus Christus und seinem Wort verändern. Behalte, wertschätze und pflege das Gute, das Gott in dich gelegt hat. Reinige dich jeden Tag mit dem Blut Jesu Christi von den bösen Gedanken, Taten und von der Sünde in dir. Nur so können reiche Schätze aus dir hervorgehen. Denn:

Ein guter Mensch bringt Gutes hervor aus seinem guten Schatz; ...
(Matthäus 12,35)

Ein guter Christ sollte seine Freunde gut auswählen

Wenn du einen Menschen besser kennenlernen willst, finde die Personen heraus, zu denen er sich gesellt und die Milieus, die er häufig besucht. Sprich mit ihr über verschiedene Themen, um zu wissen, wie sie diesbezüglich denkt und handelt und ob eure Denkweisen kompatibel sind. Ohne vorher diese Informationen über ihn eingeholt zu haben, machst du bestimmt als Christ einen sehr großen Fehler, einen Menschen – dessen Weltsicht vielleicht komplett anders als deine ist – in deinen engen Freundeskreis zuzulassen.

Die schlechten und falschen Freunde eines Gläubigen sind tatsächlich der Entwicklung seines geistlichen Lebens schädlich.

Auch gibt es manche Personen oder vermeintlichen Freunde, die sehr nett und ehrlich aussehen, dich aber in Wirklichkeit und heimlich schlimmer als ein Gift fressen.

Hüte dich also vor diesen angeblichen Freunden, die dir immer süße Worte sagen, dich loben und preisen. Die Bibel sagt dazu: » … Ein Feind aber schmeichelt dir mit übertriebenen vielen Küssen.« (Sprüche 27,6) Solche Menschen können gefährlich sein. Ihre Münder und ihre Herzen sind zwiespältig (Sprüche 23,7). Sie zeigen dir von außen, dass sie dich lieben, in ihren Herzen schmieden sie aber böse Pläne gegen dich – sie stellen deiner Seele Fallen und freuen sich über deine Niederlagen und Schwierigkeiten im Leben.

Wenn du in der Welt warst (das heißt, gar nicht an Gott glaubtest), jetzt aber zu Gott gefunden hast, sollst du wissen, dass deine Lebenseinstellung, deine Werte, dein Denken, deine Taten und auch deine Freunde deinem Glauben entsprechen müssen. Nachdem du dich entschieden hast, Jesus Christus nachzufolgen, das heißt, nachdem du neugeboren bist, ist deine alte Natur vergangen. Du bist ein neuer Mensch geworden (2.Korinther 5,17). Von den anderen Menschen um dich, die nicht aus deinem engen Familienkreis kommen und die deine christlichen Werte nicht teilen, solltest du dich lieber trennen, es sei denn, sie interessieren sich für deinen Glauben. Sonst denken sie nämlich anders als du. Sie werden deine neue Lebensweise nicht verstehen und dich davon abbringen wollen. Als Mose den Pharao vom Plan Gottes, die Israeliten aus Ägypten ziehen zu lassen, informiert hatte, wollte der Pharao das nicht. Er hatte bei seinen Verhandlungen Mose angeboten, dass die Israeliten Gott, dem Allmächtigen, in seinem Land Opfer darbringen könnten (Exodus 8,21). Nachdem Mose das verweigert hatte (Exodus 8,22–23), fordert ihn der Pharao noch im Vers 24 des gleichen Kapitels auf, nicht weit entfernt in die Wüste zu ziehen. Übertragen auf das Thema dieses Kapitels solltest du verstehen, dass die Welt darauf bestehen wird, dass du dich nicht ganz Gott widmest. Gehörst oder folgst du Gott in manchen Ebenen oder Bereichen deines Lebens nicht ganz, dann bist du wie eine Person, die sich nicht entscheiden kann, die nicht weiß, was sie will, die gleichzeitig Süßes und Bitteres oder Warmes und Kaltes essen will. Wenn du dich für Jesus Christus entschieden hast und mit deinen alten Freunden noch eng in Kontakt bleibst, werden sie definitiv ein Hindernis für deinen Glauben sein. Du kannst nicht zwei Glauben haben, du kannst nicht gleichzeitig zwei Herren dienen (Matthäus 6,24/Jakobus 4,4). Dein Herr ist Jesus Christus, wenn du an ihm glaubst. Und er erwartet von dir, dass du dich an seine Satzungen in ihrer Gesamtheit hältst, dass du nach seinem Geist (dem Heiligen Geist) lebst. Der Herr deiner Freunde, die Jesus Christus nicht kennen, ist der Teufel – egal, ob sie diese Tatsache akzeptieren oder nicht. Es mag sein, dass sie selbst nichts davon wissen, so wie du auch nicht wusstest, dass du auf der Seite des Teufels warst, als du noch in der Welt warst, als dein Herz zwischen Gott und dem Teufel wankte. Denn wenn du den einen nicht als Herrn hast, ist der andere automatisch dein Herr. Der Teufel bringt deine Freunde dazu, die Satzungen Jesu Christi abzulehnen und seine zu vertreten. So werden deine Freunde, die Jesus Christus nicht empfangen haben, zum Beispiel in die Diskothek und auf weltliche wilde Partys wie Saufgelage gehen wollen. Sie werden ihr Geld für belanglose Sachen nutzen, die Gott nicht verherrlichen. Sie werden ein schlechtes Benehmen haben, das einem Christen schaden wird. Pflegst du eine Beziehung mit ihnen, obwohl dein Glaube andere Werte vertritt, wirst du selbst deine Seele verderben. »Schlechter Umgang verdirbt gute Sitten.« (1.Korinther 15,33) Scheue dich aus diesem Grund nicht, diesen Freunden die Wahrheit zu sagen. Sprich respektvoll mit ihnen über deinen Glauben und deine neue Einstellung zum Leben. Handelt es sich um gute Freunde, werden sie deswegen nicht über dich urteilen. Traust du dich nicht, ihnen darüber zu sprechen, nimm einfach Distanz zu ihnen. Beurteile sie aber nicht, sondern bete für sie, dass Gott ihre Herzen mit dem Heiligen Geist gewinnt.

Bist du nicht neugeboren, aber glaubst trotzdem an Jesus Christus, sondere auch deine Freunde aus. Du hast bestimmt auch christliche Werte, wenn auch du nicht neugeboren bist. Diese Werte wirst du verlieren, wenn du mit ungläubigen Menschen zusammenkommst und dich mit ihnen befreundest. Du wirst es selbst nicht schnell merken, bis du irgendwann wirklich zu Gott findest und feststellst, wie du dich negativ verändert hast. Als ich in meinem Heimatland war, hatte ich fast nur anständige echte Freundinnen, die mir nie schlechte Ratschläge gegeben hatten. Hier in Deutschland habe ich über einen Freund aus meiner Heimat eine Freundin kennengelernt, von der ich später herausgefunden habe, dass sie keine gute Freundin war. Ein Mann hatte mich damals angesprochen und wollte anscheinend eine Beziehung mit mir anfangen. Ich habe aber gefühlt, dass er nichts Seriöses im Sinne hatte. So habe ich mit dieser »Freundin« über diese Angelegenheit gesprochen und sie sagte mir, dass ich mich trotzdem auf die Beziehung einlassen könne. Für sie war es nicht schlimm, eine Beziehung mit jemandem einzugehen, der nur an einer Affäre interessiert ist. Hätte ich keine gute Erziehung von meinen Eltern bekommen und wäre ich in diesem Bereich spirituell nicht gewarnt gewesen, frage ich mich jetzt, ob ich vielleicht nicht versucht gewesen wäre, ihrem Ratschlag zu folgen. Der gleichen »Freundin« habe ich bei ihrem Umzug geholfen. Als ich an der Reihe war umzuziehen, hat sie mich ignoriert. Sie war von Anfang an keine echte Freundin.

Am besten fragst du den Heiligen Geist um Rat, bevor du dich auf eine Freundschaft einlässt. Denn nur er kennt die Herzen der Menschen und kann dich vor schlechten Erfahrungen schützen. Bitte Gott, dass er dich zu den Freunden und Personen führt, die dich auf dem Weg der Verwirklichung deines Schicksals begleiten und dir helfen werden. Bete zu ihm auch, dass er dich von den Zerstörern deines Schicksals fernhält. Ich war selbst eine lange Zeit allein, ohne Freunde, weil ich mich von allen Freunden getrennt hatte, die noch in der Welt (Ungläubige) waren und mich in meinem Glauben nicht unterstützen konnten. Diese Entscheidung war wirklich nötig. Als ich dann zu Gott um eine lebendige Gemeinde und gute Freunde gebetet hatte, erhörte er meine Gebete und ich konnte innerhalb von einigen Wochen Kontakt zu Christen knüpfen.

Gute Freunde zögern nicht, dir offen und freundlich Wahrheiten über dich, dein Benehmen, deine Entscheidungen und Wünsche zu sagen, auch wenn es dich verletzt (Sprüche 27,6). Sie wollen, dass du dich von schlechten Angewohnheiten abnabelst und bezwecken dabei nur dein Bestes.

Gute Freunde sind bereit, sich füreinander zu opfern. Ihre Freundschaft ist nicht durch irgendein Interesse oder irgendeine günstige Gelegenheit bedingt. Sie widersteht dem Unglück, Konflikten, Unstimmigkeiten und schwierigen Situationen (Johannes 15,13/Sprüche 17,17).

Wer Gott gehorcht, sucht sich die richtigen Freunde; wer Gott miss-achtet, läuft in die Irre. (Sprüche 12,26)

Umgib dich mit lauter guten und ehrlichen Freunden, die deine Werte als Gläubige teilen und schätzen. Trenne dich von angeblichen Freunden, die dich von deinem Glauben und deinen gottesfürchtigen Werten abbringen.

Das Ehepaar soll Gottes Abbild sein

Die eheliche Beziehung zwischen einem Mann und einer Frau sollte sich genauso wie die Beziehung Jesu Christi zu seiner Gemeinde verhalten. Eine Ehe, die nicht Gott widerspiegelt, nenne ich »humpelnde Beziehung« oder »unausgeglichene Beziehung«. Lies dazu Epheser 5,24–25. Eine Ehe, die nicht auf Liebe beruht und in der der Mann und die Frau keine Ahnung davon haben, was die Liebe laut Gott bedeutet, wird zerbrechen. Viele Paare finden zusammen, ohne den göttlichen Sinn der Liebe und des Lebens zu zweit (zwischen einem Mann und einer Frau) zu kennen.

Ein Mann und eine Frau, die nur deswegen zusammenkommen, weil sie sich begehren, weil sie darauf brennen, Sex zu haben, werden eine Beziehung pflegen, die auf Geschlechtsverkehr gegründet ist. Wenn die Lust oder diese sexuelle Anziehung bei einem der Partner abnimmt, was stellst du dir vor, was passieren wird? Der andere Partner wird sich frustriert fühlen und dies könnte sogar zu einer Trennung führen. Du, der du dieses Buch liest, wenn du Christ und noch nicht verheiratet bist, empfehle ich dir, dir zunächst bei erfahrenen Menschen und guten Dienern Gottes Rat zu holen und im Wort Gottes über das Thema der Ehe zu lesen, damit du dir Kenntnisse in diesem

Bereich aneignest. So wirst du dich mit dem nötigen Wissen wappnen und es dir ersparen, irreversible Fehler zu machen.

Man sucht nicht einen Partner und man heiratet nicht, weil man schöne Paare in Filmen, Serien und in seiner Umgebung gesehen hat. Du hast eigentlich keine Idee von dem, was in den Beziehungen läuft, die du siehst und die dir das Gefühl geben, dass alles in einer Liebesbeziehung rosarot ist. Der Schein trügt. Filme zeigen auch nicht die Realität, sie lassen dich nur träumen. Wenn du eine Beziehung mit einem/einer Partner(in) anfangen willst, wirst du die Romanzen in diesen Filmen oder in Liebesromanen, die du gelesen hast, erleben wollen, weil du deine Seele so sehr mit den Emotionen und Lügen aus diesen virtuellen und realitätsfremden Werken gefüllt hast. Aber einmal in der Beziehung, nachdem du das ganze Gegenteil von den Täuschungen der Filme erleben wirst, wirst du enttäuscht und frustriert sein. Und dies wird deine Beziehung stark ins Wanken bringen.

Eine Beziehung sollte weder auf dem Aussehen noch auf den materiellen Bedingungen noch auf dem Ruhm des Partners noch nur auf Emotionen und Gefühlen noch auf der Flucht vor der Einsamkeit noch auf irgendwelchen anderen Interessen oder irgendeinem anderen Grund als der Liebe aufbauen. Genauso wie ein Haus, dessen Fundament nur auf Sand steht, nach einem kleinen Wind nicht lange halten, sondern zusammenstürzen wird, wird auch deine Beziehung, die nicht die Liebe Gottes als Basis hat, sondern weltliche Dinge, aufgrund von kleinen Schwierigkeiten erschüttert. Denn wenn die Schönheit der Person verwelkt oder du dich an sie gewöhnt hast, was wird dich in der Beziehung zurückhalten? Wenn die materiellen Güter der Person fortfliegen, würdest du trotzdem bei ihr bleiben? Wenn die Gefühle, Emotionen und Schmetterlinge im Bauch vom Anfang der Beziehung irgendwann nicht mehr da sind, wie wirst du sie beleben? Worauf würdest du dich stützen, um die Beziehung fortzuführen? Der Glaube, die Charaktereigenschaften und die moralischen Werte des Partners/der Partnerin und die feste Entscheidung, die andere Person zu lieben, zählen mehr als die am Anfang dieses Absatzes aufgezählten Gründe, die dich zu einer Beziehung führen könnten. Genau aus diesem Grund solltest du den Mann oder die Frau gut prüfen, mit dem/der du dir vorstellst oder beabsichtigst, den Rest deines Lebens zu verbringen – umso mehr noch, wenn du gläubig und/oder neugeboren bist. Es sind die inneren Werte der Person, die mit dem Deinen als Christ übereinstimmen sollten, die ein Zeichen für dich sein sollten. Einige Beispiele dieser Werte führe ich folgendermaßen aus:

• Dein(e) potenzielle(r) Partner(in) sollte wissen, dass ihr erst nach der Ehe Geschlechtsverkehr haben werdet.
• Dein(e) potenzielle(r) Partner(in) sollte die biblischen Wahrheiten über die Ehe, die Erziehung der Kinder und verschiedene andere Themen wissen, sie respektieren und sich diese Wahrheiten zu eigen machen.
• Dein(e) potenzielle(r) Partner(in) sollte Gott über alles lieben (Deuteronomium 6,5/Matthäus 22,37 & 10,37), – das heißt mehr als dich selbst. Er/sie sollte eine enge Beziehung durch Gebete und im Wort zu Gott pflegen.
• Am besten sollte auch deine Schwiegerfamilie deine christlichen Werte teilen. Ist dies aber nicht der Fall, sollte es kein Hindernis für die Ehe zwischen dir und deinem Liebling darstellen, wenn dieser wie du an das Evangelium glaubt.
• Dein(e) potenzielle(r) Partner(in) sollte wissen, dass die Ehe nicht für Egoisten ist, dass die Liebe/die Freundschaft/die Ehe ein Anlass zum Geben und Nehmen ist, und nicht andersherum zum Nehmen und Geben. Kennt jeder Partner diese Wahrheit und praktiziert sie, wird daraus eine vorbildliche Liebe und Beziehung entstehen.

Die Bibel lehrt uns Christen, nicht mit Leuten zusammenzukommen, die nicht an Jesus Christus glauben (2.Korinther 6,14–15). Diese Verse enthalten viele Wahrheiten. Indem du mit einer ungläubigen Person die Ehe eingehst, wirst du dazu gebracht, dir ihre Denkweise, Angewohnheiten und Werte anzueignen. Auch wenn du deine Werte hast, die von Gott kommen und sie behalten willst, wird deine Beziehung unvermeidlich leiden. Denn du wirst mit dem Benehmen deines Partners/deiner Partnerin konfrontiert sein, das dir fremd ist und das Gott nicht gutheißt. Wenn du spirituell nicht stark genug bist, wirst du dir sogar die Eigenschaften deines/deiner ungläubigen Partners/Partnerin zu eigen machen. Es ist deswegen für eine(n) stark Gläubige(n), für eine(n) Neugeborene(n) nicht empfehlenswert, eine Beziehung mit einem/einer Ungläubigen anzufangen. Du wirst sehr viel leiden müssen, wenn du dich darauf versteifst, dich auf eine solche Beziehung einzulassen. Zwei Personen, die Gott nicht kennen oder nichts über die biblischen und göttlichen Wahrheiten über die Ehe wissen, werden sich besser verstehen als ein aus einem eifrigen Christen und einem Ungläubigen oder oberflächlichen/lauwarmen Christen bestehendes Ehepaar. Es ist heutzutage zwar nicht einfach, einen richtigen Christen kennenzulernen, der nach den biblischen Satzungen lebt, trotzdem lohnt es sich wirklich auf den Richtigen/ die Richtige zu warten, auch wenn es viel Zeit braucht. Selbst die Beziehung zwischen zwei Neugeborenen läuft nämlich nicht ohne Schwierigkeiten. Wie wäre dann eine Beziehung mit einem/einer Heiden/Heidin oder mit einem/einer oberflächlichen Gläubigen? Der Apostel Paulus, der wusste, wie hart und kompliziert das Leben zu zweit ist, empfiehlt den Ledigen und Witwen sogar nicht zu heiraten. Lies aufmerksam die Verse 1.Korinther 7,1, 7–9, 26–27 & 38–40. Die Ehe ist keine einfache Sache und passt nicht zu jedem Menschen. Auch die Beziehung zwischen Geschwistern, die gemeinsames Blut haben, ist nicht immer leicht. So kannst du dir vorstellen, mit welchen Problemen und Herausforderungen du in einer Ehe mit einer Person konfrontiert sein wirst, die ein anderes Blut als du trägt und noch dazu den Geist Gottes nicht hat. Ihr müsstet euch an euer jeweiliges Benehmen und eure inkompatiblen Angewohnheiten anpassen. Der Partner, der weit entfernt von Gott lebt, sollte zu der Quelle des Lebens, Gott, seinem Schöpfer zurückkehren. So könntet ihr zusammen auf der gleichen Linie in Jesus Christus wandeln. Sonst wird die Beziehung leider scheitern. Bevor der/die Ungläubige in der Beziehung zu Gott kommt, muss aber der/ die Gläubige hart im Gebet kämpfen. Du, der du an Gott glaubst und sein Vertreter in der Ehe bist, müsstest gegen den Teufel kämpfen, der nicht will, dass dein(e) Partner(in) an Gott glaubt. Ich versichere dir, dass dies für dich keine leichte Aufgabe sein wird. Sie wird sehr schwierig sein. Du sollst dich deshalb nicht zwingen, eine(n) Partner(in) zu haben, wenn du noch ledig bist. Such stattdessen erst einmal die Nähe Gottes, wenn du noch unverheiratet bist und bereite dich selbst so vor, ein(e) gute(r) Ehemann/Ehefrau zu werden. Bitte Gott in der Zeit der Vorbereitung auf die Ehe, dir den Mann/ die Frau zu schicken, den/die er für dich bestimmt hat und warte geduldig auf seine Antwort.

Einige Erfahrungen und Lehren in meinem Leben werden dich darüber aufklären, welche Fehler du vor und in einer Beziehung vermeiden solltest:

Als ich viel jünger war und von der großen Liebe träumte, verstand ich nichts von der Liebe. Ich hatte keine Idee davon, was eine Beziehung zwischen einem Mann und einer Frau ist. Meine Wünsche wurden von Filmen beeinflusst, bestimmt und geprägt, die die Liebe in einem idyllischen Licht beschrieben und auch teilweise erotisch waren. Ich wusste aber leider nicht, dass das alles meine Seele im Verborgenen zerstörte.

Irgendwann habe ich auch angefangen, den Wunsch zu hegen, einen Weißen als Mann zu haben. Den genauen Grund, warum ich plötzlich mein Leben mit einem weißen Mann – am liebsten einem deutschen Mann – aufbauen wollte, weiß ich auch nicht. Es hätte zum Beispiel vielleicht auch mit einem Franzosen geklappt, aber ich wollte lieber mit einem Deutschen zusammen sein. Vielleicht, weil ich die deutsche Sprache mochte, nachdem ich angefangen hatte, sie zu lernen. Und nach meiner ersten Reise nach Deutschland habe ich davon geträumt, einen deutschen Mann zu haben. Das Macho-Benehmen mancher afrikanischer Männer war auch ein Grund, denn ich wollte wirklich eine Liebesbeziehung erleben und nicht eine Beziehung, in der der Mann nur seine Männlichkeit zeigen will, indem er mich unterdrückt.

Hier in Deutschland habe ich in der Einsamkeit gelebt, und das tat mir nicht gut und ich dachte, dass ich mich einsam fühlte, weil ich keinen Mann neben mir hatte.

Diese oben genannten Gründe haben mich dazu gebracht, mich auf eine Beziehung einzulassen. In erster Linie war es dieser feste Traum in mir, mit einem Weißen zusammen zu sein und die Angst, diesen Traum nicht erleben zu können, wenn ich in mein Land zurückkehren würde. So sehr lag mir dieser Traum am Herzen. Mir ist es zwar gelungen, diesen Traum verwirklicht zu sehen, aber eine Lebensweisheit wurde mir im Laufe meines Ehelebens offenbart: Die Liebe Gottes sollte das erste Ziel, das Fundament und die Basis einer Beziehung sein. Die Liebe zwischen einem Mann und einer Frau, die Gott nicht ins Zentrum ihrer Beziehung setzen, ist zum Scheitern verurteilt. Auch wenn diese Liebe zu funktionieren scheint, ist sie aussichtslos, denn sie dient nicht dem Plan Gottes. Alles, was nicht die Verherrlichung Gottes als Ziel hat, ist vor Gott nichtig. Für Gott zählt unser Endziel, weil er uns nach unserem Tod im Himmel bei ihm sehen will. Das kann aber nur passieren, wenn wir schon hier auf Erden ihm gefolgt sind.

Ich glaubte an Gott und hatte auch ein paar Erfahrungen mit Jesus Christus gemacht, bevor ich meine Beziehung anfing. Die richtige Bedeutung der Liebe Gottes war mir damals aber verborgen. Mein zukünftiger Mann damals hatte in jener Zeit einen noch oberflächlicheren Glauben als ich. Wir haben die goldenen Regeln Gottes, die als Leitlinien in einer Beziehung gelten sollten, gebrochen. Wir wurden vorschnell intim miteinander. Wir lebten lange in einer »wilden Ehe«, was Gott verabscheut. Ich, deren Beziehung zu Gott etwas enger war, hatte meine erste Liebe vergessen. Ich war ratlos. Da wir Gott ungehorsam waren, hat der Teufel die Gelegenheit genutzt, um sein Unwesen in der Beziehung zu treiben. Wir hatten unaufhörliche Streitereien. Meine Laune sank immer mehr. Wegen einer Kleinigkeit nahm mich eine starrsinnige schlechte Laune in ihre Gewalt und ich konnte nicht mehr aus ihr herauskommen. Oft plagte mich auch vor Gott das schlechte Gewissen, seine Ordnungen nicht befolgt und Geschlechtsverkehr vor der Ehe gehabt zu haben. Ich wollte von ganzem Herzen mit dieser wilden Ehe aufhören. Dieser Wunsch und diese Überzeugung erfüllten allmählich mein Herz. Es fiel mir aber nicht leicht, mich durchzusetzen, denn mein damals zukünftiger Ehemann wollte das nicht hören. Letztendlich konnten wir aber dem Ratschlag eines Freundes folgen und erst einmal nur vor Gott heiraten. Dies geschah, nachdem wir auf der Konferenz eines Gottesmannes in Frankreich gewesen waren, und auch nach Gebeten und einer langen Fastenzeit. Während dieser Fastenzeit bekam ich durch einen Traum meines damals zukünftigen Mannes die Offenbarung, dass Jesus Christus Zeuge unserer Heirat sein würde. Nach der kirchlichen Heirat hatte ich dieses schlechte und belastende Gewissen vor Gott nicht mehr. Der Kampf war aber nicht beendet. Wir hatten mit den Werken des Bösen Festungen gebaut, die nicht von heute auf morgen fallen konnten. Ich wünschte mir sehr, dass Gott Kontrolle über die Beziehung nehmen würde und dass die vielen Probleme nach der Heirat wie durch einen Zauberstab verschwinden würden. Das war aber eine Illusion. Die Heirat ist nicht dafür gedacht, die durch den Ungehorsam gegenüber Gott verursachten Probleme und Konsequenzen auszulöschen. Die Bibel lehrt und warnt uns davor, dass der Mensch das, was er sät, auch ernten wird (Galater 6,7–8). Das, was auf Sand gebaut ist, nicht hält und wankt, muss erst einmal fallen, damit ein neues Fundament in Jesus Christus etabliert werden kann. Solange das alte Fundament nicht zusammengebrochen ist, solange der Teufel nicht besiegt worden ist, wird er immer wieder versuchen, sich in der Beziehung durchzusetzen und es wird ihm gelingen, weil wir selbst ihm die Türe unserer Beziehung weit geöffnet haben. Auch wenn der Familienvater, der der Mann ist, seine Identität in Jesus Christus nicht kennt, nicht betet und sich nicht angemessen mit seiner Frau benimmt, wird sich das Böse in ihre Beziehung einmischen. Und da hilft es auch nicht viel zu heiraten oder vor dem Geschlechtsverkehr zu heiraten. Den Sieg über das Böse eignen sich die beiden Partner nur gemeinsam und durch eifrige Gebete an. Dabei sollten sie eins mit dem Geist Gottes sein und von ihm geführt werden. Du, Kind Gottes, das die Wahrheiten über die Heirat noch nicht kennt, bereite dich erst einmal sehr gut vor und habe es nie eilig, den Schritt zur Heirat zu machen. Du sollst eine Hilfe für die Person sein, die du heiraten wirst: Du sollst ihm Liebe bringen und keinen Hass; Lösungen und keine Probleme oder Sorgen; Sanftmut und keine Härte; Reinheit und keine Unreinheit; Verständnis und kein Unverständnis. Verbring deswegen viel Zeit in Gottes Gegenwart, bade dich in seinem Öl, berausch dich durch sein Wort an seiner Liebe und sei davon erfüllt. Nur so kannst du später diese Liebe in deine Ehe bringen und widerspiegeln. Stell dir dieses Bild vor: Was wird passieren, wenn du in Honig oder Milch badest? Du wirst automatisch den Geschmack des Honigs und der Milch annehmen. Du wirst damit bedeckt sein. Genauso wirst du die Liebe und die Natur Gottes ausstrahlen, nicht nur in der Beziehung mit deinem (künftigen) Mann/deiner (künftigen) Frau, sondern auch in allen anderen Bereichen des Lebens, wenn du dich mit dieser Liebe erfüllst. In 1.Korinther 13 sind einige Eigenschaften Gottes und der Liebe beschrieben. Auch die Verhaltensweisen einer Person, in der die Liebe bleibt, die du um dich vermitteln sollst, sind darin zu lesen. Lies die Verse 4–8:

Liebe ist geduldig und freundlich. Sie ist nicht verbissen, sie prahlt nicht und schaut nicht auf andere herab. Liebe verletzt nicht den Anstand und sucht nicht den eigenen Vorteil, sie lässt sich nicht reizen und ist nicht nachtragend. Sie freut sich nicht am Unrecht, sondern freut sich, wenn die Wahrheit siegt. Liebe nimmt alles auf sich, sie verliert nie den Glauben oder die Hoffnung und hält durch bis zum Ende. Die Liebe wird niemals vergehen. Einmal wird es keine Prophetien mehr geben, das Reden in unbekannten Sprachen wird aufhören, und auch die Gabe, Gottes Gedanken zu erkennen, wird nicht mehr nötig sein. (1.Korinther 13,4–8)

Glaub mir und such erst mal die Liebe Gottes, bevor du den Schritt der Ehe wagst. Ich habe lange einen Mann haben wollen. Bis ich 29 war, war ich Single und fand das nicht in Ordnung. Ich sagte mir, dass es schlimm ist, dass ein 29-jähriges Mädchen keinen Mann hat. Ich dachte, dass ich mit einem Mann glücklich sein würde. Das war aber außer einer Zeit am Anfang der Beziehung mit diesem Mann alles andere als problemlos. Mir fehlte die Liebe Gottes, die eine Ehe glücklich macht – und ihm auch. Ohne die Liebe Gottes in dir kann dich nichts wirklich glücklich machen.

Wenn du Jesus Christus als deinen Retter und Erlöser empfangen hast, erst nachdem du geheiratet hast, dein Mann/deine Frau ist aber immer noch ungläubig, empfiehlt dir der Apostel Paulus, für ihn/sie zu beten. Denn du kannst deinen Mann oder deine Frau retten. Durch deine Gebete, die Liebe Gottes, die in dich und in dir fließt und die Liebe zu deinem Mann/deiner Frau kann Gott irgendwann sein/ihr Herz gewinnen, sodass er/sie geheiligt wird (1.Korinther 7,12–16). Vergiss nur eines nicht: Nichts ist in Gottes Augen und Macht unmöglich. In Jesus Christus und mit dem Glauben ist alles möglich. Er hat in seinem Wort gesagt, dass wir mit dem Glauben wie einem Senfkorn Berge versetzen können. Alles, was du als Gläubiger Gott im Namen Jesu Christi fragst und das seinem Willen entspricht, wird er dir geben (Matthäus 17,20 & 7,7/Johannes 14,13/1.Johannes 5,14–15). Und da Gott will, dass jeder Mensch zur Wahrheit kommt und Jesus Christus als seinen Retter und Erlöser akzeptiert, will er zweifellos, dass dein Mann oder deine Frau zum Glauben an Jesus Christus kommt. Hör also nie auf, Gott in deinen Gebeten um seine/ihre Erlösung zu bitten, bis es geschieht. Der starke Wille und Worte haben Macht.

Nur wenn der oder die Ungläubige sich unbedingt scheiden lassen will, kannst du nichts daran ändern. Du wirst aber nach der Scheidung an ihn/ sie nicht mehr gebunden sein (1.Korinther 7,15) und kannst zu Gott beten, dir zu helfen, wieder zu heiraten, diesmal aber eine(n) stark gläubige(n) Partner(in).

Der Mann kommt von Gott. Er hat Jesus Christus als Chef und untersteht ihm. Er selbst ist Chef der Frau, das heißt, dass die Frau ihm untersteht (1.Korinther 11,3). Er muss eine gesunde und enge Beziehung zu Gott (Jesus Christus) pflegen, um sich selbst, seiner Frau und seinen Kindern ein Leben nach Gottes Plan zu ermöglichen. Ein Mann muss seine Identität in Gott kennen, anderenfalls lebt er nicht für Gott, sondern für sich selbst oder für den Teufel. Der Mann, der an Gott hängt, bekommt die Liebe Gottes, die in ihn fließt. Und wenn diese Liebe in ihm bleibt, wird er sie seiner Frau, seinen Kindern, seiner Familie und sogar seiner Umgebung vermitteln.

Pflegt ein Mann keine innige Beziehung zu Gott, seinem Schöpfer, hat er bewusst oder unbewusst als Autorität über sich den Teufel. Und das ist der Wille des Letzteren, der dann in der Beziehung zu seiner Frau herrschen wird, außer wenn die Frau stärker in Gottes Geist ist. Denn dort, wo Gott nicht ist, ist der Teufel.

Die Rolle des Mannes seiner Frau gegenüber in einer erfüllten Beziehung gleicht der Rolle Jesu Christi für die Gemeinde Gottes. Jeder Mann, der Gott nicht ehrt und ihm nicht die erste Stelle in seinem Herz gibt, verändert völlig Gottes Plan für seine Ehe.

Ein Mann, der Gott, den Allmächtigen, nicht als Gott ehrt, gehört automatisch dem Bösen. Eine gläubige Frau mit diesem Mann wird unvermeidlich teuflisch leiden, bis dieser Mann irgendwann zu Gott, seinem Schöpfer, findet.

Die Frau, die von einem echten gläubigen Mann geliebt wird, wird diesem automatisch Respekt zeigen.

Genauso wie der Mann die Frau lieben soll, wie Jesus Christus seine Kirche liebt (Epheser 5,25–26), soll auch die Frau den Mann lieben, sich ihm unterordnen und an ihm hängen, wie auch die Kirche Jesus Christus lieben, sich ihm unterordnen und an ihm hängen soll. Eine Frau schuldet ihrem Mann Respekt und Ehrfurcht, weil der Mann eine Autorität über sie ist (Epheser 5,22–24 & 33/Kolosser 3,18–19). Es handelt sich hier nicht um die Autorität eines Henkers oder eine erhebliche oder destruktive Autorität. Manche Männer nutzen dieses von Gott in der Ehe etablierte Prinzip aus, um ihre Frauen zu terrorisieren. Aber Gott lehrt uns eher eine Liebesbeziehung des Mannes zu seiner Frau, die automatisch den Respekt der Frau ihm gegenüber als Folge hat. Die Frau betrachtet den Mann dann als Autoritätsperson in der Familie. Dieser Respekt wird nicht gefordert.

Der Mann verdient ihn vielmehr durch sein liebevolles, rücksichtsvolles, verantwortungsvolles, aufopferndes und vorbildliches Benehmen seiner Frau gegenüber. Ein solches Benehmen kann man nur durch und in Jesus Christus haben. Wie kann ein Mann, der seine Frau nicht respektiert, von ihr Respekt erwarten? Wie kann ein Mann, der in der Ehe nur auf seinen Vorteil bedacht ist, der seine Frau nicht liebt, wie es sich gehört, Achtung für sich beanspruchen? Wäre die Gemeinde Gottes an Jesus Christus gebunden geblieben, wenn er sie zum Beispiel geschimpft, vernachlässigt, betrogen, geschlagen, erniedrigt, ignoriert, zu manchen Dingen gezwungen und wie eine Sklavin behandelt hätte? Der Mann und die Frau sind »eins«. Sie bilden »einen Leib« in der Ehe. Die Frau repräsentiert einen Teil des Körpers des Mannes, denn sie wurde aus dem Mann erschaffen. Aus diesem Grund soll der Mann seine Frau hegen und pflegen und lieben wie sich selbst, so wie Jesus Christus auch seine Gemeinde geliebt hat, indem er sie durch sein Wort von aller Schuld gereinigt hat, damit sie heilig und makellos wird (1.Korinther 11,8/Genesis 2,21–25/Epheser 5,25–33). Die Frau wird ihren Mann ohne Worte achten, wenn dieser sie wie sich selbst behandelt. Ein paar Worte noch zum Respekt der Frau ihrem Mann gegenüber: Wenn Gott jemanden als autoritäre Person über uns setzt, erwartet er, dass wir dieser Person Respekt entgegenbringen, egal ob sie Gottes Verordnungen respektiert oder nicht (1.Peter 2,18). Gott befiehlt der Frau, mit ihrem Mann mild, respektvoll und lieb umzugehen. Es kann vorkommen, dass der Mann ungläubig ist und sich auch gegenüber seiner Frau unangemessen benimmt. Auch in einem solchen Fall soll die Frau ihre Ruhe bewahren, gut zu ihrem Mann bleiben und zu Gott für sein Heil beten. Nur so kann der Mann ohne Worte für Gott gewonnen werden (1.Petrus 3,1). In Extremfällen, wo der Mann zum Beispiel gewalttätig ist, ist es für die Frau besser, Abstand von dem Mann zu halten.

Wenn du, Frau, an Jesus Christus glaubst, dein Mann aber nicht, und er macht dir dazu ständig Probleme, ohne dich gewalttätig zu behandeln, solltest du wissen, dass du diese Probleme nicht mit Zorn und Wut regeln kannst. Oft denken Frauen auch, dass nur ihre Männer für die schwierigen Zeiten in ihrer Ehe verantwortlich sind, ohne zu bemerken, dass sie selbst auch Hilfe brauchen und auch an ihrem Verhalten arbeiten müssen. Erst wenn du dir das eingestehst und bereit bist, dich durch Gebete von Gott verändern zu lassen, kann Gott dich für die Rettung deines Mannes nutzen. Du kannst also gegen den Teufel (deinen Feind) nicht mit dem Teufel kämpfen. Du solltest dich eher mit den Waffen des Geistes Gottes ausrüsten und gegen das Böse, das deinen Mann verführt, kämpfen. Denn wir kämpfen nicht gegen Menschen, sondern gegen das Böse in den Menschen, das böse Geister sind (Epheser 6,12). Wenn du wirklich den Glauben an Jesus Christus hast und deinen Mann liebst, solltest du an das Gute und somit die Veränderung deines Mannes glauben. Du sollst den Schild des Glaubens ergreifen, mit dem du alle feurigen Pfeile des Böses auslöschen kannst, und das Schwert des Geistes nehmen, das das Wort Gottes ist (Epheser 6,16–17).

Der Glaube erweist sich dabei als sehr wichtig, um dir den Sieg zu genehmigen, den sich Jesus Christus schon am Kreuz für dich angeeignet hat. Nichts ist mit dem Glauben unmöglich. Wenn etwas in deinen Gedanken dich überzeugen will, dass die schwierige Zeit in deiner Ehe nicht enden wird und dass du deinen Mann verlassen solltest, dann solltest du wissen, dass dies der Plan des Teufels ist, der von Anfang an ein Mörder und der Vater der Lüge ist (Johannes 8,44). Er will alles im Menschen kaputt machen. Es ist genau, weil er deine Ehe zerstören will, dass er deinen Mann dazu bringt, sich schlecht zu benehmen – zum Beispiel Alkoholiker zu werden, zu spät nach Hause zu kommen, dich schlecht zu behandeln, dich zu tyrannisieren, ehezubrechen usw. – Aber Kopf hoch, führ den Kampf bis zum Ende und lass das Böse nie gewinnen!

Ich möchte dich, neugeborene Frau, deren Mann noch nicht zu Jesus Christus gefunden hat, dazu einladen, nie aufzuhören, für das Heil deines Mannes zu beten, bis es Realität wird. Wenn es sich auch als schwierig erweist, ist es nicht das Aufgeben, das dir den Sieg bringen wird, sondern die Ausdauer. Meditiere über das folgende Beispiel, das deine Kämpfe illustriert. Es wird dich in deinem Glauben stärken. Dieses Beispiel gilt natürlich auch für einen neugeborenen Mann, der sich danach sehnt, seine Frau zu Jesus Christus bekehrt zu sehen:

Stell dir vor, Frau, dass du jeden Tag betest und stark daran glaubst, dass Gott das Herz deines Mannes erobern wird. Aber nichts passiert. Und du leidest wegen unaufhörlicher Streitereien in deiner Ehe, weil dein Ehemann dich sogar in deiner Beziehung zu Gott entmutigt und verfolgt oder die Leute in deiner Umgebung, die Jesus Christus nicht richtig empfangen haben, finden, dass du übertreibst. Du vergleichst dich deswegen mit einer anderen Frau, die gläubig ist wie du und fast die gleichen Probleme wie du in ihrer Ehe hat, die aber nicht so leidet wie du. Bei Diskussionen mit ihr hast du herausgefunden, dass sie nicht so viele spirituelle Kämpfe hat wie du. Diese Tatsache frustriert dich. Ich versichere dir aber, dass du keinen Grund zur Frustration noch zur Enttäuschung oder zum Vergleich deines Lebens mit dem einer anderen Person hast. Wenn diese Frau nicht so viel leidet, obwohl ihr Mann auch nicht neugeboren ist, solltest du wissen, dass ihre Beziehung mit Gott sicher nicht so eng ist wie deine. Denn eine Person, die sich Gott mehr annähert, die das Herz Gottes hat und sich stark danach sehnt, Seelen zu Jesus Christus kommen zu sehen, wird mehr vom Bösen bekämpft. Wenn du mehr als die andere gläubige Frau leidest, ist dies ein Zeichen dafür, dass dein geistlicher Kampf stärker als ihrer ist. Und das erklärt auch, warum der Teufel und seine Vertreter dich verunsichern wollen und dafür mehr Energie gegen dich als gegen die andere Frau aufwenden. Sie werden dich zum Beispiel verunsichern, indem sie Gedanken in dich kommen lassen, dass dein Mann nie zum Glauben kommen kann oder dass er nicht für dich geschaffen wurde, dass du ihn nicht liebst oder dass er dich nicht liebt usw. Wenn du die Taktiken, Tricks oder Listen des Teufels nicht kennst, wirst du denken, dass diese Gedanken von dir kommen. Da der Teufel und seine Jünger alles daransetzen, um dir den Kampf schwer zu machen, ist es für dich schwieriger, ihn weiterzuführen und zu ertragen. Dies ist aber der Zeitpunkt, mehr Energie aus dem Wort Gottes und dem Heiligen Geist zu schöpfen, um deine Feinde zu vernichten. Wenn du den Kampf nicht aufgibst, wirst du früher oder später deinen Sieg sehen, denn er wurde schon von Jesus Christus am Kreuz erlangt. Du musst nur geduldig sein, bis er in deinem Leben zutage tritt. Alles, was ich dir darüber geschrieben habe, wie du für das Heil deines Mannes kämpfen sollst – oder für das Heil deiner Frau, wenn du ein Mann bist –, ist real. Ich möchte dir hier auch eine Wahrheit über das geistliche Reich offenbaren: Die Menschen, deren Herzen nicht Gott ersehnen, sind keine wichtige Zielgruppe für das Reich der Finsternis. Der Teufel und seine Vertreter interessieren sich eher für geistliche Krieger in Jesus Christus, weil sie wissen, dass diese ein großes Hindernis für ihr Reich darstellen. Du bist eine sehr wichtige Person und das Ziel des Bösen ist es, dich daran zu hindern, deine Ziele zu erreichen. Deswegen bekämpft er dich. Du bist aber wichtiger in Gottes Augen. Deswegen wird er immer für dich da sein, um dich zu ermutigen, stark und ausdauernd zu sein. Das macht er, indem er entweder in deinem Herzen spricht oder in seinem Wort, oder durch seine Gesandten oder irgendeine Situation.

Gott soll der Versorger eines Ehepaares sein.
Sonst wird das göttliche (Leben) in dieser Beziehung fehlen.

(Dein Gehorsam Gott gegenüber wird dir ersparen, zu früh eine Be-
ziehung anzufangen und dann die Konsequenzen erleiden zu müssen.
Aber jede Tat des Ungehorsams wird dir schaden und Leid bereiten.)

Kapitel 15:
Der Ungehorsam und der Gehorsam

Der Ungehorsam (die Sünde) schadet, aber der Gehorsam (die Heiligkeit) rettet

Wegen des Ungehorsams Adams und Evas wurde die ganze Menschheit von Gott verstoßen, weil Gott nicht mit Sündern zusammen sein kann. Sie haben statt Gott, dem Schöpfer zu gehorchen, auf den Teufel gehört, der auch Gottes Geschöpf ist und der gegen Gott rebelliert hatte. Lies Genesis 3,1–7. Ihr Verstoß gegen Gottes Gesetz hat sie und die Menschheit von Gott getrennt und einen großen Fluch über die Menschen gebracht (Genesis 3,16–19). Dieser Ungehorsam kostet die Menschheit bis heute all die ganzen Probleme und das ganze Leid, das in der Welt herrscht.

Du solltest wissen, dass du dich mit jeder Sünde, die du begehst, von Gott entfernst und dem Teufel näherst. Das Schlimme daran ist, dass du dich selbst nicht von der Sünde trennen kannst, denn sie ist in dir und stärker als du. Du hast ihr die Tür deines Herzens geöffnet und sie hat sich gern in dir niedergelassen. Wenn du sie jetzt loswerden willst, geht das nicht so einfach, wie du denkst. Denn die Sünde war irgendwo außerhalb deiner Seele, bevor du sie durch deine unreinen Gedanken und Begehrlichkeiten gerufen hast (Jakobus 1,14–15). So wie Gott es Kain empfahl, solltest du solche Gedanken nicht in dich kommen lassen, sondern über die Sünde herrschen (Genesis 4,7). Anderenfalls siehst du dann, wie die Sünde über dich herrscht. Du kannst danach allein alles dagegen versuchen, aber es wird dich als Gefäß nutzen, um gegen Gott zu sündigen. Du wirst eine Art Marionette werden, die die Sünde nutzt, um ihr Unwesen zu treiben – um nach Lust und Laune zu handeln.

Du selbst willst eigentlich Gutes tun, aber du siehst dich in der Falle der Sünde gefangen, die in dir wohnt. Und die Sünde kann nie dem Gesetz Gottes gehorchen. Deswegen versuchst du mehrmals, nicht mehr zu sündigen, schaffst es aber nicht. Die Sünde, die in dir ist, ist nämlich stärker als du. Gott sei Dank ist aber Jesus Christus am Ende der Zeiten gekommen, um mit seinem reinen und wertvollen Blut alles wiedergutzumachen. Lies <u>Römer 7,14–25</u>. Durch ihn und sein Blut kannst du die Sünde aus deinem Leben wegbekommen. Er hat den Preis gezahlt, indem er unsere Sünden getragen, viel gelitten, trotzdem aber nie gesündigt hat. Sein Gehorsam gegenüber Gott hat ihm erlaubt, sein Blut rein zu halten, um es uns für die Reinigung unseres ganzen Wesens – Geist, Seele und Körper – zu schenken. Jesus Christus ist der einzige Mensch, der in der Lage war, reines Blut vor Gott zu bringen, um ihn in seinem Zorn auf die Menschen zu beruhigen. Er konnte das natürlich tun, weil er zu 100 Prozent Mensch, aber auch zu 100 Prozent Gott war.

Du solltest also Jesus Christus in dein Leben einladen, damit du aus Gnade durch den Glauben Erlösung von deinen Sünden und deinem alten Leben erfährst (<u>Epheser 2,8–9</u>).

Auch wenn du zurzeit erfolglos gegen die Sünde kämpfst, klage nicht mehr darüber. Wenn jemand viele Sorgen hat, sind sein Murren und seine Klagen ein Beweis, dass er geistlich unreif ist. Diese Art von Benehmen schwächt ihn, stärkt aber den Teufel in seinem Plan gegen ihn und bremst Gottes Wirken in seinem Leben. An murrenden Kindern hat Gott keinen Gefallen. Die rebellischen Israeliten in der Wüste fielen und starben genau aus diesem Grund (<u>Numerus 11,1 & 21,5–6</u>).

Wegen der Konsequenzen des Ungehorsams Adams erlebst du heute zwar Schwierigkeiten. Aber die gute Nachricht ist, dass du dank Jesus Christus, der Gott gehorcht hat, wieder erlöst und gerettet wurdest. Ab dem Moment, in dem du von Jesus Christus gehört und ihn angenommen hast und ihm natürlich gehorchst, darfst und sollst du auf eine bessere Zukunft hoffen. Deine Seele wird, auch wenn es ein bisschen Zeit brauchen wird, komplett von der Sünde befreit.

Der Gehorsam zu Gott, den Jesus verkörpert hat, ist der Schlüssel zur Rettung, zum Frieden und zum Heil. So wie Jesus Christus Gott gehorcht hat, solltest du auch es tun.

Gott gehorsam zu sein heißt, ihm total zu vertrauen und zu tun, was er dir gebietet zu tun, ohne mit ihm zu rechten.

(Wenn du Gott gehorsam bist, glaubst du an ihn. Wenn du wirklich an ihn glaubst, werden deine Taten es beweisen.)

Kapitel 16: Der Glaube und die Werke

Der Glaube

Wer glaubt und Träume hat, wer **Lebensziele** erreichen will, sein Flehen und Bitten vor Gott bringt, der sieht seine Gebete erhört, egal wie lange es dauert. Diese Person erfährt und erlebt offenbar die Präsenz und Existenz Gottes. Derjenige, der aber ohne Lebensziel lebt, der weder Traum noch gesunden Ehrgeiz hat, der sich nur mit dem, was er hat und was er ist, begnügt und von Gott nichts erwartet, der kann sich nicht dessen bewusst werden, dass Gott existiert und dass er über das hinaus erfüllen kann, was wir uns vorstellen (<u>Epheser 3,20</u>). Aus meiner eigenen Lebenserfahrung kann ich dir bezeugen, dass der Glaube wahrlich Berge versetzen kann, so wie die Bibel es uns lehrt. Ich wäre nie nach Deutschland gekommen, ich hätte nie mein Studium hier abgeschlossen und endlich wirklich zu Gott gefunden, wenn ich nicht geglaubt hätte, dass das möglich ist. Allein wie es geklappt hat, den Studienplatz zu bekommen, obwohl mir eine wichtige Kompetenz in der Sprache fehlte – meine Note beim Hörverständnis war nicht gut genug –, war ein Wunder. Die Art und Weise, wie ich – sechs Monate nach meinem Kommen nach Deutschland und nach ein paar kleinen Jobs, wie dem Putzen im Kabarett »Academixer« – durch eine Bekanntschaft aus meinem Land einen guten Studentenjob bei Siemens ergattert habe, dort wo Deutsche es schwierig haben, einen guten Job zu finden, war sicherlich ein Werk des Glaubens. Ich hatte zwar, bevor ich nach Deutschland gereist war, ein bisschen darum gefürchtet, wie ich es schaffen sollte, meine Lebenshaltungskosten zu bestreiten, nachdem ich das ganze Geld, das mir meine Eltern gegeben hatten, ausgegeben habe. Ich wollte für sie natürlich keine Last mehr sein, deswegen hatte ich alles getan um damit anzufangen, früh zu jobben. Außerdem hätten sie es auch nicht geschafft, mir das ganze Geld für das Studium zu geben. Meine Befürchtung war aber nicht begründet, weil Gott hier alles schon für mich vorbereitet hatte. Er wusste, dass ich nach ein paar kleinen und nicht so attraktiven Jobs den richtigen Job bei Siemens finden würde, der mir durch den Rest meines Studiums hindurchhelfen würde. Auch wenn ich damals nur oberflächlich an Gott glaubte, war der

Glaube in mir, dass Gott mich nicht fallen lassen würde. Gott braucht nur Menschen, die an ihn glauben (Hebräer 11,6), und die es wagen, große Träume in ihm zu hegen. Nur durch diese Träumer, die an ihn und sein Wort glauben, kann er Berge, die im Leben der Menschen herrschen, versetzen. Er kann nichts mit Leuten anfangen, die ihn nicht existent nennen. Noah baute die Arche, weil er an Gott glaubte. Er wusste, dass die Menschen auf der Erde gegen Gott sündigten und dass er sich und seine Familie vor dem Gericht Gottes, der Sintflut, schützen musste (Hebräer 11,7). Gott hat zu Noah sicher nicht außergewöhnlich mit einer lauten Stimme gesprochen. Er spricht zu uns in unserem Herz. Wann willst du deine Arche bauen? Gott spricht dich jeden Tag an – in deinen Gedanken, durch Prediger, in bestimmten Situationen, in seinem Wort usw. Er will, dass du bereit bist, wenn er wiederkommt, um seine Kinder abzuholen, die er mit in den Himmel nehmen wird. Willst du nicht Teil seiner Gemeinde sein? Willst du den Himmel verpassen? Stell dir vor, es würde plötzlich etwas noch Spektakuläreres in der Welt passieren, als es jetzt mit dem Coronavirus der Fall ist – zum Beispiel fiele unerwartet überall auf der Welt Schlamm vom Himmel auf die Erde herab, sodass sich ein Sumpf bildete und die Menschen hätten keine andere Wahl, als sich an Sachen oben festzuhalten, wie könntest du dieser Katastrophe entgehen? Wenn so viele Menschen an einem Virus sterben, das so schwierig zu bezwingen ist und so plötzlich kommt, dass es fast niemand im Voraus wissen konnte, kann man sich vorstellen, dass alles passieren kann. Nur Gott kann aber Menschen vor solchen katastrophalen Situationen retten. Setz also deine ganze Hoffnung auf Jesus Christus. So wird Gott dich immer vor dem Schlimmsten bewahren und schützen. Egal was passieren mag, glaub und du wirst sehen, dass sich die Hand Gottes in deinem Leben zeigen wird.

Du kannst nicht behaupten, an etwas zu glauben, was du schon gesehen hast. Man glaubt an etwas, das man noch nicht sieht und wovon man weiß und glaubt, dass es ist (Römer 8,24/Hebräer 11,1).

Stell dir diese Situation vor:

Du hast eine Prüfung zu absolvieren. Bevor du diese Prüfung schreibst oder ablegst, passiert etwas in dir. Du hast eine Erwartung:

- Um welche Erwartung handelt es sich?
- Hast du diese Erwartung, bevor oder nachdem du die Ergebnisse der Prüfung bekommen hast?

Je nachdem, wie du dich vorbereitet hast, bist du sicher oder zweifelst daran, die Prüfung zu bestehen. Jedenfalls glaubst und hoffst du, auch bevor du die Prüfung machst, dass du sie bestehst.

Der Glaube bezieht sich also auf das noch nicht Gesehene, das man aber sich wünscht, irgendwann zu sehen. Sonst würde man nicht vom »Glauben« sprechen, sondern eher vom »Sehen«. Zu behaupten, dass du nicht an Jesus Christus glaubst, heißt genauso viel wie im Voraus zu glauben, dass du an der Prüfung des Glaubens für das Heil scheitern wirst. Denn das Leben ist auch eine Prüfung, die du entweder bestehen wirst oder nicht. Das Bestehen deines Lebens auf Erden geschieht aber nur mit dem Glauben an Jesus Christus. Denn nur er hat den Tod besiegt und sitzt jetzt zur Rechten Gottes im Himmel. Niemand kann also den Tod besiegen und in den Himmel kommen außer durch ihn. Er ist der einzige Mittler zwischen Gott und den Menschen (1.Timotheus 2,5). Ja, Jesus Christus ist der Weg, die Wahrheit und das Leben (Johannes 14,6).

Sei also bitte nicht wie Thomas (Johannes 20,29), der den auferstandenen Jesus Christus erst einmal sehen wollte, bevor er daran glaubte, dass er auferstanden ist, obwohl er zu seinen Lebzeiten und bei seinen Predigten dabei war. Er hatte von Jesus Christus gehört, dass er auferstehen wird, trotzdem zweifelte er daran. Du solltest Jesus Christus annehmen, und zwar jetzt, da du noch die Chance hast, zu leben und es noch kannst, sonst wird es nach deinem Tod zu spät sein. »Heute, wenn ihr seine Stimme hört, so verstockt eure Herzen nicht«, heißt es in Hebräer 4,7. Du verlierst nichts, wenn du an Jesus Christus glaubst. Er ist das Gute, er ist die Liebe und hat die Liebe auf der Erde verstreut. Es kann für dich nichts anderes als selig sein, an ihn zu glauben. Du verlierst aber alles, wenn du nicht an ihn glaubst. Denn wenn er wiederkommt, wirst du dann wegen deines Unglaubens nicht in den Himmel kommen können.

Gerade in dieser Zeit, in der das Coronavirus wütet, spricht Gott zu unseren Herzen. Er will dir zeigen, dass du nur ein Mensch bist und dass du ihn, deinen Schöpfer, brauchst. Dieses Virus kommt tatsächlich direkt vom

Teufel, der bestimmte Menschen zum Bösen nutzt, die Opfer brauchen. Nur dein Glaube an Gott wird dich retten, weil der Glaube Berge versetzen kann (Markus 11,22–24). Du als Gläubige(r) solltest also auf Gott vertrauen und diese Krisenzeit mit dem Glauben überwinden. Wenn du daran glaubst, dass dieses Virus dich nicht erreichen wird, wird es dich auch nicht erreichen. Du solltest dabei aber nicht an dich selbst glauben, sondern an Jesus Christus. Denn du hast keine Krankheiten am Kreuz überwunden. Allein Jesus Christus hat dies getan (Matthäus 8,17), deswegen sollte sich dein Glauben auf ihn richten. Proklamiere sein Blut auf dich, und auch, dass du durch Jesus Christus stärker bist als jedes Virus, jede Krankheit usw. Bete auch jeden Tag. Wenn du nicht an Jesus Christus glaubst, ist es jetzt die Zeit, ihn für deine Sünden um Vergebung zu bitten und ihn aufrichtig als deinen Retter und Erlöser anzunehmen (Römer 10,9–11). Danach kannst du auch beten und dich ebenso mit dem Blut Jesu Christi schützen.

Manchmal wimmeln in uns viele Fragen, wenn wir Gott suchen. In der Tiefe unseres Herzens wissen wir, dass es ihn gibt. Kommt aber ein Problem oder ein unerwartetes Ereignis, das unseren Glauben infrage stellt, tendieren wir daran zu zweifeln, dass Gott wirklich existiert. Der Zweifel kommt sicher und ist nichts Schlimmes. Wir sollten in diesen Zeiten aber nie unseren Glauben aufgeben, weil Gott vorsätzlich diese Prüfungen zulässt, damit wir in unserem Glauben wachsen. Die zurzeit bestehende Corona-Krise nutzt er, um die Menschen, die bereits an ihn glauben, in ihrem Glauben zu bestärken. Die verlorenen Seelen, die noch nicht zu Gott gefunden haben, will er zum Glauben an ihn bringen und sie für sein Reich gewinnen. Was den Zweifel anbelangt: Wir können in einer Aufgabe, zum Beispiel bei der Ausübung eines Berufs, keine Kenntnisse erlangen, uns nicht entwickeln und irgendwann Meister werden, wenn wir keine Fehler machen, wenn wir von Anfang an schon vollkommen sein wollen, wenn wir keinen Zweifel haben. Übrigens ist Jesus Christus nicht für vollkommene Menschen auf die Erde gekommen, sondern für diejenigen, die Glauben, Hilfe, Genesung, Befreiung und Rettung von ihm erwarten (Lukas 5,31–32). Lass den Zweifel dich nur nicht überwinden. Überwinde stattdessen den Zweifel mit dem Glauben.

Dieser Kampf, bei dem unsere Gedanken manchmal vom Zweifel ergriffen werden, ist ein lebenslanger Kampf, weil immer Ereignisse und Situationen vorkommen werden, die unseren Glauben erschüttern werden. Deswegen ist das Wichtigste, dass wir, falls wir fallen, immer aufstehen, um den Kampf weiterzuführen.

Glaube, Träume, Lebensziel und Schicksal

Gott schätzt die Menschen, die den Glauben an ihn haben und sich zutrauen, etwas für eine bessere Welt zu unternehmen. Diejenigen, die sich hingegen mit ihren eigenen Lebensbedingungen und generell mit den menschlichen Lebensbedingungen abfinden und sich noch dazu manchmal bemitleiden, gefallen ihm nicht.

Gott nutzt und arbeitet mit den Menschen zusammen, die Mitgefühl mit dieser miserablen Welt haben, in der wir leben und sich gern für eine bessere Welt engagieren wollen.

Zu glauben, dass eine friedlichere Welt nicht möglich wäre ist so viel wie Gott abzulehnen oder seine Macht zunichtezumachen und dem Teufel viel Macht zuzuschreiben.

So wie die größten Erfindungen, Entdeckungen und Schöpfungen wie zum Beispiel das Flugzeug, die vielen Supermarktketten, die dir das Einkaufen erleichtern oder die Plattform eBay nicht ohne den Glauben hätten ins Dasein gerufen werden können, kann auch kein friedliches und ehrliches Leben und kein Unternehmen oder Werk in Gott ohne Glauben erreicht werden.

Der Mensch muss ein göttliches Ziel in seinem Leben haben. Menschen mit großen Träumen sind die einzigen in ihrer Generation, die etwas geändert oder Neuerungen eingeführt haben. Aber nur wenn das Lebensziel göttlich ist, können Gottes Werte und Werke dadurch vertreten und ausgeführt werden.

Wenn du auf dem Weg zur Verwirklichung deines Schicksals bist, wird dir unvermeidlich viel Leid begegnen. Das Leid darf dich aber keinesfalls davon abhalten, deinen Weg zu gehen und dein Lebensziel weiterzuverfolgen. Fällst du, hast du immer die Möglichkeit wieder aufzustehen, um weiterzulaufen.

Viele Situationen und Menschen um dich herum werden versuchen, dich von der Überzeugung deines Lebenstraums zu trennen. Sie waren aber nicht da, als dieser Traum in dir entstanden ist. Warum willst du also dich von ihnen entmutigen lassen? Wenn du wirklich sicher bist, dass Gott einen Traum in dich gelegt hat, solltest du mit seiner Hilfe alles daran setzen und daran arbeiten, um den Traum verwirklicht zu sehen. Fast niemand hat wirklich an meinen Traum geglaubt. Nur Gott und ich sind dessen Wächter. Egal was die Menschen um mich denken und sagen werden, weiß ich, dass ich fest an meinem Traum hängen werde. Das solltest du auch tun. Wenn du selbst nicht an dein Schicksal glaubst, wer wird es für dich tun?

Ohne es am Anfang zu bemerken, machen wir immer Fortschritte auf dem Weg zur Verwirklichung unseres Schicksals, wenn wir trotz der Höhen und Tiefen den Glauben nicht aufgeben.

Ein Fehler, den wir nie begehen sollten, ist unser göttliches Lebensziel wegen Probleme, Herausforderungen, Ungerechtigkeiten, Leid usw. aufzugeben. Denn die Erkenntnis, das Licht, die Wahrheit, das Heil, die vollkommene Liebe und die Verwirklichung unseres Traums erreichen wir gewiss, wenn wir das Rennen nicht abbrechen.

Die Liebe, der Glaube an Gott und die Werke

Es sind unsere Werke, die von uns sprechen und bezeugen, dass wir entweder Gottes Kinder oder Kinder des Bösen sind. Wer sagt, dass er Gott liebt und ihm dient, seine Werke aber nicht tut, hat Gott wirklich nicht gekannt, um zu behaupten, ihn zu lieben. Jesus Christus hat uns so viele Weisheitsworte gegeben, dass wir uns nur auf sein Wort beziehen müssen, um uns diesbezüglich zu bilden. Wer Jesus Christus liebt, wird seine Werke tun. Er sagte selbst, dass derjenige, der an ihn glaubt, seine Werke tun wird, und sogar größere (Johannes 14,12). Auch werden die Ungläubigen an der Liebe erkennen, die die Christen füreinander haben, dass sie Christi Jünger sind (Johannes 13,35). Es ist eine Sache, zu behaupten, seine Nächsten zu lieben und den Glauben zu haben und eine andere, das alles anhand greifbarer Taten zu zeigen, um nicht wie ein Großsprecher dazustehen. Du hast den Glauben an Jesus Christus nicht nur, um Heilung, Befreiung, Schutz und andere Vorteile von ihm zu bekommen. Die Wunder, die du erleben wirst, sind nur ein Vorgeschmack deines Wandels an seiner Seite. Der Glaube an

Jesus Christus impliziert, dass du an seine Rückkehr glaubst und dass du in deiner Umgebung oder in dem Gebiet, wo Gott dich einsetzen wird, aktiv wirst und dort die verlorenen Seelen für Gott gewinnst. Wenn dein Glaube dich nicht dazu bringt, andere Seelen durch Jesus Christus zu retten, nachdem du selbst gerettet wurdest, ist er tot (Jakobus 2,17 & 26). Denn dieser Glaube wäre nicht durch Werke bestätigt. Lies das ganze 2. Kapitel des Jakobusbriefes in der Bibel und auch das Kapitel 11 der Epistel des Paulus an die Hebräer.

Erinnerst du dich an Abraham? Er hat sein Land verlassen, um sich in einem anderen niederzulassen, mit dem Glauben, dass Gott früher oder später seine Verheißungen für ihn und seine Nachkommen erfüllen würde (Hebräer 11,8). Immer aus Glauben haben er und seine Frau Sara nach langem Warten, obwohl sie schon alt waren, und alles das Gegenteil vermuten ließ, das versprochene Kind Isaak bekommen. Sie mussten 25 Jahre nach der Verheißung warten (Genesis 12 & 17 & Römer 4,16–22). Der Glaube impliziert somit auch die Geduld, die Ausdauer (Jakobus 5,7/Römer 12,12), die Sicherheit und die Zuversicht, dass alles geschehen wird, so wie Gott es angekündigt und versprochen hat, egal welche Umstände das Gegenteil vorauszusagen versuchen.

Betrachten wir einige Anregungen für die Werke des Glaubens:

Du hast den Glauben an Gott, Kranke zu heilen. Aber wenn du nichts tust, wirst du kein Ergebnis erzielen. Du müsstest eine starke Beziehung zu Gott, dem Heiligen Geist und Jesus Christus aufbauen, indem du regelmäßig in der Bibel liest, betest, fastest und die Liebe zum Nächsten entwickelst. So könnte Jesus Christus dich irgendwann für die Heilung von Menschen nutzen, denn er hat selbst gesagt, dass er uns schickt, die Kranken zu heilen (Matthäus 10,8).

Du hast den Glauben an Gott, dass die armen Menschen in deinem Land aus der Armut herausgeholt werden. Was könntest du tun? Zu Gott beten. Du könntest zum Beispiel ein Unternehmen aufbauen, bei dem Gott dich finanziell segnen wird, damit du den Armen helfen kannst. Du könntest das Wort Gottes verkündigen und die von den Gläubigen empfangenen Gaben den Armen zur Verfügung stellen. Du könntest auch Schulen, Bibliotheken, Waisenhäuser, Kulturzentren usw. bauen. Die Sachen, für die wir Hoffnung hegen und Glauben haben, fallen uns nicht ohne unser Zutun in den Schoß. Es fallen keine gebratenen Tauben vom Himmel! Wir müssen an ihrer Verwirklichung arbeiten und Gott das tun lassen, was unseren Kräften oder unserer Macht nicht untersteht.

Wenn du dich nicht weiterentwickelst und nicht in dem Bereich arbeitest, in dem du ausgebildet wurdest, wirst du schnell alles, was du gelernt hast, vergessen. Genauso wirst du auch alles, was du von und über Gott gelernt hast, vergessen, wenn du ihn nicht jeden Tag suchst und in ihm bleibst. Du solltest dich auch nicht auf die Theorie beschränken. Sei aktiv für Gott, so läufst du kein Risiko, den Glauben und das Ziel vor Augen zu verlieren.

Stell dir die Frage, was du tust, um deinen Glauben an Jesus Christus zu beweisen, dann wirst du durch deine aufrichtigen Antworten wissen, was du noch tun kannst, um deinen Glauben richtig zu erleben. Diese Fragen könnten dir dabei helfen:

- Wenn du an etwas glaubst, hast du dabei Ausdauer?
- Liebst du Gott über alles? (Matthäus 22,36–38)
- Liebst du deinen Nächsten, wenn auch du von ihm nur Gleichgültigkeit oder sogar Hass erfährst? (Matthäus 5,44/Matthäus 22,39 & Sprüche 25,21) Machst du dir Sorgen um das Heil deiner Mitmenschen und bittest du Gott in deinen Gebeten, sie zu retten?
- Benimmst du dich angenehm mit deinem Nächsten, sodass deine Art und Weise zu leben sie ansteckt, damit du sie ohne Worte für Jesus Christus gewinnst, etwa so, wie es in der Bibel über die Beziehung von Frauen zu ihren Männern in der Ehe empfohlen wurde? (1.Petrus 3,1–2)
- Ehrst du deine Eltern, so wie es dir Gott in den zehn Geboten befohlen hat? Befolgst du generell die zehn Gebote oder trittst du sie mit den Füßen?
- Übst du oder strebst du mithilfe vom Heiligen Geist an, in der Heiligkeit zu leben, deine Charaktereigenschaften nach der Frucht des Geistes – Liebe, Freude, Friede, Geduld, Freundlichkeit, Güte, Treue, Sanftmut, Keuschheit zu ändern (Galater 5,22)?
- Was tust du noch für das Vorwärtskommen des Reiches Gottes, nachdem du Jesus Christus und seinen Heiligen Geist richtig empfangen hast? Versuchst du, zu anderen Menschen vom Erlösungswerk Jesu Christi zu sprechen, von dem du selbst profitiert hast? (Matthäus 28,19–20)

Kannst du »ja« auf diese Fragen antworten, bist du auf dem richtigen Weg. Bitte jeden Tag den Heiligen Geist, dich immer mehr zu stärken, auf dass du immer in deinem Glauben und den Werken, die ihn begleiten, Fortschritte machst. Anderenfalls wirst du stagnieren, dort wo es in dir genug Potenzial gibt, um viele Werke für den Fortschritt des Reiches Gottes auszuführen. Hast du den Glauben und die Werke, siehst aber nichts von der Hand Gottes in deinem Leben, gib nie auf, denn du wirst zur gegebenen Zeit ernten (Galater 6,9).

Beneide niemanden, sondern verharre im Glauben

Beneide deinen Nächsten nicht, weil er schnell einen Lebenswunsch erfüllt bekommen hat. Wenn die Verwirklichung des Versprechens Gottes für dich lange dauert, sei sicher, dass er Besseres für dein Leben vorhat, als was dein Nächster hat. Weißt du, welche Beziehung dein Nächster zu Gott pflegt? Vielleicht hat er sogar keine. Wenn dies der Fall ist, solltest du wissen, dass all, was er hat, ihn nicht zum Heil führt. Sein Leben ist miserabler als deines. Gott will das aber nicht für dich, sondern er will vor allem dein Heil. Gott will dich erst einmal vorbereiten, auf dass du deinen Herzenswunsch zu seiner Ehre bekommst und ihn nicht vergisst, nachdem du erhört worden bist. Er will, dass du dir dessen bewusst bist, dass das Erhören deiner Gebete von ihm kommt und dass es kein Zufall ist. Gott prüft dich immer mehr durch deine Lebenserfahrungen und schwierigen Situationen in deinem Glauben an sein Versprechen für dich, damit dieser Glaube stärker und fester wird. Er will auch manche Schwächen deiner Persönlichkeit beseitigen, dein Verhalten und deine schlechten Charaktereigenschaften ändern. Nach dieser Arbeit in dir wird sich sein Segen in deinem Leben offenbaren. Er will tatsächlich lieber weisen Menschen seine Schätze anvertrauen.

Stell dir vor, wie stark dein Glaube in den folgenden zwei Situationen sein könnte:

• Du wünschst dir ein Kind von Gott. Zwei bis drei Jahre später erhört Gott dein Gebet.

- Du wünschst dir ein Kind von Gott. 25 Jahre später, wider alles Erwarten, weil du schon alt bist, erhört Gott dein Gebet.

In welcher der beiden Situationen wird dein Glaube an Gott stärker?
Gott braucht Zeit, um uns Menschen zu seinen Jüngern zu machen. Er arbeitet ständig und allmählich an unserer Reife im Glauben, daher sollten wir ihm nur vertrauen. Eine Hütte, die an einem Tag gebaut wurde, droht sicher bei einem Sturm schneller einzustürzen als ein Haus, dessen Fundament ganz fest gelegt wurde. Wenn Gott sich Zeit für seine Werke bzw. deine Gebete nimmt, ist es oft, um sie bestens zu erfüllen. Sei also geduldig und gib nie den Glauben auf.

Lies dazu in der Bibel die Geschichte Abrahams in Genesis 11–21

Der Neid führt dich dazu, etwas haben zu wollen, das dir nicht versprochen wurde, sprich das jemandem anderen gehört. Sei also nicht erstaunt, dass du es nicht erhältst.

Es ist besser, erst einmal geduldig zu warten, sogar Ungerechtigkeit und Schande zu erleiden und Leid zu ertragen, bis Gott in deine Situation eingreift, als nach den zerstörerischen und scheinbaren Freuden und Genüssen eines prekären Wohlstands und Reichtums zu jagen. Lies Hebräer 11,24–26. Geh durch die schmale Tür ins Himmelreich (Matthäus 7,13–14).

Wer heute ruhig und gehorsam auf Gottes Antwort und Tun wartet, wird morgen Heil, Segen, Freude und Frieden mit allem, was er von Gott bekommen hat, erleben (Sprüche 10,22). Sogar Jesus Christus, unser Retter, musste zuerst leiden, bevor er von Gott Ehre und Ruhm erhielt.

Wer heute unbedingt und zu jedem Preis Ehre, Ruhm, Berühmtheit, Reichtum und Ähnliches erlangen will und sogar bereit ist, dafür anderen Menschen Leid zuzufügen, der wird am Ende Gott Rechenschaft über seine Machenschaften ablegen müssen, weil er auf anderer Kosten gediehen ist.

»So werden die Letzten die Ersten und die Ersten die Letzten.« (Matthäus 20,16)

(Das allgemeine und wichtigste Werk des Glaubens ist unsere Liebe zu Gott und zu unseren Nächsten.)

Kapitel 17: Gottes Liebe

Gottes Liebe und die Liebe zum Nächsten

Gott liebt uns nicht nur. Gott ist Liebe. Er ist die Fülle der Liebe. In ihm, durch ihn und mit ihm sollen wir unseren Weg auf dieser Erde gehen. Sonst verpassen wir sicher unser Heil. Ohne Gott und seine Liebe in uns sind wir verloren und tot, denn wir sind alle Sünder, wir, die wir ihn beim Sündenfall im Garten Eden abgelehnt haben. Wir können nicht sagen, dass wir nicht an Gott glauben und gleichzeitig behaupten, nicht dem Teufel zu gehören. Entweder geben wir zu, Sünder zu sein und tun Buße, um von Jesus Christus gerettet zu werden (1.Johannes 1,9) oder wir denken, heilig zu sein und rechtfertigen uns selbst (1.Johannes 1,8) und am Ende ist der Lohn der ewige Tod in der Hölle (Römer 6,23/Offenbarung 21,8). Jesaja 59,2 behauptet, dass es unsere Vergehen und Sünden sind, die uns von Gott trennen, uns sein Antlitz verbergen und ihn daran hindern, uns zu hören. Da wir alle also gesündigt haben (Römer 3,23), brauchen wir unvermeidlich Jesus Christus, den Erlöser, der sein Leben am Kreuz gegeben hat, um uns zu retten. Er hat den Preis – das Lösegeld – für uns bezahlt. Und das kommt von der Liebe Gottes (Johannes 3,16/Johannes 15,13).

Stellst du dir vor, wie groß die Liebe Gottes zu dir ist? Hast du dich schon gefragt, ob du deinen Nächsten – deine Eltern, Geschwister, Cousins, Neffen, Nichten, Tanten und Onkel, Großeltern, deinen Mann, deine Frau, deine Freunde, Bekanntschaften usw. liebst oder nicht? Ist deine Antwort ja oder nein? Du wirst sicher »Ja« sagen. Wenn du aber genau über das Wort Gottes nachdenkst, wirst du entdecken, dass deine Liebe menschlich und beschränkt ist. Denn du behauptest zu lieben, aber du beschimpfst deinen Nächsten, du ärgerst dich und gerätst leicht in Zorn, du beneidest deinen Nächsten, du bist eifersüchtig auf ihn, du bist manchmal respektlos anderen Leuten gegenüber, du lügst, du stiehlst, du gibst den Armen und Bedürftigen nichts, obwohl du Güter hast (du bist geizig), du denkst nur an dich, du bist egoistisch, du hältst dein Wort nicht, du verachtest die Menschen, du vergibst nicht, du bist nachtragend, du verfolgst Menschen, du bist ungerecht, du unterdrückst das Volk, du unterschlägst das Geld des Volkes, du bestichst, du zettelst gegen deinen Nächsten Übel an, du trennst dich von deinem Mann/deiner Frau, ohne darüber nachzudenken, wie es ihm danach gehen wird, du verrätst, du begehst Ehebruch, du verleumdest, du beleidigst, du bist hochmütig, du rächst dich, du denkst nur an deine Interessen, du streitest, manche Menschen fluchen sogar anderen oder töten usw. Behaupten zu lieben, wo doch man eine oder mehrere dieser Charaktereigenschaften oder Benehmen hat, ist eine große Lüge. Die wahre, reine Liebe, die frei von all diesen Boshaftigkeiten ist, kommt nur von Gott. Wenn du diese Wahrheit nicht kennst, verinnerliche sie dir heute beim Lesen dieser Zeilen. Wer eines dieser schlechten Dinge macht, gefällt Gott keinesfalls, denn Gott ist heilig und verabscheut die Sünde. Stell dir vor, du wärest an der Stelle einer Person, die du mit einem solchen Verhalten kränkst. Du würdest es sicher nicht ertragen. Aber du erlegst deinem Nächsten solche Lasten auf. Das ist nicht gerecht. Die Bibel fordert, andere Menschen stets so zu behandeln, wie wir von ihnen behandelt werden wollen (Matthäus 7,12). Wenn du dir also nicht wünschst, dass die Menschen sich dir gegenüber so verhalten, wie es oben beschrieben ist, tu das ihnen gegenüber auch nicht. Bitte Gott, dir zu helfen, der Versuchung, Böses zu tun, zu widerstehen. Ich möchte dir sagen, dass die Liebe Gottes größer als alles ist. Gott hätte uns vergessen und uns unserem Schicksal überlassen können, wir, die wir Sünder sind. Er hat uns aber in seinem Erbarmen diese Sünden vergeben, indem er uns seinen Sohn schickte, um uns zu retten. So wird jeder, der an ihn glaubt, nicht zugrunde gehen, sondern das ewige Leben haben (Johannes 3,16). Ist das nicht wunderbar und außerordentlich? Trotz aller Verschmähungen, die Jesus Christus erleiden musste – Spott, Abweisung, Versuchungen, Verrat, Beschimpfungen, Ohrfeigen, Geißelung, Kreuzigung –, hat er uns vergeben und akzeptiert, für uns zu sterben, um uns sein Blut für unsere Reinigung von den Sünden zu geben. Es gibt und es wird keine größere Liebe als diese geben. Er hat es selbst so gut gesagt: Es gibt keine größere Liebe als die eines Menschen, der sein Leben für seine Freunde hingibt (Johannes 15,13). Und dazu beruft dich Jesus Christus (1.Johannes 3,16). Er lädt dich dazu ein, deinen Mitmenschen wie dich selbst zu lieben, und wie er, Jesus, dich geliebt hat. Er fordert von dir nicht, dich zu kreuzigen oder kreuzigen zu lassen. Bei Weitem nicht. Aber er will, dass du auf alle schlechten Werke verzichtest, die deine Nächstenliebe infrage stellen werden: Er erwartet von dir, dass du deinem Nächsten Barmherzigkeit, Geduld, Bescheidenheit, Güte, Milde usw. zeigst; dass du es erträgst und ihm vergibst, wenn er dich verletzt hat (Kolosser 3,12–13); er will, dass du den Armen und Bedürftigen hilfst (Lukas 3,11/Sprüche 22,9); Er ruft dich auf, sogar deine Feinde zu lieben; zu segnen, die dich verfluchen; jenen Gutes zu tun, die dich hassen, und für die zu beten, die dich verfolgen. Denn daran wird man erkennen, dass du wirklich Jesus Christus gehörst (Matthäus 5,44/Johannes 13,35). Wenn du liebst, heißt das, dass du von Gott stammst, denn Gott ist Liebe. Wenn du vorgibst, Gott zu lieben, hasst aber deinen Nächsten und willst ihm nicht vergeben, dann irrst du dich und liebst Gott in Wirklichkeit nicht (1.Johannes 4, 7–8 & 20). Es fällt uns tatsächlich viel leichter, die Menschen zu lieben, die sich uns gegenüber gut verhalten, als die, die uns Böses antun. Aus diesem Grund wird die Liebe erst dann echt, wenn sie auf die Probe gestellt wird und wenn es ein Opfer darin gibt. Genauso wie im Fall von Jesus Christus, der uns trotz unserer Sünden geliebt und sich für uns geopfert hat.

Du kannst also nicht behaupten zu lieben, ohne auf die Probe gestellt worden zu sein. Das heißt, dass du nicht von dir sagen kannst, dass du liebst, wenn du keinen Schwierigkeiten, keinem Gegenwind, keinen widrigen Umständen, keinem Hass, keiner Verfolgung usw. in deiner Beziehung zu deinen Mitmenschen begegnest. Denn es ist durch diese harten und beschwerlichen Situationen, diese unangenehmen Umstände, diese Prüfungen, dass du deine Fähigkeit, den Versuchungen zu widerstehen, messen kannst. Wenn du in Gottes Liebe bleibst und deine Nächsten liebst, zeigt sich das in der Ruhe und der Geduld, mit denen du mit ihnen umgehst, auch wenn sie dich hassen.

Ein Freund ohrfeigt dich zum Beispiel: Trotzdem zeigst du ihm weiter Liebe, indem du ihn zu einem Kaffee einlädst, um ihm über Jesus Christus zu erzählen.

Deine Frau verlässt dich. Sie will die Scheidung: Da du die Liebe Jesu Christi empfangen und in dir hast, ziehst du dich zurück, um zu beten und um Gottes Gnade zu bitten, damit deine Frau zu dir zurückkommt. Du regst dich nicht auf. Du legst alles einfach in die Hände Gottes. Letztendlich versöhnt die Liebe Gottes deine Frau mit dir. Deine Frau kommt dann selbst zu dir, um dich um Vergebung zu bitten, und es ist wieder der Anfang einer großen Liebe.

Würdest du nichts von der Liebe Gottes wissen, hättest du dich vielleicht geärgert und ihr hättet dummerweise eure Beziehung abgebrochen. Ihr hättet dem Teufel, der alles auf seinem Weg zerstören will, den Sieg gegeben. Was auch immer in deinem Leben passieren mag, egal mit welchen Schwierigkeiten du konfrontiert bist, bleib in der Liebe Gottes und verbreite immer Liebe um dich herum. Warte nicht darauf, Liebe von anderen zu bekommen, bevor du sie ihnen gibst. Streng dich eher an, den ersten Schritt zu machen, weil Gott selbst dich zuerst geliebt hat (1.Johannes 4,19 & 10). Er hat nicht gewartet, dass du ihn liebst, bevor er dir seine Liebe zeigt und gibt. Du wirst sehen, wie groß deine Freude sein wird, wenn du andere Menschen liebst.

Gott liebt uns alle gleich (Johannes 3,16). Er liebt nicht nur dich allein oder mehr als die anderen. Deswegen vergleiche dich nicht mit anderen. Erlebst du mehr Segen von Gott als andere Menschen, heißt das nicht, dass Gott dich mehr liebt als sie, sondern eher, dass du ihn mehr liebst als die anderen ihn lieben. Oder du zeigst ihm mehr deine Liebe, als die anderen es tun. Oder du hast früher von seiner Gnade erfahren als sie. Es ist auch kein Anlass, zu prahlen, weil du Gott liebst, und die anderen herabzusetzen, die es nicht tun. Denn sie lieben ihn nicht oder sie können keine Liebe für ihn zeigen, weil sie ihn nicht kennen. Sie haben noch nicht wie du, die Gelegenheit gehabt, ihm persönlich zu begegnen – durch Offenbarung, durch Wunder, durch die Erfahrungen von Angehörigen oder Freunden, durch das Wort usw. Wenn du ihn liebst, ist es, weil du ihn kennenlernen und seine Liebe und seine Gunst erfahren durftest. Es ist nicht durch deine Macht. Alle guten Sachen, die uns passieren, sind nur das Ergebnis der Gnade Gottes (Jakobus 1,17). Du solltest nun für die ganze Welt beten, dass jeder Mensch zur perfekten Kenntnis dieses Gottes und Schöpfers kommt und Jesus Christus als seinen Erlöser und Gott annimmt.

Versuche nicht vor Gott und den Menschen besser zu sein als die anderen, um zu prahlen, sondern such Gott mehr und mehr mit einem heiligen Grund; komm ihm näher, weil du andere Menschen mit seiner Liebe anstecken willst, weil du für sie ein Vorbild sein willst.

Willst du anderen Menschen die Liebe Gottes zeigen, dann beeile dich nicht, in den Dienst für Gott zu gehen, such ihn erst einmal sehr gut und intensiv, lerne näher kennen, was Gottes Liebe wirklich bedeutet und lass dich selbst von dieser Liebe verändern und erneuern. Denn die Liebe, die du anderen Menschen gibst, ist proportional zu der Liebe, die du selbst ausstrahlst.

Gottes Liebe zu den Menschen ist eine Gabe und eine unverdiente Gnade. Sie fließt von oben und kommt in uns durch den Heiligen Geist (<u>Römer 5,5</u>), wenn wir es zulassen. Sie verändert und macht das Herz des härtesten und bösesten Menschen weich, sodass er sich für Gott einsetzen kann. Und das ist Gottes Werk, nicht eines Menschen Werk.

Liebst du Gott wirklich, dann wirst du nicht aufhören, ihn zu suchen, egal, ob du von ihm die Wünsche deines Herzens bekommst oder nicht. Es gibt kein größeres Geschenk als das der Erlösung durch Jesus Christus. Alles andere ist irdisch und wird vergehen. Wir werden alle irdischen Güter hier auf Erden lassen.

Man kommt nicht zu Gott, weil man etwas Spezielles von ihm sucht. Man sucht ihn, weil man ihn liebt, weil man weiß, dass man mit ihm zusammen viele andere Menschen zu ihm bringen wird, dass man ohne ihn nicht leben kann. Denn das Leben ohne Gott ist Tod.

Lass Verletzungen dich nicht zerstören, sondern die Liebe Gottes und zum Nächsten überwinden

Es lohnt sich nicht, immer an negativen Gedanken und Taten zu hängen, zu grübeln und dich zu fragen, warum diese oder jene Person dir dies oder das angetan hat. Diese Grübeleien bringen dir nichts Konstruktives, sondern trennen dich eher von Gott. Du gehst dann allmählich zugrunde, denn alles, was in dir negativ ist, wird dich zerstören. Das Schlimme ist, dass du es nicht merkst, und irgendwann wird es sehr schwierig für dich sein, dich von der Bitterkeit und anderen zerstörenden Gefühlen und Emotionen zu trennen, die du in deiner Seele zugelassen hast und die dich und andere Leute ruinieren. Vergiss nicht, dass du als Gläubiger und Vertreter Jesu Christi auf Erden ein Vorbild für andere Menschen sein musst, die ihn nicht kennen und sie zu biblischen Wahrheiten führen solltest.

Jesus Christus lehrt uns sogar unsere Feinde zu lieben und für diejenigen, die uns misshandeln, zu beten (Matthäus 5,44). Wenn du auch über dein Verhalten anderen Menschen gegenüber nachdenkst, findest du definitiv heraus, dass auch du schon andere beleidigt und verletzt hast. Das wird dir helfen, die Fehler anderer zu vergessen und ihnen zu vergeben. Diese Wahrheit wird dir auch dabei helfen: Der Mangel an Vergebung ist selbstzerstörend. Und denk außerdem daran: Vielleicht haben die Menschen, die dir etwas Schlechtes angetan haben, es sogar schon vergessen oder sie haben es bedauert und leiden selbst darunter und suchen die Gelegenheit, dich um Vergebung zu bitten, und du trägst umsonst Bitterkeit in dir. Jesus Christus sagte Gott am Kreuz, er möge seinen Feinden vergeben, weil sie nicht wissen, was sie tun (Lukas 23,34), obwohl er ihnen nichts Schlechtes angetan hatte. Wieso willst du, armer Sünder, Groll gegen deine Feinde hegen? Die Liebe Gottes, die uns durch Jesus Christus geschenkt wurde, wird in dein Herz eindringen und dich nach seinem Abbild verwandeln, wenn du ihn zu deinem Retter und Erlöser machst und in und mit ihm wandelst. Lass das zu. Das hilft dir, Beleidigungen, Verletzungen, Frustration, Enttäuschungen usw. dich nicht mehr beherrschen zu lassen. Fülle dein ganzes Wesen – deinen Geist, deine Seele und deinen Körper – jeden Tag mit Gottes Wort und mit Worten, die deine Seele reinigen, wie:

- Guter Vater, reinige mein Herz und meine Seele mit dem Blut Jesu Christi, sodass ich ihm in meinem Benehmen und meinem Handeln nach und nach ähnle, im Namen Jesu Christi.
- Heiliger Vater, stell meine Seele wieder her, sodass ich in meinem Ganzen rein werde und dich ehre, wie es sich für dich gebührt.
- Himmlischer Vater, heile mich durch und durch, mach mich geistlich und seelisch gesund und stark, damit ich deine Liebe ausstrahlen und einen Segen für andere Menschen sein kann.

Gottes Liebe in dir gibt dir Zugang zu allen anderen Dingen

Geld, Gold und Ähnliches bringen dich ab vom Wege Gottes, wenn du Gott nicht in dir hast, der die Quelle dieser Dinge ist. Lass das alles und folge Jesus Christus, der diese ganzen irdischen und verweslichen Dinge geschaffen hat. Du sollst Gott lieber haben als die vergänglichen Sachen dieser Welt (Sprüche 4,7). Hast du den Schöpfer als deinen Gott angenommen, kommt dann alles andere automatisch. Aus dem Spirituellen entsteht das Materielle, nicht umgekehrt. Und Gott ist Geist. Ohne ihn kannst du und hast du also nichts.

Zeig Gott erst einmal, dass du ihn liebst. Er wird dir dann alle anderen nebensächlichen Dinge – Gesundheit, Arbeit, Erfolg, Mann/Frau, Geld, Ehre, Wohlstand usw. – geben.

Gott ist am Anfang aller Dinge. Er war seit dem Anfang der Schöpfung (1.Johannes 2,14). Ohne ihn gäbe es keine Erde, keinen Himmel, keine Meere, keine Menschen und nichts von dem, was auf Erden ist. Wieso willst du den Schöpfer von allen Sachen ignorieren und bevorzugst, diese Sachen zu verehren? Stell dir vor: Du bist eine Mutter. Du hast ein Kind zur Welt gebracht. Dieses Kind liebt dich aber nicht. Es will nichts von deinen Ratschlägen hören. Es beachtet deine Worte und Warnungen nicht. Es ist nur an deiner Hilfe, an deinem Geld usw. interessiert. Wie wirst du dich ihm gegenüber fühlen? Dieses Bild soll dir zeigen, was Gott dir vorzuwerfen hat, wenn andere Sachen seinen Platz in deinem Herzen annehmen. Wenn du Gott die erste Stelle in deinem Leben gibst, wenn du ihn dein Leben führen lässt, werden folgende Eigenschaften Gottes in dir gedeihen: die Liebe zu ihm, die Liebe zu deinem Nächsten, die Geduld, die Ausdauer, die Freude, der Frieden, der Glauben, die Großzügigkeit, die Treue, die Reinheit usw. Wenn Gott den ersten Platz in deinem Leben hat, heißt das, dass du ihn liebst. Wenn du ihn liebst, bedeutet das, dass du seine Gebote befolgst (1.Johannes 5,3). Und wenn du seine Anweisungen beachtest und danach handelst, werden sich die oben zitierten Eigenschaften in dir zeigen. Sie werden dein Herz erweichen lassen. Automatisch wird sich dein Herz von all diesen Begierden befreien, die dich vorher von Gott trennten. Denn Gott selbst sagt in seinem Wort, dass die fleischlichen Lüste – alles, was unsere physischen Augen begehren, das Prahlen und Hinterherrennen nach Wohlstand, Opulenz, Macht und Ruhm – zur Welt gehören. Wer das alles liebt, hat Gottes Liebe nicht in sich (1.Johannes 2,15–16). Diese weltlichen und menschlichen Begierden werden alle aber am Ende der Welt, wenn Jesus Christus wiederkommt, vergehen. Nur Gottes Wort und diejenigen, die ihm

gefolgt sind, werden ewig mit Gott leben (2.Petrus 3.10–11/1.Johannes 2.17).
Bruder, Schwester, du, der du an Jesus Christus nicht glaubst, kehr aufrichtig
zu ihm zurück, bevor es spät ist (2.Petrus 3.9–10).

Wenn Gott das Allerwichtigste für dich ist und seine Liebe und seine
Worte in dir bleiben, dann bitte ihn darum, was du dir wünschst, und er
wird es dir geben (Johannes 15.7). Im Buch der Sprüche liest du, wie Gott
dich mit einer prächtigen Krone schmückt und dich mit seinen Gütern
bereichert, wenn du ihn liebst. Er schenkt dir durch seine Weisheit langes
Leben, Reichtum, Ehre und Ruhm (Sprüche 4.9 & 3.16).

Ohne die Liebe Gottes in dir, kannst du nicht wirklich Menschen lieben. Denn die echte Liebe kommt von oben. Die menschliche Liebe kennt die Wahrheit, die zum Leben mit Gott führt, nicht.

(Neben der Liebe ist die Geduld ein anderes wichtiges Werk des Glaubens.)

Kapitel 18: Glaube und Geduld

Die Ruhe in der Bedrängnis bewahren – Sicher sein, dass Gott mit einem ist

Warum denkst du so viel an dein Leben und an die Probleme, die du hast? Du wirst (und willst) doch nicht morgen oder übermorgen sterben, oder? Hab es also nicht eilig, alles von heute auf morgen in deinem Leben verwirklicht zu haben. Im himmlischen Kalender gibt es eine Zeit für jede Sache. In der Bibel steht es geschrieben, dass Gott alle Dinge zur richtigen Zeit macht. Es gibt sogar eine Zeit zum Weinen und eine Zeit zum Lachen, eine Zeit, um zu klagen und eine Zeit, um zu tanzen (Prediger 3,1,4 & 11). Wenn Gott schon alles vorherbestimmt hat, was passieren soll, und auch die rechte Zeit dafür, wozu nützt dein ständiges Klagen und Murren? Und wenn wir mit Gottes Weisheit denken, kommen wir zum Verständnis, dass es besser ist, zuerst in Not zu sein und zu weinen, bevor wir lachen und tanzen. Verbringe deswegen diese schwierigen Zeiten, in denen du heute steckst, mit Freude und freue dich auch schon im Voraus auf die glücklichen Momente, die dir bevorstehen. Gott wird eine Zeit finden, in der er deine Gebete erhören wird. Die Hoffnung, die du zurzeit hegst, wird dir genug Kraft geben, fröhlich weiterzuleben. Diese Hoffnung wird dir auch einen Sinn für dein Leben geben. Hoffe immer auf den Herrn (Psalm 130,7 & 131,3).

Es ist auch sehr wichtig, dass du sicherstellst, dass deine Beziehung zu Gott in Ordnung ist, bevor du dir Sorgen machst, weil Gott auf deine Gebete nicht antwortet. Du solltest, bevor du zu Gott kommst und betest, dein Herz reinigen (Exodus 30,20–21). Manchmal beten wir und bekommen keine Antwort von Gott und denken, dass Gott unsere Gebete akzeptiert hat, aber er ist mit unserem Leben nicht einverstanden. Er hat keine Allianz mit uns oder wir haben durch unsere Sünden die Allianz mit ihm gebrochen. Wir tun nicht, was ihm gefällt. Unsere Münder erkennen und preisen ihn als den allmächtigen Gott, aber unsere Herzen sind weit von ihm entfernt (Jesaja 29,13/Matthäus 15,8). Stell dir vor: Wenn du einen Arbeitsvertrag mit deinem potenziellen Arbeitgeber unterschreibst, musst du dich an die im Vertrag vereinbarten Regelungen halten, bevor du am Ende des Monats auf dein Gehalt hoffen kannst. Dein Arbeitgeber ist derjenige, der eine Macht-position hat und wird dich nicht entlohnen, wenn du vereinbarte Regeln brichst. So ist es auch mit Gott. Bevor du etwas von ihm bekommst oder ihn überhaupt um etwas bitten kannst, solltest du erstens herausfinden, ob du eine Allianz mit ihm geschlossen hast und ob du wirklich in der Allianz bist. Zweitens solltest du dich an seine Bestimmungen – seine Gebote, Satzungen und Verordnungen – halten. Dann kannst du von ihm erwarten, dass er auf deine Gebete hört. Weißt du, dass Abraham, unser Vater im Glauben zunächst ein Bündnis mit Gott geschlossen hatte, bevor er das Versprechen Gottes verwirklicht sieht? Ehe er das Zeichen des Bündnisses – die Beschnei-dung – bekommen hat (Genesis 17,9–11), hatte er sich beeilt, auf Wunsch seiner Frau ein Kind mit dem Hausmädchen Agar zu zeugen (Genesis 16). Gott aber sprach zu ihm nach diesem Fehler und schloss ein Bündnis mit ihm. Das war 13 Jahre nachdem er sein erstes und außereheliches Kind, Ismael, bekommen hatte. Er selbst war beim Bundesschluss 99 Jahre alt (Genesis 17,24). Ein Jahr danach bekam er mit 100 Jahren Isaak, das von Gott versprochene Kind mit seiner von Gott angetrauten Ehefrau, Sara (Ge-nesis 21,2–3). Nun ist meine Frage an dich: Wie ist dein Verhältnis zu Gott? Prüfe dich selbst und stelle deine Beziehung mit Gott wieder her. Pflege eine richtige Beziehung mit ihm. Er wird sich dir dann sicher offenbaren.

Auch eine andere Wahrheit solltest du nicht ignorieren: Manchmal sehen wir nichts von dem, was Gott sich als Lösung für unsere Schwierigkeiten vorbehalten hat, weil wir zu traurig über unsere Situation sind, die ganze Zeit daran denken und uns selbst bemitleiden, anstatt Gott um Hilfe zu bitten. Die Antwort Gottes auf unsere Probleme steht manchmal vor unseren Augen, aber wir finden sie nicht oder bemühen uns nicht, sie zu suchen, weil wir die ganze Zeit damit verbringen zu klagen. Agar, die Dienerin Abrahams und Saras, sah in Genesis 21,9–21 den Brunnen nicht, weil sie von ihrer Besorgnis und ihrem Weinen geblendet war. Hätte Gott ihr nicht die Augen geöffnet, wäre ihr Kind Ismael vielleicht vor Durst gestorben und sie hätte umsonst große Schuld auf sich geladen. Klagen und Sorgen ändern nichts an unseren Situationen, deswegen empfiehlt uns Gott, uns nicht um die Zukunft zu sorgen (Matthäus 6,27 & 34). Wenn wir mit schwierigen Situationen konfrontiert sind, sollten wir die Ruhe bewahren und weder ent-mutigt werden noch den Glauben aufgeben. Wir sollten auf Jesus Christus schauen. Wir sollen uns nicht von unseren Problemen überwältigen lassen, auf dass wir die Lösung Gottes für uns nicht verpassen. Denn Gott ist immer mit uns und lenkt uns, wenn wir seine Hand nicht loslassen.

Betrachte und antworte auf die folgenden beiden Fragen, die dir Ansporn geben werden, geduldig auf Gottes Antwort auf deine Situation zu warten:

• Haben dir deine Klagen gegen dich selbst, gegen deine Situation, gegen Gott oder deine Mitmenschen, haben dir deine Ungeduld, deine Bitterkeit und deine Entmutigung jemals die Lösung für deine Situation oder Probleme gebracht?
• Lösen diese Gefühle oder Emotionen etwas Positives oder eher Negatives in dir aus?

Aus meiner eigenen Erfahrung kann ich dir versichern, dass diese Gemütszustände hochgiftig sind. Mehrmals und lange in meinem Leben habe ich Gott um viele Sachen gebeten. Dabei war ich fast immer ungeduldig, weil ich dachte, dass Gott gleich auf Gebete reagiert. Ich war völlig enttäuscht, nachdem nie etwas passierte. Von dem Zeitpunkt der Bitte an Gott, bis ich die Erhörung des Gebets bekam, war ich mehrmals voll von negativen Gefühlen der Empörung gegen Gott oder generell gegen das Leben, die mich aber zerstört haben. Diese Gefühle oder Gemütszustände, die du hast, wenn du eine schwierige Zeit durchmachst, beeinflussen deine Seele negativ. Sie hindern dich daran, dich auf das Wesentliche zu fokussieren, nämlich auf deine Beziehung zu Gott. Vergiss also deine Probleme und genieß jeden Augenblick die Präsenz Gottes.

Hör auf zu klagen – Glaube immer mehr an Gott und vertraue ihm

Warum klagst du, wenn du das geringste Problem hast? Wenn du an die Dinge denkst, die Gott für dich seit deiner Geburt getan hat, wenn du deine spirituellen Augen öffnest, um zu sehen, welche Kämpfe dein himmlischer Vater jeden Tag für dich führt, wenn du wüsstest, wie gütig, geduldig und gnädig Gott ist (Joel 2,13/Jesaja 41,10/Psalm 46,2), dann wirst du ihm unendlich danken und aufhören zu meckern. Lass die Probleme, mit denen du in deinem Alltag konfrontiert bist, nicht dein Leben bestimmen. Diese Schwierigkeiten sollten dich nicht von Gott trennen. Sie zeigen auch nicht, dass Gott nicht mit dir ist. Es ist vielmehr deine Art und Weise, mit ihnen umzugehen, die dich von Gott trennt. Gott lässt sie oft zu, er nutzt sie, um deine schlechten Charaktereigenschaften zu ändern, damit du dein Verhalten veränderst, damit du zu seinem Dienst taugen kannst (1.Petrus 5,10/ Daniel 12,10). Das schafft er aber nur, wenn du gehorsam, vertrauensvoll und mit dem Glauben mitmachst. Wenn du diese Prüfungen nicht erträgst und durchmachst, kannst du sie nicht überwinden und später in der Lage sein, anderen Menschen, die dasselbe erleben werden, zu helfen und sie zu trösten (2.Korinther 1,3–7).

Stell dir vor, du hast in der Schule Mathe als Fach und musst am Ende des Schuljahres eine Prüfung in Mathe schreiben. Denkst du, dass du diese Prüfung bestehen kannst, ohne Mathe gelernt und geübt zu haben? Natürlich nicht. Du hattest genug Zeit im Laufe des Jahres, um dich vorzubereiten, indem du viele Übungen in diesem Fach gemacht hast. Genauso verhält es sich mit den Fächern, wenn du in die Schule Gottes gehst. Es gibt bei ihm Fächer wie ihn (Gott selbst) lieben, deinen Nächsten lieben, verzeihen, demütig sein, deine Eltern ehren, deinen Mitmenschen respektieren und ihm helfen, großzügig sein, fleißig sein, nicht schimpfen, nicht verleumden, geduldig sein, enthaltsam sein usw. Bevor du jedes dieser Fächer schaffst, wirst du viele Situationen erleben, in denen du diese Charaktereigenschaften in dir entwickeln müsstest. Diese Situationen sind die Übungen, die du machen müsstest, um die Prüfung am Ende zu bestehen. Und das kann leidvoll sein. Aber du kannst es ohne Murren, Klagen und Meckern schaffen, wenn du deinen Weg immer mit Jesus Christus gehst (Johannes 15,4–5), was Gott gefällig ist. Er gibt dir am Ende den Sieg über diese schwierigen Situationen durch sein reines Blut. Du selbst hast nur das Leid bis zum Ende zu ertragen, ohne den Kampf aufzugeben, indem du auf sein Kreuz schaust. Bedenke aber, dass der Sieg nur von ihm kommt, denn nur er konnte der Sünde und dem Tod die Macht nehmen.

Klagen und nörgeln werden niemals deine Probleme lösen (Philipper 2,14–15). Sie werden dich im Gegenteil von Gott trennen und dich dem Teufel näherbringen. Denn alles, was negativ ist, kommt vom Teufel (Johannes 8,44). Wenn du aber im Glauben bleibst, zu Gott betest und ihn rufst, kommt er dir nah (Psalm 145,18).

Deine schwierigen Situationen werden nicht fortbestehen – Aller Anfang hat ein Ende

Es ist eine Lüge des Teufels, zu glauben, dass deine Situation ewig so bleiben wird. Es gibt nichts, was Gott nicht ändern oder wiedergutmachen kann. Du solltest nur ihm weiter vertrauen. Gott hat dir Frieden und Freude verheißen (Johannes 14,27). Deine schwierigen Situationen sind nur Prüfungen auf dem Weg der Erfüllung deines Schicksals in Gott. Die Konkretisierung der Verheißungen des Friedens und der Freude, die dir Gott gemacht hat, wird tatsächlich zweifellos an einem bestimmten Zeitpunkt in der Zukunft geschehen. Dieser Zeitpunkt ist dir nicht bekannt, aber er wird kommen. Allerdings müsstest du der Versuchung widerstehen, nicht mehr daran zu glauben oder ungeduldig zu werden, nur weil alle Umstände um dich herum das Gegenteil zeigen. Die Bibel sagt, dass wir durch den Glauben wandeln und nicht durch das Sehen (2.Korinther 5,7). Also egal was du heute erlebst oder siehst, glaub daran, dass deine Sonne morgen aufgehen wird und dass all dein Leid auf einmal von deinem himmlischen Vater, auf den du dich verlassen hast, vom Tisch gewischt wird. Es wird so schön sein, dass du dich nicht mehr an das Leid erinnern wirst (Römer 8,18/2.Korinther 4,17).

Der Teufel wird alles versuchen, um in dir Zweifel zu säen, was das Versprechen Gottes für dich betrifft. Er wird dich in deinem Glauben schwanken lassen, indem er dich unaufhörlich an deine Niederlagen erinnert, auch an Situationen, die dich glauben lassen, dass alles darauf hinweist, dass Gott in deinem Leben nicht handeln wird.

Nehmen wir an, dass du plötzlich deine Arbeit verlierst, weil dein Chef dir gekündigt hat. Auf der anderen Seite bereitete Gott eine bessere Arbeit für dich vor, vielleicht in einem oder zwei Jahren, weil du ihn darum gebeten hattest. Du warst zwar mit der verlorenen Arbeit wegen der schlechten Bezahlung und der vielen Mühe dafür nicht zufrieden, aber dein Überleben hing fast komplett davon ab. Der Teufel nutzt diese Situation, um dich dazu zu bringen, Gott zu fluchen, zu denken, dass du nicht in so eine Schwierigkeit geraten würdest, wenn er existieren würde. Du selbst glaubst an so eine Lüge und wendest dich von Gott ab. Dabei wollte sich Gott dich herausgreifen, um dich vorzubereiten und dich für einen neuen Anfang abzuhärten. Indem du auf die Stimme des Bösen hörst, verlässt du den Weg, den Gott dir geebnet hat, um dich zu seiner Verheißung für dich zu führen. Statt Gott zu fragen, was er dir in deiner Situation empfiehlt, ärgerst du dich über Gott. Du fängst entweder mit einer noch schlechteren Arbeit an oder du lässt dich von der Depression überwinden. Du hörst damit auf, die Bibel zu lesen und Gottes Antlitz zu suchen. Wer gewinnt in dieser Angelegenheit? Es ist das Böse. Denn hättest du dir Zeit genommen, Gott zu hören, hätte er dir seine Wege gezeigt. Auch wenn sich herausstellte, dass diese Wege schwierig sind, hätten sie dich zu deinem Schicksal in Gott geführt. Jesus Christus hat in seinem Wort gesagt, dass man sein Kreuz nehmen muss, wenn man ihm folgen will (Lukas 9,23–24). Gibst du den Glauben auf, wird Gott leider in deinem Leben nicht arbeiten können. Nur wenn du trotz aller Hindernisse und im Glauben bleibend dem Weg deines Schicksals folgst, wirst du die Werke ausführen, die Gott seit der Schöpfung für die vorbereitet hat, die er auserwählt hat (Epheser 2,10). Das wird dich Schritt für Schritt zur Konkretisierung Gottes Versprechen und zur Erfüllung deines Schicksals führen.

Aber solange du lebst, kannst du es bereuen, deine Beziehung zu Gott abgebrochen zu haben und zu ihm zurückkehren. Seine Arme sind immer offen für diejenigen, die vom richtigen Weg abgekommen sind und die sich wünschen, wieder den Weg mit ihm zu gehen. Genauso wie der verlorene Sohn trotz seiner Fehler von seinem Vater sehr gut empfangen wurde.

Jesus Christus nachfolgen – Kampf gegen das Böse – Sieg und Krone am Ende – Nur das Ende zählt

Wenn du anfängst, mit Gott zu wandeln, geh diesen Weg bitte bis zum Ende. Sei dir von Anfang an dessen bewusst, dass das Leben mit Gott nicht immer wie Honig ist, der süß schmeckt. Dass du zu der Erkenntnis gekommen bist, dass Gott existiert und dass er sich durch seinen Sohn Jesus Christus mit uns versöhnt hat, ist schon ein Wunder (2.Korinther 5,18). Wenn du also Jesus Christus als deinen Erlöser und Retter anerkennst, heißt das, dass du erkannt hast, dass du ein Sünder bist, dass du dein altes Leben bereut hast und dich entschieden hast, ein heiliges Leben wie Jesus Christus zu führen. Dieses Leben mit und in Jesus Christus wird wie dein ganzes Leben von Höhen und Tiefen geprägt sein. Am Anfang wird es sehr schwierig für dich sein, weil der Teufel gegen dich kämpfen wird. Da du, bevor du Jesus Christus kennengelernt hast, noch nie richtig gegen den Teufel, das heißt die Sünden gekämpft hast, wirst du leiden müssen. Denn du wirst alles tun, um nicht mehr zu sündigen, die Sünde wird dich aber trotzdem einholen und du wirst in deiner Seele leiden. Du könntest aber selbst die Sünde nicht loswerden, weil du fleischlich lebst und das Fleisch der Sünde gehorcht. Deswegen brauchst du Jesus Christus und seinen Heiligen Geist (Römer 7,14–25/Johannes 15,4–5), weil Jesus Christus nie nach dem Fleisch gewandelt ist, sondern immer nach dem Heiligen Geist. Du könntest selbst die Sünde nicht loswerden, weil dein eigenes Blut nicht ohne Sünde ist. Das einzige Blut, das der Sünde und dem Tod die Macht genommen hat, ist das Blut Jesu Christi. Dieses Blut solltest du immer und jeden Tag über dich rufen, damit es dich von deinen Sünden reinigt.

In jeder Situation, wenn du Probleme hast oder wenn du irgendwie leidest, sollst du nie aufgeben und sagen, dass du den Kampf nicht schaffst, weil nur das Ende zählt (Prediger 7,8). Wenn du anfängst, mit und wie Gott zu leben, hast du dem Bösen – dem Teufel – den Kampf angesagt. Und man zieht nicht in den Kampf, ohne den starken Willen zu haben, ihn zu gewinnen. Hörst du auf, weil du leidest und den Eindruck hast, mit Riesen zu kämpfen und dass du nicht gewinnen wirst, wird das Böse dich überwinden und besiegen. Deswegen bitte ich dich, während deines christlichen Lebens auf dieser Erde trotz aller Herausforderungen tapfer, ausdauernd und hoffnungsvoll zu sein. Gott, dem du folgst und der dich zu einem Leben in Christus berufen hat, wird dich aufrichten, stärken und gründen (1.Petrus 5,10). Er lässt das Leid eine Zeitlang zu (Psalm 34,20), damit du Christus immer ähnlicher wirst, der auch für dich gelitten hat, indem er Gott gehorsam geblieben ist (1.Petrus 4,1/1.Petrus 2,21), bevor er von ihm verherrlicht wurde. Christus hat nicht mitten im Kampf aufgegeben, sondern das Leid bis zum Ende ertragen. Darum sollst du auch geduldig die ganze Zeit des Leides durchmachen (Hebräer 12,1). Am Ende deines Aufenthaltes auf dieser Erde wirst du die Krone des Lebens erhalten und das ganze Leid hinter dir vergessen (Jakobus 1,12/Römer 8,18). Gibst du zu deinen Lebzeiten mit dem Kampf gegen das Böse auf, wirst du am Ende der Zeiten, wenn Jesus Christus in sein Reich kommt, nicht von Gott verherrlicht werden.

Das, was zählt, ist also nicht, eine Beziehung mit Gott anzufangen, sondern diese zu Ende zu führen (Hebräer 10,38/Prediger 7,8).

(Mit Gott zählt das Endziel. Die Reise und das Leben mit Gott reichen bis in die Ewigkeit. Du solltest also bis zum Tod deines irdischen Körpers im Glauben an Gott geduldig bleiben. So wird danach alles schön im Reich Gottes im Himmel sein.

Was bedeutet der Tod für dich? Wir unterscheiden den Tod des physischen Körpers und den des Geistes.)

Kapitel 19: Das Leben und der Tod

Das Leben und der Tod laut Gott und der Bibel

Wenn die Bibel von Leben und Tod spricht, handelt es sich nicht um Leben und Tod im menschlichen Sinn. Die Menschen leben generell fleischlich und nicht geistlich, deswegen verstehen sie nicht, dass es bei Gott in allen Dingen hauptsächlich um den Geist geht. Der leibliche Tod zählt für Gott am wenigsten, weil er Geist ist und auch wir nur Geister waren, bevor wir einen Körper bekommen haben. Wir sind Geister, weil wir alle von Gott stammen. In den folgenden Bibelversen liest du diese Wahrheit <u>Genesis 1,26–27</u>. Du verstehst noch besser, dass wir alle Geister sind, in <u>Jeremia 1,5</u>. Gott sagt da, dass er Jeremia kannte, bevor er im Mutterleib gebildet wurde. In diesem Vers siehst du, dass dein Geist existierte, bevor du durch deine Eltern als Mensch auf die Erde gekommen bist. Laut Gott verhält es sich also so:

Wenn dein Geist lebt, heißt es für ihn, dass du lebst. Wenn dein Geist tot ist, heißt es, dass du tot bist. Das heißt, dass du in deinem Körper sein und doch tot sein kannst. Du fragst dich sicher, wieso dein Geist tot sein kann, obwohl du noch im Körper bist. Wenn dein Geist lebt, bedeutet es für Gott, dass du mit ihm durch Jesus Christus versöhnt bist. Ist dies nicht der Fall, ist dein Geist tot.

Bevor Adam und Eva sündigten, wandelten sie zusammen mit Gott im Garten Eden. Nach dem Sündenfall wurden sie von Gott aus dem Garten verstoßen (<u>Genesis 3,23</u>). Der Tod ihrer Geister war die Folge ihres Verstoßes gegen Gottes Gebote und ihre Seelen gefielen Gott nicht mehr. So waren sie von Gott getrennt, denn Gott hasst die Sünde und kann nicht mit Sündern zusammenarbeiten. Alle Menschen sind folglich auch geistlich tot geworden, weil sie alle von Adam und Eva abstammen und deren Blut tragen. Man sieht es in dem Blut und in der Seele, ob jemand gesündigt hat oder nicht.

Der richtige Tod ist also der Tod des Geistes, der eine Konsequenz der Sünde ist. Der Tod führt den Menschen dazu, immer mehr gegen Gott zu sündigen und die Werke des Bösen zu tun. »Tot sein« bedeutet nicht »nicht existieren«, sondern »von Gott getrennt sein«. Wenn du hier auf Erden lebst und nicht durch Jesus Christus wieder mit Gott versöhnt und vereinigt wirst, bleibst du in diesem Zustand »tot«. Du lebst zwar in dieser irdischen Hülle, die dein Körper ist, aber dein Geist vollzieht Gottes Willen und Werke nicht. So gehörst du dem Teufel, nicht Gott. Alle Menschen, die nicht an Jesus Christus glauben, die nicht wissen, dass sie in der Sünde leben und tot sind und die ihre Sünden nicht aufrichtig bereut haben, um Jesus Christus als ihren Retter und Erlöser zu empfangen, sind geistlich tot. Es gibt aber Gott sei Dank keinen Grund, dich zu erschrecken. Dein Geist kann das Leben wiedererlangen, wenn du Jesus Christus als deinen Retter und Erlöser annimmst. Er war der einzige Mensch, der Gott gefiel, der mit reinem Blut auf dieser Erde kam, um die Menschen zu erlösen. Nur er trug das Leben durch seinen Geist, den er uns geschenkt hat, und dein Geist kann nur durch ihn leben. Dein Blut kann nur mit seinem Blut gereinigt und deine Seele nur durch ihn wiederhergestellt werden.

Tod des Geistes (durch den Sündenfall Adams und Evas)	Leben des Geistes (durch Jesus Christus)
Ungehorsam zu Gott, Hass, Lügen, Dieberei, Verleumdung, Streit, Bosheit, Lästern, Beschimpfungen, Zorn, Wut, schlechte Laune, fehlende Bereitschaft zu vergeben, Unkeuschheit, Völlerei, Gotteslästerung, Respektlosigkeit, Zank, Habgier, Hinterlist, Trägheit, Neid, Hochmut, Geiz, Götzendienst usw.	Gehorsamkeit zu Gott, Liebe, Frieden, Sanftmut, Großzügigkeit, Geduld, Respekt, Fleiß, Demut, Weisheit, Ehrlichkeit, Gottesfurcht, Milde, Hilfsbereitschaft, Treue, Selbstbeherrschung, Frömmigkeit, Freude, Stärke im Geist, Rat, Enthaltsamkeit, Keuschheit, Güte, Langmut usw.

(Wir Menschen sollten Gott bitten, uns aus dem geistlichen Tod herauszureißen und uns dann mit seinem göttlichen Leben zu erfüllen, damit wir allmählich herausfinden können, wofür wir auf Erden sind und uns dafür einsetzen.)

Kapitel 20:
Zur Entdeckung deiner Berufung in Gott

Wie bist du sicher, dass du auf dem richtigen Weg bist, nämlich auf Gottes Weg?

Was bewegt dich in deinem Leben? Stellst du dir oft Fragen, ob es Gott gibt, wie er ist und handelt, warum viele Konflikte, Kriege, Armut, Krankheiten usw. in der Welt herrschen? Liegt es dir am Herzen, etwas gegen diese Probleme zu unternehmen, damit wir in einer besseren Welt leben können? Dann solltest du wissen, dass dein Herz für Gott schlägt. Gott hat diese Gedanken in dir gepflanzt, damit du ihn suchst und herausfindest, wie er funktioniert. Du solltest nur aufpassen und nicht den Fehler begehen, diesen Traum und dieses Unternehmen, deinen Beitrag zur Veränderung dieser Welt zu leisten, allein ohne Gott zu wagen. Du kannst nämlich nichts ohne Jesus Christus zum Guten führen. Einige Schritte, die du gehen solltest, um deine Berufung in Gott herauszufinden:

• Fang an, Gott in seinem Wort zu suchen, denn er ist in seinem Wort. Alle Menschen Gottes, die zahlreiche Leben zu Gott geführt und große Wunder vollbracht haben, haben sich auf die Heilige Schrift gestützt. Die Heilige Schrift enthält die Wahrheit. So wie dein Körper Nahrung braucht, um seine Funktionen zu erfüllen, brauchen auch dein Geist und deine Seele Nahrung, um gestärkt zu sein oder um zu leben. Diese Nahrung für den Geist ist das Wort Gottes. Der Schritt, das Wort Gottes zu lesen, ist also in der Verwirklichung deines Schicksals unabwendbar. Die Bibel sagt hierzu, dass wer von Gott ist, das Wort Gottes hört (Johannes 8,47). Wenn du willst, dass du das Leben auf Erden so führst, wie Gott es in seinem Vorherwissen bestimmt hat, musst du unbedingt ihn suchen und kennenlernen. Lies die Bibel, ohne Vorurteile und ohne gefestigte Ideen zu haben, zum Beispiel, dass Gott ungerecht oder zu hart ist. Lass dich vom Heiligen Geist leiten, sonst wirst du die Bibel mit deinem menschlichen Verstand verstehen wollen und das kann dich vom rechten

Weg abbringen. Außer der Bibel kannst du auch andere gute Bücher von Gesandten Gottes lesen, deren Zeugnisse und Erlebnisse deinen Glauben stärken werden. Predigten von wirklich von Gott gesandten Pastoren, Propheten, Bibellehrern usw. sind auch gedacht, um dich in Gott zu erbauen.

• Irgendwann fängst du an, mehr über deine Identität in Jesus Christus zu erfahren. Du wirst allmählich entdecken, wer und wie Gott ist, anders formuliert wird das Mysterium dieses Lebens und deiner Existenz dir verständlicher werden. Du solltest immer weiter jeden Tag Gott suchen und den Heiligen Geist fragen, wofür – für welches Ziel – du auf dieser Erde bist. Manchmal musst du Härte gegen dich selbst zeigen, um dich auf deinem Lebensweg mit Gott zu entwickeln, weil der Teufel mit allerlei Gedanken, Ereignissen und Ablenkungen versuchen wird, dich zurückzuhalten.

• Wenn du bei der Suche nach Gott nicht aufgibst, wird sich mit der Zeit dein Ruf in Gott ergeben und dir wird klar, was Gott von dir erwartet und wie er sich vorstellt, dass du ihm dienst.

(Es ist der Heilige Geist, der in dich kommt und dir erlaubt, ein neues Leben in Gott anzufangen. Ohne ihn kannst du also nicht deine Berufung in Gott entdecken. Der Heilige Geist wird dich von deiner Neugeburt an bis in die Ewigkeit immer begleiten, wenn du es zulässt.)

Kapitel 21: Der Heilige Geist, unser Führer

Sich immer vom Heiligen Geist leiten lassen

Du sollst in deinem Wandeln mit Jesus Christus nichts mit eigenen Kräften tun. Der Heilige Geist soll dein Führer sein, sonst hätte Jesus Christus ihn dir nicht geschickt, nachdem er in den Himmel aufgefahren ist (Johannes 14,16 & 26). Sich vom Heiligen Geist leiten zu lassen, führt zu einem fruchtbaren Leben. In Judas 1,20–21 ist dir gesagt, im Heiligen Geist zu beten. Betest du, ohne den Heiligen Geist zu rufen, weißt du selbst nicht, was du beten sollst, denn du weißt selbst nicht, was für dich gut ist und was du wirklich brauchst. Der Heilige Geist weiß alles im Voraus. Er weiß die Konsequenzen, die das Erhören deines Gebets bringen wird und er wird dich daran hindern, das falsche Gebet zu sprechen. Deswegen solltest du ihn um Hilfe bitten, dir nicht nur bei deinen Gebeten (Römer 8,26), sondern bei allem, was du tust, beizustehen.

Stell dir vor, du brauchst eine Arbeit und fragst Gott danach. Bei deinem Gebet rufst du aber den Heiligen Geist nicht, sondern du vertraust nur dir selbst. Entweder bekommst du eine Arbeit oder nicht. Nehmen wir an, dass es doch mit einer Arbeit geklappt hat. Du fängst diese Arbeit an, doch schon nach ein paar Tagen stellst du fest, dass sie dir gar nicht gefällt. Die Bedingungen sind schlecht, die Kollegen sind unerträglich, obwohl du dich ihnen gegenüber gut verhältst. Oder es gibt andere nicht so gute Dinge. Nun wird ein anderes Gebet in dein Herz kommen, nämlich, dass Gott dir bessere Bedingungen bei der Arbeit schafft oder dir eine andere Arbeit gibt. Eine Wahrheit möchte ich dir hierzu zeigen: Wäre dein Gebet vom Heiligen Geist geleitet gewesen, hättest du nie eine Arbeit gefunden, die dir nicht gefällt. Vielleicht hättest du nicht so schnell eine gefunden. Aber auch wenn du erst nach langer Zeit eine Arbeit finden würdest, würdest du definitiv ein erfülltes Arbeitsleben genießen können, denn der Segen, der von Gott kommt, bleibt ohne Betrübnisse. Kommen ab und zu einige Sorgen, kannst du schnell zum Heiligen Geist gehen und ihn bitten, dir zu helfen. Du wirst wegen dieser Sorgen nicht leiden.

Hättest du dennoch die gleiche Arbeit, die du so wahrnimmst – das heißt mit schlechten Bedingungen und nicht so netten Kollegen –, mit Impulsen des Heiligen Geistes bekommen, würdest du sie eher positiv betrachten und die Hürden könnten sogar einen Anlass für dich darstellen, dich persönlich zu entwickeln.

Wozu hätte dir Jesus Christus den Heiligen Geist geschenkt, wenn du ihn nicht brauchst und nicht nutzt? Ohne den Heiligen Geist zu deinem täglichen Begleiter zu machen, lebst du, so wie du lebtest (fleischlich), bevor du Jesus Christus empfangen hast. Ich hoffe, dass dir bewusst ist, dass du, nachdem du Jesus Christus als deinen Retter angenommen hast, ein neuer Mensch geworden bist und das Alte in dir vergangen ist (2.Korinther 5,17). Du bist auch der Tempel des Heiligen Geistes (1.Korinther 6,19). Wohnt er in dir, lebst du nicht mehr dir selbst, sondern ihm. Wie die Bibel es dir empfiehlt, wandle im Geist Gottes, dann wirst du die Werke des Fleisches nicht tun (Galater 5,16). Du solltest den Heiligen Geist in all deine Angelegenheiten miteinbeziehen, denn er weiß die Zukunft und was gut für dich ist und kann dir Enttäuschungen ersparen.

Der Heilige Geist ist ein großer Schatz, der uns gegeben ist, der Liebe, Weisheit, Kraft, Macht, Autorität und alle Früchte des Geistes in unsere Herzen schüttet. Es wäre also eine Verschwendung, auf seinen Beistand zu verzichten.

Jesus Christus war immer auf Gott, seinen Vater angewiesen – Auch wir können nicht ohne den Heiligen Geist ein heiliges Leben führen.

Jesus Christus ist Gott. Er war auch Mensch. Er ist zu 100 Prozent Gott (weil er nie gesündigt hat, und nur Gott sündigt nicht) und zu 100 Prozent Mensch (weil er aus Fleisch, Seele und Geist war). Obwohl er Gott ist, sagte er oft, dass sein Vater ihn gesendet hat, dass er den Willen des Vaters tut und dass er nicht von sich selbst aus redet (Johannes 12,49). Sein (himmlischer) Vater ist nur Geist und kein Mensch. Und nur dieser Geist weiß, was gut ist, was Jesus Christus den Menschen sagen und verkünden sollte. Da Jesus Christus selbst aus Seele und Fleisch war, war er auch schwach wie wir Menschen, weil der Mensch Versuchungen ausgesetzt ist. In der Wüste hat der Teufel ihn versucht (Matthäus 4,1–11). Kurz vor seiner Verhaftung und seinem Tod am Ölberg war Jesus Christus von der Vorstellung des Leides, das auf ihn zukam, betrübt. Er bat Gott deswegen darum, ihm dieses Leid zu ersparen, wenn es möglich ist. Er sagte aber auch gleichzeitig, dass nur sein Wille (Gottes) geschehen soll (Matthäus 26,39). Am Kreuz hat er Gott auch gefragt:

Mein Gott, mein Gott, warum hast du mich verlassen? (Markus 15,34)

Das zeigt, dass Jesus Christus auch das Menschsein auf dieser Erde verkörpert hat, obwohl er Gott ist. Es zeigt, dass das Leben im Fleisch mit Leid und Schwachheit verbunden ist. Der Geist Gottes aber ist immer stark und bereit, das Nötige und Gute in allen Situationen zu tun. Der Geist ist willig, das Fleisch aber schwach (Markus 14,38). Aus diesem Grund war Jesus Christus immer auf Gott angewiesen, um nicht in Versuchung zu fallen. Das gab ihm immer Kraft, und genau deswegen hat er dem Bösen nie gehorcht, sondern ist trotz des ganzen Leides und der Versuchungen Gott immer treu geblieben. Deshalb ruft er uns auf, immer in ihm zu bleiben, so wie auch er immer im Vater geblieben ist.

Der Unterschied zwischen Jesus Christus und uns Menschen ist: Jesus Christus hat trotz der vielen Versuchungen und des Leides nie gesündigt. Er ist standhaft geblieben und konnte uns somit sein reines Blut – das den Zorn Gottes, des Vaters gestillt und uns mit ihm versöhnt hat – geben, damit wir damit von unseren Sünden gereinigt werden können. Wir Menschen haben alle vor Gott gesündigt, brauchen also unbedingt Jesus Christus für unser Heil. Er ist der Mittler zwischen Gott und uns.

Er hat uns den Heiligen Geist geschickt, damit wir mit seiner Hilfe in der Heiligkeit wandeln können (Galater 5,16–17), so wie er auch mithilfe Gottes, seines Vaters, auf Erden gelebt und ihm gehorcht hat.

Du kannst nur zum Ziel kommen, das heißt zu Gott, wenn du den Heiligen Geist als Wegweiser hast. Ohne ihn weißt du nicht, wohin du gehst.

(Finde jeden Tag immer eine besinnliche Zeit, unter der Leitung des Heiligen Geistes zu beten. Das Gebet verbindet dich mit Gott, deinem Schöpfer.)

Kapitel 22: Das Gebet

Die Haltung beim Gebet – Die Freuden des Gebets

Wenn du betest, sprichst du mit Gott. Das erste Motiv für ein Gebet sollte die Kommunikation und die Gemeinschaft mit Gott sein. Du sprichst jeden Tag mit deinen Eltern, wenn du mit ihnen zusammenwohnst, und auch mit anderen Menschen. Beim Sprechen tauschst du mit ihnen deine Ideen, Gedanken, Meinungen über bestimmte Themen genauso wie deine Sorgen, Befürchtungen, Wünsche, Vorstellungen, Ratschläge und auch Informationen aus. Und die Liste ist länger. Mit Gott ist es ähnlich. Wenn du zu Gott kommst, um zu beten, solltest du wissen, dass du mit deinem himmlischen oder geistlichen Vater sprichst. So wie du mit deinen Eltern nicht unhöflich oder unbeachtet kommunizierst, solltest du auch Gott mit Achtung ansprechen. In der Zeit des Gebets ist er die einzige und wichtigste Person und du solltest alle anderen Ideen, Gedanken und Informationen abschalten, die von deinen fünf Sinnen stammen. Am besten bittest du den Heiligen Geist, dich und dein Herz auf das Gebet vorzubereiten. Wenn du merkst, dass alles ruhig um dich ist und dich nichts mehr stört, dass deine Gedanken frei von allen möglichen Störfaktoren sind, dann kannst du anfangen, mit Gott zu sprechen. Anderenfalls wird er dich nicht hören. Oder er wird nicht reagieren, da er weiß, dass du nicht in der Lage bist, etwas von ihm wahrzunehmen. Denn wenn Lärm und Wirrwarr um dich herrschen, könntest du nichts von ihm hören. Manchmal bekommst du aus diesem Grund keine Antwort auf deine Gebete.

Die Gebetszeit ist für dich der Anlass, geistliche Kraft aus deinem Schöpfer zu schöpfen. Um nicht von weltlichen Gedanken, Worten, Taten und Interessen überwältigt zu werden, sollte jeder Mensch jeden Tag eine Zeit finden, in der er zur Ruhe kommen kann, um seine Beziehung und Kommunion mit Gott wieder zu erneuern. Das ist die geistliche Ernährung. Dein Geist wird verhungern und du wirst komische, unreine und schlechte Dinge machen, wenn du nicht betest – genauso wie du körperlich schwach wirst, wenn du nicht isst. Die innige Beziehung zu Gott braucht jeder Mensch. Nur kennt nicht jeder Mensch diese Wahrheit. Nach dem Gebet kann es passieren, dass du von Gott Offenbarungen, Weisungen, eine Antwort auf eine Frage oder Neuorientierungen in einem Bereich deines Lebens bekommst. Du kannst auch dank Gebeten von Süchten, Sünden, schlechten Gedanken und Gewohnheiten usw. befreit werden. Deine Gebete werden dir helfen, der Versuchung zu widerstehen (Matthäus 26,41), weil du vom Heiligen Geist erfüllt wirst, in dem nichts Schlechtes ist. Du kannst selbst nicht gegen die Sünde oder die Versuchung kämpfen. Nur Gott kann dir durch seinen Geist helfen. Hattest du Sorgen, wirst du sie nach Gebeten vergessen und dich auf fröhliche Dinge konzentrieren. Nachdem du ein richtiges Gebet zu Gott gesprochen hast, solltest du wissen, dass du in der Präsenz Gottes warst. Von dieser Präsenz wirst du auf deine Umgebung ausstrahlen. Du wirst wie das Licht leuchten und von Freude und guter Stimmung erfüllt sein (Psalm 34,6). Moses Gesicht hat geglänzt, als er mit Gott auf dem Berg Sinai gesprochen hatte (Exodus 34,29–35). Es waren die Reinheit, die Heiligkeit und die Herrlichkeit Gottes, die aus ihm strömten. Sogar Aaron, sein Bruder, der auch Gott nah war, fürchtete sich bei seinem Anblick. So wird es auch bei dir sein, wenn du mit Gebeten, Fasten usw. eine innige Beziehung zu Gott pflegst. Die Menschen werden dir respektvoll und ehrwürdig begegnen. Kein böser Geist und keine bösen Menschen können dir dann etwas Schlechtes antun, weil Gott und der Teufel nichts Gemeinsames haben und du Gott in dir hast.

Bete nicht, weil du dich dazu gezwungen fühlst, sondern weil du dir wünschst, deinen Gott zu treffen und zu hören. Bete nicht, um das Gebet loszuwerden, sondern verbringe wertvolle Zeit mit deinem Gott. Anderenfalls werden deine Gebete keine Wirkung haben.

Bete auch nicht, um anderen Menschen zu zeigen, dass du spirituell bist, denn deine Gebete werden Gott so nicht gefallen. Die, denen du in der physischen Welt zeigen willst, dass du betest, werden dich vielleicht dafür loben, aber Gott, der deine Gebete akzeptieren soll, wird sie nicht beachten, weil sie nicht von Herzen kommen. Gebete sind nicht nur für die Kirche oder eine Gebetsgruppe gedacht, sondern das Gebet ist ein Treffpunkt zwischen Gott und dir, zwischen deinem Schöpfer und deinem Herz (Matthäus 6,5–6).

Bete auch nicht, weil du Gott um etwas fragen willst. Mach aus deinem Gebet stattdessen immer eine Konversation mit Gott, genieße seine Nähe. Wenn du ihn danach um eine Gunst fragen wirst, wird er nicht zögern, sie dir zu bewilligen, da er weiß, dass du nicht für dein Interesse zu ihm kommst. Wenn du mit Menschen sprichst, erwartest du auch nicht von ihnen, dass sie dir etwas geben. Warum willst du dann aus Interesse zu Gott kommen?

Verbring selbstlos Zeit mit Gott. Liebst du deine Eltern und sprichst mit ihnen, weil sie dir etwas geben? Das denke ich nicht. So solltest du auch Gott lieben und mit ihm sprechen, egal ob du etwas von ihm bekommst oder nicht, und auch wenn alles in deinem Leben so scheint, als ob er nicht existierte.

Fang dein Gebet zu Gott immer mit einer Danksagung an. Denn das Wichtigste, das du von ihm bekommen kannst, ist das Leben. Danke ihm, dass du noch lebst und gesund bist. Dein Leben ist sehr wertvoll und dadurch kannst du viel in der Welt ändern. Du kannst das Evangelium in die Welt tragen. In der Bibel steht, dass ein lebender Hund besser als ein toter Löwe ist (Prediger 9,4). Solange du noch lebst, gibt es immer eine Hoffnung für dich, dich aus jeder deiner schwierigen Situationen zu befreien. Wenn du auch krank bist, danke Gott im Voraus für die Gesundheit, die er uns schon umsonst durch sein Leid geschenkt hat.

Beschränk dich nicht darauf, nur für dich und deine Familie zu beten, sondern bete, dass Gott dich auch für sein Reich nutzt, dass er dich dazu leitet, die Werke zu verwirklichen, die er für dich seit dem Anfang der Schöpfung vorbereitet hat.

Die Geduld nach dem Gebet

Nach dem Gebet ist es wichtig, dass du dich so benimmst, wie du es machst, nachdem du deinen Vater oder deine Mutter um etwas gebeten hast. Deine Eltern geben dir nicht immer, was du von ihnen haben willst. Entweder geben sie es dir oder nicht, oder sie geben es dir später, zu dem Moment, den sie gut finden. Bist du ein gehorsames und vorbildliches Kind, solltest du ihre Entscheidung akzeptieren, dir das Gewünschte nicht zu geben oder geduldig warten, bis sie es dir schenken. Ein guter Christ soll sich auch Gott gegenüber genauso benehmen. Hier sind noch einmal ein paar wichtige Punkte prägnant aufgezählt, die du bei deinem Gebet beachten solltest:

- Erstens sollte das Gebet vom Heiligen Geist geleitet werden. Bitte ihn, dich im Gebet zu begleiten, bevor du anfängst zu Gott zu sprechen (Römer 8,26).
- Zweitens ist es sehr wichtig, dass du Gott für alles, was er für dich getan hat, was er tut und was er tun wird, dankst. Unabhängig von der Situation, welche du durchmachst – danke ihm für alles (1.Thessalonicher 5,16–18/Philipper 4,6–7).
- Drittens solltest du dir dessen bewusst sein, dass du nicht mit Gott sprichst, um etwas von ihm zu bekommen, sondern weil du vor allem seine Nähe suchst, weil du einfach seine Präsenz genießen willst, weil du ihn liebst.
- Viertens kannst du mit ihm über all deine Probleme, Sorgen und Wünsche sprechen und sie auf ihn werfen (Philipper 4,6/1.Petrus 5,7).
- Fünftens warte geduldig ohne Murren und Klagen auf Gottes Antwort.

Nach deinem Gebet erwartet Gott Geduld von dir. Wenn deine Wünsche seinem Willen entsprechen, wird er sie dir ohne Zweifel erfüllen (1.Johannes 5,14–15). Kommt die Erfüllung der Verheißung noch nicht, heißt dies, dass der Moment noch nicht gekommen ist, er wird aber kommen (Habakuk 2,2–3), weil Gott treu ist und was er verspricht, auch hält. Es kann sein, dass er dich erst einmal vorbereiten will. Stell dir vor, du willst zum Beispiel einen Mann oder eine Frau haben. Du bist aber nicht liebevoll, weil du bitter bist. Deine Erlebnisse in der Vergangenheit und ihre Konsequenzen und Spätfolgen in deinem Leben haben dein Herz mit Groll, Bitterkeit und Frustration gefüllt. Mit diesem zerschlagenen Gemütszustand bist du nicht in der Lage, eine Beziehung zu führen, wie es Gott für dich wünscht. Du wirst für dich selbst und für deinen Partner einen Anlass zur Sünde sein. Eine solche Beziehung will Gott für dich nicht, weil sie dich und deinen Partner zerstören wird. Deshalb will Gott sich erst mal die Zeit nehmen, dich nach seinem Bild zu formen, dein Herz und deine Verletzungen zu heilen (Psalm 147,3).

Manchmal wartet Gott auch darauf, dass du ihn besser kennenlernst, bevor er dir das gibt, was du dir wünschst. Er will, dass du seine Prinzipien, seine Gesetze kennst, dass du weißt, wie er handelt. Wenn diese Bedingungen erfüllt sind, kann er dir vertrauen, dass du sein Geschenk zum guten und richtigen Zweck benutzt. Anderenfalls wird es für dich und für ihn nicht von Vorteil sein. Denn wenn du Gottes Geschenke für deine menschlichen Begierden nutzt, werden sie dich zerstören. Und das will Gott nicht für dich. Nimm an, du betest zu Gott, dass er dir ein Auto schenkt. In deinem Herzen weißt du, dass du mit dem Auto nur in die Disco, zu Konzerten und in den Urlaub fahren wirst, Freunde besuchen und andere unnötige Sachen tun wirst. Gott seinerseits wünscht sich aber eher, dass du mit diesem Auto zu armen, hilflosen Menschen, zu Waisenkindern, Witwen, Kranken, Gefangenen usw. (Jakobus 1,27) fährst, um sie zu trösten, ihnen die gute Botschaft des Evangeliums zu bringen, nämlich, dass sie an Jesus Christus glauben sollen, damit sie gerettet werden. Wenn du die Geschenke und Gaben Gottes nicht nutzt, um sein Reich aufzubauen, werden sie dich von ihm und seinem Plan für dein Leben abbringen und du wirst dich am Ende am Rand des Abgrunds befinden. Deswegen will er dich zuerst belehren, abhärten und durch sein Wort vorbereiten, damit du nach seinem Abbild neu erschaffen wirst, bevor er manche deiner hochgesteckten Gebete Realität werden lässt. Deine Bereitschaft, Gott auf Erden zu unterstützen und seine Werke zu vervollständigen, wird ihn dazu bringen, deine Gebete zu erhören.

Glauben heißt auch Gott vertrauen, egal wie lange er braucht, um zu antworten.